方法總比問題多

名師轉變棘手學生的施教藝術

楊志軍 主編

崧燁文化

目錄

目錄

導言

1. 誠信教育改惡習——糾正愛說謊學生的教導藝術
　　愛說謊學生的個性特點 9
　　對愛說謊學生的教育策略要點 18

2. 興趣引導，規範課堂——糾正不遵守課堂紀律學生的教導藝術
　　不遵守課堂紀律的學生的個性特點 23
　　對不遵守課堂紀律學生的教育策略要點 31

3. 捕捉亮點、激發主動性——糾正調皮學生的教導藝術
　　調皮學生的個性特點 35
　　對調皮學生的教育策略要點 42

4. 「冷處理」溫暖學生心靈——糾正頂撞老師的學生的教導藝術
　　頂撞老師的學生的個性特點 47
　　對頂撞老師的學生的教育策略要點 55

5. 培養專注力，提升學習效率——糾正過動學生的教導藝術
　　過動學生的個性特點 59
　　對過動學生的教育策略要點 68

6. 情感教育讓心靈互通——糾正孤僻學生的教導藝術
　　孤僻學生的個性特點 71
　　對孤僻學生的教育策略要點 79

7. 教會他正視自己，正視他人——糾正自負學生的教導藝術
　　自負學生的個性特點 83
　　對自負學生的教育策略要點 90

8. 重點關注，不懈地激勵——糾正經常不寫作業學生的教導藝術
- 經常不寫作業學生的特點 ... 93
- 對經常不寫作業學生的教育策略要點 ... 99

9. 情感滲透，耐心引導——糾正愛遲到學生的教導藝術
- 愛遲到學生的個性特點 ... 103
- 對經常遲到學生的教育策略要點 ... 113

10. 走進心靈，解決需求——糾正課堂麻木學生的教導藝術
- 課堂麻木學生的個性特點 ... 117
- 對課堂麻木學生的教育策略要點 ... 126

11. 用師愛的陽光照亮他們的心——糾正離家出走學生的教導藝術
- 離家出走學生的個性特點 ... 129
- 對離家出走學生的教育策略要點 ... 139

12. 細微入手，細節培養——糾正馬虎學生的教導藝術
- 馬虎學生的個性特點 ... 141
- 對馬虎學生的教育策略要點 ... 148

13. 真心關愛，使其敞開心靈——糾正過於內向學生的教導藝術
- 內向學生的個性特點 ... 151
- 對內向學生的教育策略要點 ... 159

14. 以情「攻心」，事半功倍——糾正脾氣暴躁學生的教導藝術
- 脾氣暴躁學生的個性特點 ... 161
- 對脾氣暴躁學生的教育策略要點 ... 169

15. 以強代弱，激發其「弱科」的興趣——糾正偏科學生的教導藝術
- 偏科學生的特點 ... 171
- 對偏科學生的教育策略要點 ... 180

16. 尋找能令他積極的興奮點——糾正情緒消極學生的教導藝術
情緒消極學生的個性特點 ———————————— 183
對情緒消極學生的教育策略要點 ———————— 193

17. 感化其心，約束其行——糾正網路成癮學生的教導藝術
網路成癮學生的特點 —————————————— 195
對網路成癮學生的教育策略要點 ———————— 201

18. 磨出他們的耐心與毅力——糾正性格急躁學生的教導藝術
性格急躁學生的個性特點 ———————————— 205
對性格急躁學生的教育策略要點 ———————— 212

19. 重燃他的「興趣之火」——糾正厭學學生的教導藝術
厭學學生的個性特點 —————————————— 215
對厭學學生的教育策略要點 —————————— 223

20. 思想引導，樹立其客觀認知能力——糾正忌妒心理過強學生的教導藝術
有忌妒心理學生的個性特點 —————————— 227
對有忌妒心理學生的教育策略要點 —————— 236

21. 敞開心扉、耐心疏導——糾正情感困惑學生的教導藝術
有情感困惑學生的個性特點 —————————— 241
對早戀現象的預防要點 ————————————— 252

22. 適當宣洩，轉化障礙——糾正有交往障礙學生的教導藝術
有交往障礙學生的個性特點 —————————— 255
對有人際交往障礙學生的教育策略要點 ———— 265

23. 家校聯合，用愛挽救迷途的「心」——糾正偷竊行為學生的教導藝術
有偷竊行為學生的個性特點 —————————— 269

對有偷竊行為學生的教育策略要點 ... 278

24. 告訴學生「你做得到」——糾正自卑學生的教導藝術
自卑學生的個性特點 ... 283
對自卑學生的教育策略要點 ... 291

25. 耐心引導，培養社會意識——糾正自我意識太強學生的教導藝術
自我意識太強學生的個性特點 ... 293
對自我意識太強學生的教育策略要點 ... 300

26. 循序漸進，培養自控力——糾正注意力不集中學生的教導藝術
注意力不集中的學生的個性特點 ... 303
對注意力不集中學生的教育策略要點 ... 313

27. 找到根源，情理突破——糾正有暴力傾向學生的教導藝術
有暴力傾向學生的個性特點 ... 315
對有暴力傾向學生的教育策略 ... 320

導言

對棘手學生不再頭疼

儘管每位老師都希望自己的學生認真聽講，主動學習，成績良好，遵守紀律並且綜合素質高，但理想和現實總是矛盾的，由於班級裡每個學生不但形態各異，其內心世界、性格特點以及家庭背景的薰陶等也是千差萬別的。因此，也就造成了班級裡的學生在各方面的表現也是參差不齊的，其中不乏一些讓老師頭疼的棘手學生。

就像著名的「木桶理論」所表明的，一個木桶能裝多少水，不由最長的那塊板決定，而是由最短的板決定一樣，一個班級是否優秀，並不是由優等生決定，而是由那些棘手學生決定的。

如果我們不能把木桶的短板加高，木桶永遠只能是「半瓶子醋」，如果我們不能根據那些棘手學生不同的特點有針對性地因生施教，班級很可能依舊還是「馬蜂窩」。

這就給工作在第一線的老師提出了新的課題——如何轉變這些棘手學生，讓管理、教育從棘手變為得心應手。

首先要問問自己，我對那些棘手學生的個性特點瞭如指掌嗎？

在這方面，孔子堪稱我們的榜樣。樊遲問仁，孔子回答說：「愛人。」司馬牛問仁，孔子答道：「仁人，他的言語要遲鈍。」顏回問仁，孔子的回答卻是：「抑制自己的慾望，使言語行動都合於禮，就是仁。一旦這樣做到了，天下的人都稱讚你是仁人。實踐仁的道德，完全憑自己，難道還憑別人嗎？」顏回不僅學問好，且具有仁德的品性，所以，孔子對他的回答就深。司馬牛「多言而躁」、樊遲志向不高，孔子的回答就淺而有針對性。

那麼，對棘手學生的轉變應遵循什麼原則呢？

總原則是，老師應該根據不同年齡階段的棘手學生的心理特點和智力水平，在教學中因生施教，揚長避短，為多出人才，早出人才，快出人才而努力。

除此之外，老師還應把握以下三個原則：

（1）要對棘手學生的一般知識水平、接受能力、學習風氣、學習態度和興趣愛好、知識儲備、智力水平以及思想、身體等方面的特點進行充分了解，以便從實際出發，有針對性地對其實施轉變。

（2）教學中既要把主要精力放在面向全班的集體教學上，又要善於兼顧個別棘手學生，使每個學生都得到相應的發展。

（3）針對棘手學生的個性特點，提出不同的要求，分別設計出轉變不同棘手學生的最優方案。

形狀奇怪的樹根如果想要按照普通的方法做成木材，不過是廢料一根，而如果經過根雕家的因材雕琢，就有可能成為舉世無雙的工藝精品。

每一位老師都是雕塑家，都有一雙化腐朽為神奇的手——透過因生施教，老師對棘手學生不但不再頭疼，而且能開啟他們智慧的天窗，引導他們走向成功之路！

1. 誠信教育改惡習──糾正愛說謊學生的教導藝術

▌愛說謊學生的個性特點

　　愛說謊的學生常常在有意無意中，以各種堂而皇之的藉口、理由欺騙他人，以此達到自己不作為或自娛自樂的目的。這些愛說謊的學生並沒有意識到自己的言行不僅影響了班級的正常秩序，而且還會傷害到別人。他們只是從自己的立場出發，認為自己應該這麼做。

　　小學副校長蔣靜波認為，現在的學生大多是獨生子女，由於家長們的嬌慣，所以很容易沾染不良習氣，愛說謊就是其中一個突出的方面。因此，作為一名老師，要時刻洞察每一個學生的思想動態，一旦發現學生有說謊的行為，就要積極地幫助他們，比如，在班級裡開展誠信活動，使愛說謊的學生重新找回自我。

　　有一次，課代表向蔣老師報告：「老師，小揚沒交作業。」

　　「好，我知道了。你讓他來我辦公室一趟。」蔣老師剛向課代表吩咐完這句話，小揚已經主動地來到了蔣老師的辦公室，並且張口就喊「冤枉」，「老師，我作業已經寫好了，但早上來的時候太匆忙，忘記帶了。要不，我下午拿來給你？」說完，他睜著圓溜溜的眼睛，一臉無辜地看著蔣老師。看著他那無邪的眼神，蔣老師完全相信了他的話：「不用了，明天再拿來吧！」

　　可第二天，小揚還是沒有把作業帶來。不僅這次是這樣，慢慢地，蔣老師發現，小揚總是時常拖欠作業。每次問他，他都有各種各樣的理由，什麼「昨天晚上我們家停電了」，「姑媽生病，去醫院探望，沒來得及做」，要不就保證「明天帶來」。

　　透過向他以前的班導師了解，蔣老師才知道，小揚是一個經常撒謊的學生。比如上課時，他總是找同桌同學講與課堂無關的話，老師還沒有批評他，

方法總比問題多：名師轉變棘手學生的施教藝術

1. 誠信教育改惡習——糾正愛說謊學生的教導藝術

只是盯了他一眼，他就馬上說「老師，我沒有講話」，或「我剛準備講，你就發現我了」，「我正和他在討論問題呢」……

還有一次，他逃學了一天。因為怕班導師責怪，他冥思苦想後計上心來——買了盒痱子粉搽在臉上，裝出一副弱不禁風的樣子，來到班導師面前假裝自己病了，在醫院打點滴，剛剛拔掉針頭。

見班導師不信任地皺起眉頭，小揚索性使出「絕招」，從口袋裡抓出一大把事先準備好的藥片。望著他「蒼白」的臉和那一大把藥，班導師不無憐愛地點了點頭。

聽著小揚前班導師的敘述，蔣老師苦笑著點了點頭，她對此也是深有體會。

在小揚剛分到蔣老師的班級時，學校要辦理新的學生證。按照學校的規定，學生持舊證可免費更換新證，而舊證已經丟失的，就要交費補辦。

而拿不出舊證的小揚對蔣老師說了一大堆理由，堅持自己應該是更換而不是補辦。

當時蔣老師剛剛接觸小揚，不明就裡，差點兒就聽信了他的話。幸虧當時他的原班導師及時告訴蔣老師——他的學生證在上學期就已經遺失且一直未補辦。而當蔣老師以事實駁斥他時，他雖然沒有再堅持更換，但嘴裡仍然唧唧歪歪，一副不服氣的樣子。

後來，蔣老師多次催促他把辦證需要的照片交上來，但他卻遲遲未交。每次理由都很充分——「還沒去照相」，「照相館的設備壞了」，「照相館的師傅洗完照片忘了帶回來」，「照相館搬遷了」，「忘在家裡了」，「忘了放在哪裡了」，「夾在書裡弄掉了」……

小揚不僅在學校說謊，而且在家裡也說謊。有一次，小揚在網上看中了一件衣服，需要 200 元。於是他利用父母離婚後很少聯繫的機會，先找到母親，撒謊說父親準備給他買一件衣服，但是要 200 元，父親希望父母兩人各出一半。

母親相信了，給了他 100 元。他又找到父親，以同樣的理由又對父親說了一遍，並拿出母親給的錢作證。由於說得活靈活現，父親也相信了，就又給了小揚 100 元。

事後，小揚還在班上向同學們顯擺，吹嘘自己的能耐。這也是蔣老師後來與小揚的父母溝通時，才知道的事情。

這就是小揚，撒謊對他來說已是家常便飯，並且他為說謊想出的理由基本上不重複，而且張口就來。蔣老師甚至懷疑小揚的這些謊話已經達到了「自動化流水線」的程度，似乎不用經過他的大腦就能源源不斷地從嘴裡冒出來。

有時在事實面前，小揚明明已經毫無藉口可尋了，但他仍強詞奪理地說：「我是未成年人，又處在青春期，犯一點錯是可以原諒的，只要改了就行了。你們成人還不是要犯錯誤，為什麼對我這個小孩子要這麼苛刻？」

面對小揚的所作所為，蔣老師每次都將他的謊話記錄下來，經常與他的家長電話溝通，或者找其他同學調查證實，將事實的真相弄清後，再將他找來進行談心甚至懲罰，並將這個記錄當面裝入了他的成長記錄簿。可是，這些措施都收效甚微。

如果長此以往，肯定會害了他的一生，到底怎樣才能改掉他說謊的毛病呢？對此，蔣老師頗感頭痛。

在這個案例中，小揚幾乎撒謊成性，不用大腦思索，謊話就從嘴裡冒了出來。他不僅說謊騙家長，也騙老師和同學們。

長此以往，不僅會影響他的學習，還會讓他逐漸失去個人威信，破壞他的個人形象，會讓他失掉朋友，成為不受歡迎、不受尊重的人。撒謊將會對他未來的成長造成極大的危害。

為什麼小揚會撒謊成性呢？這主要與他的家庭環境有關。

小揚的父母在他很小的時候就離異了，這給他的心理造成了不良影響。雖然小揚被判給了父親，但由於父親太忙，很少管他，只把他丟給年邁的奶

方法總比問題多：名師轉變棘手學生的施教藝術

1. 誠信教育改惡習——糾正愛說謊學生的教導藝術

奶照顧。而奶奶一則精力不足，二則對孫子溺愛有加，造成了教育上的嚴重缺失。

因此從那時起，小揚就養成了撒謊的毛病。當時撒謊的內容主要是為放學後晚歸尋找藉口，為揮霍後要錢尋找理由。

由於奶奶心疼孫子，往往聽信他的解釋，滿足他的要求。即便事情偶有敗露，小揚也會像三國時的官渡之戰前曹操見許攸一般，採取擠牙膏戰術。由於每每得逞，他便習慣了撒謊，後來便發展到了撒謊成性的地步。

對於小揚的撒謊，客觀地說，原來的某些老師也有一定的責任。比如，當發現小揚撒謊時，老師只是簡單地向家長反映，並沒有進行深入了解，有時甚至是粗暴地喝斥，這樣便讓小揚產生了更嚴重的叛逆心理。

事實上，像小揚這樣撒謊的學生在日益增多，不但有不良學生，還包括一些學習成績優異的學生。為什麼有如此多的學生加入撒謊的行列呢？

讓我們先來聽聽學生的聲音吧。

一位經常撒謊，屢遭家長和老師批評的學生在向心理醫生諮詢時說：「我也知道撒謊的孩子不是好孩子，有時犯了錯誤，或考試考砸了，撒謊雖然矇混過關了，但為了使謊言不被揭穿，不得不用更多的謊言來掩蓋。而如果不用謊言來掩蓋，一旦被家長或老師發現了，不是責備，就是教訓，他們根本不問我們是如何犯了錯誤，成績是如何下降的。兩相比較，我們只得心存僥倖，選擇撒謊。」

而在一次家長會上，一位12歲的女生代表全班同學向在座的家長們發出倡議：「任何情況下，不許打孩子；遇到事情，給孩子三分鐘解釋權；不要因為孩子一次考試成績不好，就把以前的老帳全翻出來……因為我是菊花，所以請別讓我在夏天開花；因為我是白楊，所以請別指望從我身上摘下松子來。」

平心而論，學生的要求並不過分，但是，所有做家長和老師的，能滿足學生這些合理的要求嗎？

這就是學生要撒謊的原因——「趨利」、「避害」這二者之一，或二者兼有的心理。也就是說，撒謊行為是一種對「利」的抉擇，是人性心理的正常表現。

從心理學的角度來說，學生說假話做假事，用虛假的語言來掩蓋事實真相，是為了避免老師和家長們的責備和謾罵。

現在大多數的家長和老師對學生的期望值過高，對學生的優點，特別是取得了較好的學習成績，又是表揚又是獎勵，而對學生的缺點和不足，多數不管原因，不是責備，就是懲罰，甚至體罰。

比如有的學生逃學，這種做法固然不對，但對學生來說，造成逃學的原因也是多方面的。有的是厭倦學習，有的是對老師的講課不滿意，有的是受到外界不良因素的影響，有的確實是身體不好。對此，老師必須都要全面考慮到。

而事實上，老師遇到逃學的學生，要麼是將他們在同學們面前狠狠地批評一番，要麼是讓家長到學校。在這種情況下，學生逃學後，唯一的選擇就是編一個理由搪塞過去。

總之，學生撒謊，老師不能一味責怪學生，將責任全部歸結到他們身上，而是要幫助他們查找原因，尋求對策，有針對性地加以輔導。

據調查，有55%的學生因「害怕父母或老師的批評」而撒謊。所以，父母與老師都應對自己的教育負責，對自己的教育行為負責，對學生的撒謊行為負責。

經過思索，針對小揚說謊的問題，蔣老師決定側重進行誠信教育。主要措施如下：

（1）開展誠信活動。

為了糾正小揚撒謊的不良習慣，蔣老師在班裡積極開展「誠信工程」活動。她讓班裡每個同學都設計一個「誠信儲蓄卡」，讓他們把每週自己說的謊話逐條登記在「儲蓄卡」上，然後進行對比、反思。蔣老師也及時在他們

方法總比問題多：名師轉變棘手學生的施教藝術

1. 誠信教育改惡習——糾正愛說謊學生的教導藝術

的「儲蓄卡」上做評價，特別是小揚的「儲蓄卡」，不但給予評價，還給予鼓勵。

與此同時，蔣老師還要求小揚不管做錯什麼事都不要撒謊、找藉口。如果小揚撒了謊，就對他每一次的撒謊行為進行調查澄清，但卻不評價、不批評、不懲罰，這樣是為了逐漸淡化小揚的心理防線，使其養成盡可能講真話、說謊後能主動承認的習慣。

（2）培養小揚良好的花錢習慣。

針對小揚經常借錢，並且有時借了不還的壞習慣，蔣老師要求班上的學生儘量不要借錢給他，如果小揚實在需要，則要寫借條後到班導師處借款。

有一次，小揚因為沒有車費向同學們借錢，可是大家都不願意借給他，結果，小揚晚上步行近兩個小時才回到家。這對他產生了很大的刺激，他意識到自己的言而無信讓大家都不相信他了。

（3）信任小揚，針對他的特點，發揮他的長處，使其心理上得到代替補償。

小揚頭腦聰明，主意也多，於是蔣老師就讓他幫助想辦法開展主題班會，並採納了他的不少建議，在總結時還特意表揚了他。

由於小揚對電腦操作比較熟練，因此蔣老師請他為家長會製作多媒體資料，為班級籌辦網站、製作網頁。

蔣老師還利用電子信箱與小揚進行交流，使小揚感覺和老師間的關係更親近。當他感受到蔣老師的信任後，和諧的師生關係也就轉化為了教育的影響力。

此外，蔣老師還讓他了解更多的心理健康知識，以幫助其逐步走出心理陰影，形成正常的人格，變得自信而陽光。

就這樣，糾正措施施行了兩個多月，小揚的說謊行為有了很大的改變：新學期學校重新辦學生證時，小揚承諾在一週內交照片。結果，他果然在承諾的時間內把照片交給了蔣老師；上課時小揚雖然仍有違反紀律的情況，但

當老師注視他時，他已基本上能做到不還嘴、不找藉口了；他的作業基本都按時交上；在經濟開支上，他還是有超支的情況，但已能做到將實際情況講給家長聽；他犯錯後不狡辯，甚至有時在蔣老師不知情的情況下，還主動向她坦承自己的錯誤，並請求懲罰。

另外，小揚的學習成績也有了明顯的進步，除了被選為班裡的「誠信公民」外，期中考試時，他的名次前進了十幾名。而小揚臉上開朗的笑容也多了起來，上課時也越來越積極、認真了。

撒謊是一種不良的道德品質，而很多學生身上都多多少少存在著這一壞毛病。如果撒謊過於頻繁而成為一種習慣，並且這種習慣逐漸加劇，成為學生個性品質中的穩定組成部分，那麼就會影響他們良好道德品質的形成，影響他們心理健康的發展。

然而，儘管撒謊對學生的健康成長很不利，但老師仍然要明白這是人的一種本能行為，必須正確認識這種行為的本質或心理屬性。

美國芝加哥盧斯醫院精神病學教授何諾德·戈德堡認為：「說謊是人類正常發育和發展的一部分，它和講真話同樣重要。說謊的智力是人類區別於其他動物的一種重要能力。」

由此可見，靠枯燥的說教，粗暴的限制，誇大惡果恐嚇或制定幾條規章、守則，不可能達到制止學生撒謊的目的。這就要求老師要解決、處理好在教育工作中遇到的學生的撒謊事件。

那麼老師對此應該如何處理呢？總結起來就是「四忌」、「四要」。

（1）忌粗暴，要耐心誘導。

不要粗暴地對待撒謊的學生，不要動不動就叫家長或者是在其他學生面前讓他們作檢查。這樣做會產生兩種不良影響：

第一，加重師生對立情緒；

第二，促使學生產生一種不良的解決問題的方式，甚至產生報復行為。

老師正確的做法應該是耐心誘導。對待學生工作要耐心，尤其是小學生。

方法總比問題多：名師轉變棘手學生的施教藝術

1. 誠信教育改惡習——糾正愛說謊學生的教導藝術

老師在和學生談話時，可以先給他們一些提示或是一個自我反悔的機會。

比如，有一個學習很好的優等生把別人的本子占為己有，並改成了自己的名字，但卻不承認這件事。

對此，老師可以這樣處理：首先告訴這名優等生，不誠實屬於一種很不好的品質，然後再質問他，作為一個優等生還向老師撒謊，如果班級裡的同學們以他為榜樣去模仿，那麼班級會成什麼樣？

如果他還絲毫沒有認錯的態度，老師則可以拿出已找到的確鑿證據給他看，如拿出他的其他作業本和這個本子上的字跡進行對照，這樣就會讓他的心理防線不攻自破，他自然就會認識到自己的錯誤。

（2）忌擺架子，要巧留面子。

當學生撒謊時，老師不可擺著架子，板著面孔，在眾多學生面前大做文章，對撒謊的學生進行諷刺、挖苦。因為這樣做的危害極大，不僅達不到教育的目的，還會大大地傷害學生的自尊，影響師生間的關係。

正確的方法是要給學生留些面子。對於一些小的撒謊行為，比如，學生說忘記了做作業或是做值日，老師不要過多地給予批評，可以相信他確實忘記了，讓他及時補上作業或值日就可以了，但要說好下不為例。

這樣做既給了他面子（相信他忘了），又以實際行動告訴了他，忘記任何事情都是不應該的，每個人都應該對自己所做的事情負責，必要時還得補上來。

（3）忌盲目，要會冷處理。

對待經常撒謊的學生，特別是在還沒有找到能充分證實學生說謊的證據時，作為老師，千萬不要憑老經驗武斷地下結論，而要學會冷處理。這樣做有利於弄清事件的真相，也有助於避免處理過程的盲目性和處理結果的武斷性。

這時，老師可以進行一些了解工作，可以走訪家長，也可以詢問一些學生，等自己對學生的撒謊事件有了正確的判斷後，再做結論和處理。

曾經在某學校發生過這樣一件事：學校讓學生交 50 元的書籍資料費，結果有一個愛撒謊的學生卻向家長說學校要交 500 元。

當「東窗事發」後，該學生的班導師就採用了冷處理的方法。

這位班導師是這樣做的：首先，他問該學生向家長要 500 元打算幹什麼？

這名學生低著頭一聲不吭。

於是，班導師就暫時放棄詢問他，讓他回教室去上課。

然後，老師向家長打聽這名學生最近在家裡的種種表現，同時還在一些同學處了解情況，並讓同桌在課間留心他，讓同路回家的同學關注他，還經常對他講述有關講誠信受到別人尊敬和信任的故事，但不講因沒有誠信而失去尊嚴的故事。

結果不到一個星期，這名撒謊的學生就對這位老師承認了向一家小店賒帳 500 元買高級遊戲機的事實。

於是，這位老師陪同學生一起去小店核實後，與店主進行了真誠的交流。面對老師的誠懇態度，店主也感到很慚愧，他承認了自己賒帳給學生等於害學生的糊塗做法。

從此，這名學生再也沒有出現過先賒帳後向家長撒謊要錢的事。

我們可以試想一下，如果當時這位班導師盲目地一再逼學生說出要錢的原因，學生肯定會一而再，再而三地撒謊。如果家長不給錢而店主又催他還錢，真不知道會發生什麼事呢。

（4）忌應付，要經常監督。

雖然每個人都不願意生活在被監督的環境下，但對於某些學生還是要經常監督的，不能等事情發生了再去處理，等過後又放任不管。

比如，有的學生屢次向家長、老師撒謊，在處理這樣的學生時，除了要綜合運用上面的幾種方法外，還要對他進行經常性的監督。老師、同學們、

家長們可對他聯合監督，大家共同擔負起幫助他改正錯誤的責任。在這種多方監督的環境下，他想說謊也是沒有機會的。

總之，老師一定要正確對待學生的說謊問題，當學生犯了錯時，老師不應該予以訓斥、處罰的態度，而是要多給予諒解和信任，這就可能成為學生改正錯誤的內在驅動力，也就是說，有時候寬容比處罰更有力量。

總而言之，老師應該用愛心去創設寬鬆、和諧的氛圍，呼喚學生的良知，促使他們形成良好的品德行為，做個人格健全的人。

對愛說謊學生的教育策略要點

學生說謊已不是個別現象，但他們說謊的心理是有很大區別的。因此，老師應該對學生的說謊現象進行具體的分析和研究，並根據不同情況進行相應的教育。下面就讓我們來看看，名師們是如何針對不同的說謊學生進行相應的教育的：

（1）針對因自我滿足心理而撒謊的學生。

自我滿足心理主要是指滿足學生的虛榮心理。很多學生都比較愛面子，自尊心也很強——男生特別喜歡在女生面前表現自己；而女生則多數較為害羞，害怕受到其他同學嘲笑；有些學習成績較好的學生喜歡表現自己的優越感，表現自己在各方面的才能；也有的學生則在某一方面有特殊的才能，他們往往把自己這些方面的實力說得天花亂墜，從而滿足自己的虛榮心。

這類學生即使自己做錯了事，往往也不敢承認自己的錯誤，即使承認也是輕描淡寫，不當一回事。所以，對於這類學生的謊言，老師最好將他們單獨約出去談話、溝通，以免傷了他們的自尊心，同時應針對他們某方面的才能，讓他們擔任班裡的一些職位，讓他們發揮所長，做出成績，激發榮譽感。

（2）針對因自我保護心理而撒謊的學生。

在市場經濟條件下，社會競爭十分激烈，學生的學習任務也十分繁重，而他們對社會和學業卻缺乏正確的認識。

因此，當他們的學習成績不好時，面對老師和家長過於簡單、過於粗暴的教育方法，他們應對的方式也十分簡單——說謊，這是他們自我保護的簡單而有效的方式。

例如，有的學生因對某一門學科缺乏興趣，便採用極端的方式——逃課，而一旦老師發現問題後，這些學生便說謊，編造理由，以逃避老師的追究，從而實現自我保護的目的。再如，有些學生因害怕家長的責罵而塗改成績單，這也是學生自我保護的表現。

對於這類撒謊的學生，老師首先要改變自己的教育方式，不能動不動就採用懲罰或粗暴的喝斥來教訓學生，而應改用一些較溫和的方式，這樣學生才可以接受，他們也就沒有必要因自我保護而撒謊了。

另外，老師也要與家長們溝通，改變家長們一些錯誤的家庭教育方式。

（3）針對因習慣心理而撒謊的學生。

這類學生的自我表現欲極強，善於隨機應變。他們大多缺乏良好的教育，從小就學會了說謊，沒有問題會說謊，遇到問題後更會說謊。

這些學生一旦發現謊言就要敗露時，還會不斷地說謊，用新的謊言掩蓋事實的真相，用新的謊言來支撐和鞏固原有的謊言——這是一種典型的病態心理。

雖然這一類學生只是少數，但危害極大。對於這類學生，老師要花些耐心和時間，尋找他們說謊的根源，從根源處入手，有針對性地制止他們的撒謊行為。

（4）針對因兄弟義氣而撒謊的學生。

這一類學生大多是自己沒有犯錯誤，而是自己的好朋友犯了錯，但自己又非常清楚這一事件的過程。為了保護自己的好友，也為了使自己不被同學嘲笑「沒義氣」，他們便撒起謊來，為的就是要有「兄弟義氣」。

對於這類學生，老師首先要肯定他們夠「義氣」的一面，讓學生產生共鳴，然後再指出這樣做的危害，讓學生心服、口服。

1. 誠信教育改惡習——糾正愛說謊學生的教導藝術

（5）針對因僥倖心理而撒謊的學生。

這類學生絕大多數是老師比較放心和信任的學生。在一般情況下他們不說謊，因此偶爾撒一次謊也很容易得到老師的信任，從而達到犯了錯矇混過關的目的。當然，還有一小部分學生雖然經常犯錯誤，也會對某一件事情抱有僥倖心理。

對於這樣的學生，老師平時必須給予密切的關注，一旦發現有撒謊的行為，就要及時糾正。

（6）針對因引人注意心理而撒謊的學生。

有些學生長期得不到老師和家長們的關心和重視，因為老師把注意力都集中在了好學生身上，而忽視了另一部分學生；有些學生家長忙於工作而忽略了對於子女的關心和教育，因而導致學生感到被冷落。為了引起別人的注意，他們就故意說謊。

還有的學生性格比較內向，不善於交際，但為了排解自己的孤獨，證明自己的存在，有時也會說謊。

這種學生之所以撒謊，很大原因在於缺乏老師的關愛，所以每一位老師都應該平等地對待學生，要對他們多一些關心，不要讓他們產生撒謊的動機。

（7）針對因逗樂心理而撒謊的學生。

有些學生有時會對好朋友說一些逗人的謊言，相互取樂；也有一些學生由於學習壓力較大，在課餘時間裡與其他同學透過說謊來調劑一下氣氛，以減輕學習的壓力達到放鬆的目的；還有一些同學受到西方文化的影響，借助於西方某一特殊的節日（如西方的「愚人節」）在同學間、師生間進行說謊取樂。

這類撒謊行為，嚴格來說不算是撒謊，因為純粹是為了緩解氣氛，一般情況下不會有什麼危害。但有時也會產生不好的影響，比如「愚人節」時，有些學生會開一些過分的玩笑，以致發生比較惡劣的後果。所以，老師平時要教育學生，玩笑式的撒謊要適度，千萬不要過火。

(8) 針對因善良心理而撒謊的學生。

說謊並不都是壞事，有一些特定的條件是需要人們去說謊的。最常見的，如醫院裡的醫生往往對重症病人隱瞞病情，只把病情告訴病人的家屬，而不是直接告訴病人本人，其目的就是讓病人能在心理上放鬆並能配合醫生進行治療──這是一種善意的謊言。

而有一部分學生尤其是一些思想品質較好的學生也會發出善意的謊言，比如，有些學生做好事不留名或用假名的形式，所有這些都是善良的表現。

這種善意的謊言，老師當然是要多加鼓勵和表揚的。

(9) 針對因從眾心理而撒謊的學生。

當學生中發生一件不好的事情，老師追究這一事件的責任時，許多同學雖然知道，但不會向老師告發。

這些學生撒謊的原因各不相同：有的學生覺得向老師告發太不夠義氣了；有的學生有恐懼心理，害怕同學報復；還有不少的學生則是一種從眾心理，認為大家不說我也就不講，反正與自己沒有關係。

比如，我們可能會遇到這樣的現象：有的學生破壞了學校的課桌或門窗等，當老師調查時，卻沒有人揭發。

這時，老師一定要有耐心，要不留痕跡地暗地裡查找原因，同時要告訴學生從眾心理的危害，以培養他們的公德心。

總之，學生說謊的心理是複雜多樣的，老師對學生的教育絕不能千篇一律，而應根據不同原因區別對待。在教育過程中，老師應該給學生多一些愛心，多一些信心，多一些耐心和恆心，多開展一些諸如「誠信工程」之類的活動，以培養他們良好的誠信品質。

2. 興趣引導，規範課堂——糾正不遵守課堂紀律學生的教導藝術

2. 興趣引導，規範課堂——糾正不遵守課堂紀律學生的教導藝術

▌不遵守課堂紀律的學生的個性特點

不遵守課堂紀律的學生，根據他們行為表現的傾向，大致可以分為外向型學生和內向型學生兩大類。

外向型學生不遵守課堂紀律的行為主要有挑釁、爭吵、頂撞等攻擊性行為——故意頂撞班幹部或者老師；肆意破壞課堂規則的盲目反抗「權威」行為；做鬼臉、進行滑稽表演、說話怪腔怪調等故意吸引他人注意力的行為；咬耳朵、大聲喧譁等擾亂課堂秩序的行為。

而內向型學生不遵守課堂紀律的行為主要表現為：在課堂上心不在焉、走神、發呆等，怕提問、憂鬱、孤僻、不與同學討論等，胡抹亂畫、抄作業等，遲到、早退、逃學等。

馬寧，是一位小學老師，也是一位模範班導師。對於不遵守課堂紀律的學生，馬老師從來不先入為主地亂加批評，而是從師生情感入手，從如何提高學生的學習興趣上尋找對策。

在馬老師的班裡有一個名叫小樂的學生。這個學生非常不守紀律，而讓人頭疼的是他不但自己不守紀律，還鼓動其他「軍心不穩」的學生擾亂課堂紀律。

馬老師第一次給這個班上課前，一些老師就告訴他，說那個叫小樂的男生特別調皮，從沒有一節課安靜過。老師在上課時不僅要講課，還得花一些時間處理因小樂不守紀律而造成的爛攤子。

對此，馬老師只是一笑了之，「一個十來歲的孩子，還能折騰到哪裡？」

可誰知道第一次上課，小樂就給馬老師來了一個「下馬威」。

2. 興趣引導，規範課堂——糾正不遵守課堂紀律學生的教導藝術

那天上課鈴聲已響過3分鐘，教室裡還有個座位是空的，同學們說是小樂的。大概又過了兩分鐘，小樂才急急忙忙、慌慌張張地跑進來，而且沒有喊報告，就徑直跑到自己的座位上去了。

馬老師想：他這麼著急，一定是意識到自己的錯誤了。於是，也就沒理會遲到的小樂。

然而，馬老師剛扭過頭，準備書寫本節課的課題時，背後突然傳來一個男生的聲音：「老師，小樂擋著我，我看不見黑板！」

馬老師轉過身來一看，發現小樂居然沒坐下，還站在那裡。於是，馬老師問：「你怎麼不坐下啊？這樣會影響後面的同學聽課的。」

「老師，我遲到了，要罰站、做檢討！」誰知道，小樂竟然一本正經地回答。

聽小樂這麼一說，學生「轟」地一聲，大笑起來。

「老師，他才不是那樣的乖學生呢！他在故意搗亂！」聽了小樂的解釋，角落裡有個聲音反駁道。

「去你的！世界上除了我，哪裡還有乖學生啊？老師，你說是不是？」小樂目不轉睛地看著馬老師。

「是這樣啊！那我代表全班同學原諒你了，你坐下吧！」說完，馬老師轉身接著寫沒寫完的課題。誰知，他剛轉過身就聽到「哎喲」一聲。

又怎麼了？原來小樂摔了個四腳朝天。

馬老師剛要問小樂摔疼了沒有，就見小樂使勁踹了自己的椅子一腳，「叫你不老實！摔死我了！」

沒辦法，馬老師只好去安撫小樂。好半天小樂才坐在座位上開始聽課。

可是，還不到十分鐘，就聽見有個女生又在尖叫。馬老師隨聲望去，原來是小樂前面的女生。

「老師，小樂在我背後貼紙條！」該女生報告道。

「不是這樣的，老師！她的衣服上有藍墨水，我怕大家笑話她，才用紙條幫她掩蓋的。」小樂一臉無辜地說。

聽到這句話，那女生生氣地瞪著小樂問道：「哪裡有墨水了？明明是你不遵守紀律，打擾人家上課，你還找藉口！」

馬老師趕緊走過去，揭下了那張紙條。果然，那女生背後有一大片藍墨水印。

「這是誰弄的？」馬老師問道。

「老師，是小樂弄上去的！」有個同學回答。

「是你弄的嗎？」馬老師不想冤枉好人，於是趕緊問小樂。

「我……我不是故意的！鋼筆沒水了，於是我就吸墨水，然後看見滴在課桌上的墨水很好玩，就玩起來了。誰知道，我使勁一吹，就吹到她身上去了！」

小樂一臉的委屈樣。

望著眼前這個不斷惹事的學生，馬老師終於相信其他老師的話了。

一個學生有不遵守課堂紀律的行為，不但會影響他個人的學習和身心健康，也會影響其他學生的學習，甚至會影響老師的教學質量。也就是說，學生這種不遵守課堂紀律的行為和傳染性病毒一樣，是可以傳染的，它能波及全班同學，影響教學活動的正常進行。

而小樂的各種行為都表明他是一個典型的不遵守課堂紀律的學生。因此，馬老師覺得必須盡快想辦法，幫助他意識到這樣做的壞處，並且令其改正過來。

於是，馬老師開始在課餘時間觀察小樂的舉動，並做了細膩的調查。結果馬老師發現，小樂不遵守課堂紀律是由以下原因引起的：

（1）沒有養成遵守紀律的好習慣。

2. 興趣引導，規範課堂——糾正不遵守課堂紀律學生的教導藝術

平時，小樂就喜歡亂丟垃圾，經常遲到、早退。如果老師不在，他就在班級裡故意搞惡作劇。所以他早已養成了不遵守紀律的壞習慣。

而學生的各種習慣是互相關聯的，不但好習慣如此，壞習慣也是如此。一個在平時生活中就不遵守各種紀律的學生，又怎麼會在課堂上認真聽課、遵守紀律呢？

（2）與老師的關係不好。

小樂的好朋友告訴馬老師，說小樂以前不遵守課堂紀律的行為沒現在這麼嚴重。自從有一次有一個老師冤枉他在課堂上對老師搞惡作劇，甚至還因此讓他請家長來學校後，小樂就變成現在這樣了。

古人說：「親其師，信其道。」小樂也是如此。如果老師的工作方法過於簡單，如只一味地批評、責備學生，甚至動不動就請家長來，或者對學生的問題處理得不公正、不能滿足學生的正當需要，就會使師生情感變得淡薄、疏遠，甚至引起學生的反感，這樣自然就會在紀律性上表現出來。

而小樂就是這種學生，他可能是認為所有的老師都和冤枉他的老師一樣「不公平」、「一樣壞」，所以才在每個老師的課堂上都不安分的。

（3）學習興趣低。

興趣是學習的動力。如果對某個學科感興趣，學生上課就會遵守紀律，反之則亂說亂動。而小樂就對學習不感興趣，每次在課堂上亂說亂動累了，他都會睡覺，從來不會認真聽課。

對於小樂這種不遵守紀律的學生，馬老師認為應該盡快想辦法幫助他糾正自己的不良思想和行為，否則不但會影響小樂自己的學習，還會波及其他同學，以至把別的同學也拉下水。

但在小樂心中，對老師的印象很不好，並且因此而「怨恨」老師，與老師作對，而這對於他的學習以及未來的發展都非常不利。因此，馬老師決定首先改變老師在小樂心中的印象，讓他明白並不是所有的老師都那麼不公平。

於是，馬老師再遇到小樂故意在課堂上搗亂的情況時，總是不急不躁地教育他，「年輕人，安靜點，我們在上課。」或者先放下手中的事情，冷靜地盯著小樂看幾秒鐘。

當班裡出現亂子時，馬老師從來不先入為主、不分青紅皂白地責罵學生，而是儘量讓氣氛緩和，然後再讓學生到辦公室說清楚事件的原由，根據是非做出合理的「判決」。最後事情解決完畢後，馬老師總是會說一句：「同學們，為了那點雞毛蒜皮的小事，就破壞彼此之間的友誼，值得嗎？」

有一次，馬老師故意在課堂上說：「有同學嫌我處理違紀問題不夠果斷，太婆婆媽媽！那是因為我不想冤枉一個好同學，即便這個同學給大家的印象並不好，但是這並不代表他做每件事情都不好。所以，我希望同學們不要總是用一種眼光去看待自己的同學。」

馬老師的做法，小樂都看在眼裡。漸漸地，他在馬老師的課堂上不再像以前那樣搗亂。

但是，馬老師知道這還不夠，因為在其他老師的課堂上，小樂還是一如既往地違反課堂紀律。

於是，馬老師就經常找小樂聊天，在聊天的同時旁敲側擊地教育他，讓他慢慢地意識到自己的錯誤。

「馬老師！我從來沒有遇見過像你這樣的好老師！」小樂由衷地說。

馬老師笑著說：「這也許是因為你沒認真地觀察過其他老師、沒有認真去體會其他老師對你的關心。小樂，既然你現在已經知道在課堂上違反紀律不好了，以後就控制一下自己，認真聽課，好嗎？」

「可是，老師，我有時就是控制不住自己，總想逗逗其他同學，動動課桌裡的東西。而且那些老師的課講得沒勁，我不喜歡聽！」小樂苦惱地說。

「好！那以後老師幫助你。你啊，是因為沒有養成遵守紀律的習慣和沒有學習的興趣才這樣的。以後，我們就從這兩點著手來改變你自己。怎麼樣，能配合我嗎？」

2. 興趣引導，規範課堂——糾正不遵守課堂紀律學生的教導藝術

「老師為我好，我知道！您放心吧，我一定會努力配合的！」小樂信誓旦旦地說。

接下來，為了培養小樂良好的紀律習慣，上課時馬老師總會把目光多給他幾次。很多次小樂剛想做些小動作，就被馬老師及時制止了。

而且馬老師還會突然性地叫他回答問題。而為了能準確地回答問題，小樂也不得不認真聽講了，「因為我怕讓馬老師失望，」他如是說。

下課後，馬老師還特地派小樂的好朋友監督他，一旦發現小樂有違紀傾向，就及時阻止他。漸漸地，小樂能夠自我控制了，上課不再伺機找「事」做了。但他還是無法做到全心聽課，還會時不時地打瞌睡。

看到小樂的轉變，馬老師雖然很高興，但同時也意識到，小樂的學習興趣還是沒有被激發出來。

於是，為了提高小樂的學習興趣，馬老師還請其他老師配合，在課堂上儘量採用新鮮、有趣的教學方法，想辦法吸引他的注意力。

比如，看到小樂在打瞌睡或者走神時，老師就故意咳嗽一聲，然後再講個小笑話給大家聽。而這也逐漸引起了小樂的注意，慢慢地，他開始在課堂上認真聽講了。大家經常能看到他坐得筆直，積極地回答老師的提問。

經過一段時間的矯正，小樂不但課堂紀律有了明顯好轉，而且成績還上升了一大截。

如今在各個學校，像小樂這樣大錯不犯、小錯不斷的不遵守課堂紀律的學生不在少數。而導致這些學生不好好上課、違反紀律的原因是多種多樣的。比如，自身性格、家庭教育不當、學校教育不當等。那麼，老師應該如何做，才能防止學生不遵守課堂紀律的行為呢？

（1）加強對學生的紀律教育。

①增強學生的紀律意識。

沒有規矩，不成方圓；沒有紀律，將無法正常進行教育教學活動。因此，老師應該讓學生認識到，只有遵守課堂紀律，正常的教學活動才能進行。

②培養學生尊重他人的意識和習慣。

現今強調課堂必須注重師生互動、生生互動，但是在互動的過程中，難免會讓一些愛講話、經常違反課堂紀律的學生趁機搗亂。

針對這種情況，老師應該注意在平時培養學生尊重他人的意識和習慣，具體地說，就是嚴格要求學生遵守發言紀律，有秩序地發言，不能隨意插嘴，不能打斷別人的發言。

在進行班級討論時，則要求老師一旦發現不好的苗頭時就及時處理。這樣時間一長，學生就能形成尊重他人的意識，並且強化成為一種習慣，而學生一旦形成這樣的習慣，自然就會在一定程度上減少違反課堂紀律的行為。

（2）將一般的行為規範演變成課堂行為規則。

有效的課堂管理是建立在有序的課堂行為規則上的。老師每天面對的是一群性格各異、活潑好動的學生，如果沒有行之有效的課堂行為規則，就不可能把學生有序地組織起來進行教學活動。

實踐表明，如果老師適時地把對學生的一般性要求固定下來，形成課堂行為規則，並且在課堂上嚴格監督學生的執行情況，當這種規則行為一旦成為學生的習慣後，就可以長久地發揮作用，產生積極的管理效益和教學效益。

反之，如果一個老師不注意建立課堂規則，而單靠要求、指令維持課堂秩序，不僅效率低、浪費時間，還容易引起學生新的不遵守紀律的行為發生。

（3）減緩學生的課堂焦慮情緒。

焦慮是一種情緒狀態，是一個人自尊心受到威脅時產生的情緒反應。適度的焦慮可以有效地激勵學生學習，而過度地焦慮則可能影響學生學習並引發問題行為。

因此，老師在課堂上要想有效地管理學生，就應該幫助學生在過度焦慮尚未形成問題行為前降低其焦慮的強度。比如，透過交流，誘導學生宣洩造成焦慮的煩惱，或者針對焦慮的原因，適當調整教學情境。

2. 興趣引導，規範課堂——糾正不遵守課堂紀律學生的教導藝術

此外，在課堂上存在焦慮情緒的不僅有學生，還有老師。而學生的課堂違紀行為就是引起老師焦慮的重要原因之一。

有的老師，尤其是新老師，由於缺乏課堂管理經驗，經常擔心學生的紀律問題，擔心課堂上有學生搗亂，於是就採取生硬的措施控制課堂，頻繁指責、訓斥學生。但這樣做的結果，不僅沒有管理好課堂秩序，而且進一步加劇了自己的焦慮。

實際上，要想讓學生很好地遵守課堂紀律，這在很大程度上取決於老師對學生的態度及師生關係。如果老師能真正關心、愛護學生，學生不僅會遵守課堂紀律，還會維護、支持老師的工作，幫助老師維持課堂紀律。

（4）審時度勢地提問，靈活控制課堂。

提問，不僅是教學的需要，也是控制好課堂紀律的需要。如果是教學需要，提問就得精心設計，而如果是課堂上出現違紀行為，則可隨機提問。

比如，有的同學愛走神，老師的提問就是提醒；有的同學愛講話，老師提問就是警告；有的同學愛睡覺，老師提問就是懲罰。因此利用好提問這個手段，可以充分地調動起學生參與教學的積極性，從而鞏固好課堂紀律。

（5）用真情去感化學生。

作為老師，不能一味地扮演尊者、權威的角色，不能一味地強硬，否則學生可能會口服而心不服。老師應該多關心學生，用愛去感化學生，用情去打動學生。

比如，平常上課時，老師要善於察言觀色，發現學生不認真聽課時，可以先找到他們了解情況。因為學生不認真聽課，可能是因為某段時期，思想出現了問題或者情緒比較低落或者老師的課不生動。

如果此時發現學生有某一方面的問題，老師就應該能解決的幫忙解決，不能解決的想辦法解決。即便是小問題，也可以找他們談談，讓他們知道老師很關心他們、重視他們。

此外，老師還可以利用課餘時間和學生多溝通接觸，但是溝通的地點最好是學生感覺舒服、不會給學生帶來壓力的地方，比如，教室或校園裡，最好不要在辦公室。

（6）樹立老師的威信。

作為老師，一定要有自己的威信。而這種威信，絕對不是指老師的強權，而是學生從內心發出的對老師的崇拜與敬畏。

如果老師沒有威信，學生就會在心裡輕視老師，即便屈服於老師的強權，表面上服從，也會口服心不服。而這極易導致內向型學生不遵守課堂紀律的行為發生，同時還會降低老師的課堂教學效果。

所以，老師一定要樹立威信。比如，平時講課時聲音要響亮、表情要嚴肅，處理糾紛要公平、對待學生一視同仁，遇到難題不逃避、面對責任不逃避等等，這些都可以為老師的表現加分，讓學生崇拜你。

▎對不遵守課堂紀律學生的教育策略要點

不遵守課堂紀律是一種很普遍的現象，雖然它很常見，但危害卻不小。它不僅會擾亂教學秩序，讓老師的授課無法正常進行下去，還會影響學生自己和其他同學的聽課，真可謂是害人害己的壞習慣。

那麼，老師應該如何對不遵守課堂紀律的學生進行教育呢？具體來說要注意如下幾個要點：

（1）對已明白老師所講授內容的學生。

這類學生一般是學習比較優秀的學生，或天生聰穎，或提前已做過預習，老師一點就通。當他們覺得老師所講的內容自己已弄明白時，就認為沒有必要再認真聽課，因此會轉而去做其他的事情。

對於這樣的學生，老師要允許他們「跑快一些」，比如可以讓他們對下節課的內容做提前預習，或做一些與他們程度相當的習題，但如果他們在睡覺或搞小動作，則要堅決制止。畢竟這是課堂，是有一定紀律的。

2. 興趣引導，規範課堂——糾正不遵守課堂紀律學生的教導藝術

（2）對完全聽不懂老師所講內容的學生。

這類學生對老師所講的內容一點都聽不懂，因此就用違反課堂紀律的行為告訴老師，「與其聽天書，不如放鬆」。

面對這種學生，老師要學會採取分層教學。對不同學習程度的學生應制定不同的學習目標，對成績不良的學生們要降低要求，這樣他們才能聽懂老師所講的內容，體驗到學習的快樂，學習興趣才會提高，聽課態度也會認真。

（3）對注意力容易分散的學生。

這些學生之所以注意力容易分散，有各種各樣的原因，例如，自身性格原因、家庭原因等，老師首先要查明學生不遵守課堂紀律的原因，然後再對症下藥。

比如，有的學生安靜地坐在座位上走神、看漫畫或者趴在課桌上睡覺，雖然這些行為違反了課堂紀律，但是沒有明顯地干擾課堂教學，老師就不能大張旗鼓地中斷教學，公開指責他們，而是可以採取發出咳嗽警告信號、上前輕碰叫醒他們或者向其發問等方法處理，以集中其注意力。

（4）對故意搗亂的學生。

這類學生經常在課堂上大聲喧譁、戲弄同學們，甚至明目張膽地頂撞老師，對於這種嚴重擾亂課堂秩序的行為，老師應該採取較為強硬的措施迅速制止，必要時可以適當懲罰，但這只能暫時性地維護課堂秩序。在課後，老師最好找出學生故意搗亂的原因，有針對性地予以糾正，這樣才能徹底改變學生故意違反課堂紀律的行為。

當然，還有些是因為老師的教學方法過於傳統、守舊，不夠新穎，無法吸引學生的注意力，從而導致學生不遵守課堂紀律。

這時老師就要從自身尋找原因，考慮一下：是自己的教學設計不符合學生的認知規律，還是教學目標設定得不合理。透過改變教學方法，用多樣化的教學方式來吸引學生的注意力。

總之，對於不遵守課堂紀律的學生，老師不能簡單地加以訓斥、批評，因為這種粗暴的方法不但對解決問題產生不了幫助，反而會加深學生的對抗心理，使問題嚴重化。

老師要學會針對不同的情況用不同的處理方法，比如像馬老師那樣，透過師生之情打動學生的心，拉近彼此的距離，從而讓學生產生學習的興趣，養成良好的遵守紀律的習慣，從根本上來解決問題。

3. 捕捉亮點、激發主動性──糾正調皮學生的教導藝術

3. 捕捉亮點、激發主動性──糾正調皮學生的教導藝術

▎調皮學生的個性特點

調皮的學生往往性格特別外向，活潑、好動、「臉皮厚」是他們最典型的外在特徵。他們個性的特點是獨立性強、膽子大，對自己的約束能力差，上課喜歡搞小動作，不注意聽講，下課愛打架，或是不做作業，有很多不良習慣。

言語多也是調皮學生的外部特徵之一。通常，調皮的學生心裡想什麼就會說什麼，很少會把話憋在肚子裡。

調皮的學生自律能力很差，但他們的自尊心卻很強，當他們遭到老師的批評、同學們的白眼時，他們的內心世界是相當複雜的──他們既要求擺脫老師的束縛，又缺乏知識、經驗和控制能力；他們求知慾強，求異心切，渴望「獵奇涉勝」，又缺乏正確的是非標準，愛講兄弟義氣；他們既自尊又自卑，既重感情又容易偏激，把老師的教育、幫助統統看做是對自己的損傷而妄加排斥和抵制。

趙志祥，一位小學語文教師，在他的課堂上，氣氛總是特別活躍，幾乎沒有一個學生不專心或搞小動作的，更沒有故意調皮搗蛋的，因為學生的思維都在不停地跟著他轉。

趙老師常說，對於調皮的學生不要「雞蛋裡挑骨頭」，而是要「骨頭裡挑肉」，善於捕捉他們的亮點。所以他從來不責備任何一名同學，不管這名同學有多麼調皮搗蛋。

在趙老師班裡，有一個叫小勇的學生，他就是一個名副其實的調皮學生，下面先讓我們來看看小勇是如何調皮搗蛋的。

片段一：

3. 捕捉亮點、激發主動性——糾正調皮學生的教導藝術

「老師，您看小勇，我們跳橡皮筋，他又來搗亂。」幾個女生向趙老師告狀。

「老師，小勇又跟小平打架！」幾個男生也來報告「軍情」。

「老師，小勇又……」

每逢課間，總有幾起「案件」都與小勇有關。

片段二：

一天上課，在班長喊起立時，小勇拿出一塊尖石頭迅速地放在前排女生小鳳的凳子上，以報復其在同學面前說他沒教養。

學生問候完「老師好」，趙老師讓大家坐下。

小鳳剛坐下，就「哎喲」一聲，邊叫邊站了起來。小鳳拿起尖石頭向趙老師報告，「老師，這石頭是小勇放的。」

許多同學都扭頭看小勇，小勇把眼一瞪，同學們就都不敢看他了。他心裡很得意——同學們都怕我。

片段三：

「老師，小勇上課總是吵我，我都沒法好好聽課了。」下課後，有同學急匆匆地向趙老師報告「情況」。

「怎麼又這樣了？你跟我出來一下。」趙老師走到小勇面前，發現他低著頭，似乎早料到會有同學告他的狀。

小勇可能知道老師要問他什麼，用手指指著自己的鼻子，向趙老師示意是否是叫他。

「對，就是你！」趙老師向他點點頭。

「是他先吵我的！」一走出教室，小勇就「先發制人」。

「沒有。」有個聲音在反駁，趙老師一看，原來是報告的同學。

看來這「案子」一時半刻還難以定斷，趙老師決定先「按兵不動」。

和男同學吵鬧、打架；女同學跳橡皮筋時，他又搗亂……小勇可真是夠調皮搗蛋的。

其實，在每個班級都會有那麼幾個調皮的學生，他們人數不多，但「作用」可不小，很多老師遇到這些調皮的學生時，往往都會變得束手無策，不是隨意在學生面前大聲批評他們，就是運用粗暴的方式進行「暴力鎮壓」。

但這樣的做法非但沒有把學生教好，反而給他們貼上了「壞孩子」的標籤，使他們喪失信心，越來越調皮。

這樣的教育方式，除了對學生的行為予以強制以外，有時還強制性地制約學生的思想，包括想什麼和怎麼想。學生年齡再小，也是一個獨立的個體，他們有自己的思想和觀點，面對單一的學習生活，他們怎麼能夠不反抗呢？

一般來說，學生的反抗可以分為兩類：一類是消極的反抗。這種情況是最為普遍的，但也是老師最不注意的。比如，學生不做作業，理由是不會做；學生不參與活動，理由是沒有能力參與。於是，老師也就信以為真，認為學生真的不會做，或者真的沒有能力參與。

隨著時間的推移，到最後，不但老師信以為真，連學生自己也會信以為真。

另一類是積極的反抗，就是學生的調皮。學生透過不交作業，來反對老師對他們具體行為的束縛；學生透過做鬼臉，來調劑枯燥與壓抑的生活；學生偶爾還透過打罵同學們，有時也會透過謾罵老師，來消解自己心中的壓抑。

從學生的角度來講，如果沒有這些消極或者積極的反抗，不但他們早就會沒有了學習的興趣，連對學習的堅持都是很大的問題。

儘管有一些學生會反抗現實的教育生活，但這種反抗也只是手段，目的是為了調劑枯燥的學習生活，是為了更好地度過學習生活。當然，至於是否能夠因此而取得更好的成績，倒不一定特別有效。

3. 捕捉亮點、激發主動性——糾正調皮學生的教導藝術

可是，當學生真正面對學習生活時，他們只是被動地參與老師的教案與教學計劃，而沒有自己的學習目標；他們在學習過程中也無法體現自己的創造性，因為課堂是老師的，學生的創造就是對課堂秩序與課堂預設的反叛。

在這種情況下，學生的調皮，也就多了一層含義，那就是展現自我價值。

日常生活是沒有價值與成就感的，但挑戰權威是富有成就感的，因此學生樂意於不交作業，不是不會做，而是不交作業這件事，可以讓老師的權威得以喪失。

而學生也樂意於做其他同學不願意做的事，比如，在課堂上做鬼臉，被他們視為一種英雄行為；與老師頂嘴，也只有「英雄」般的學生才可以做到。

而老師越是壓制他們的這種行為，他們越覺得這是一件十分有意思的事情。

當然，這僅僅是一方面的原因，學生調皮現象產生的原因是複雜的，有著不同的心理動機，比如，有些學生年齡小，注意力容易分散，僅憑興趣做事情，容易在無意識中漠視或違背老師的教學意圖；有些學生則是因為不喜歡某位老師，而故意搗亂。

總之，老師不能簡單地看待學生調皮的問題，應該深入仔細地進行分析，再做定論。

對於小勇的調皮，趙老師也曾私下找他談過話，每次他都答應改正，但過不了多久，仍有很多同學前來告他的狀。正當趙老師為此而苦惱時，一些偶然的發現，讓他找到了突破口。

有一次，學校進行大掃除。在打掃廁所時，一位品學兼優、受老師寵愛的學生，一進廁所門，就被腥臭的氣味熏得跑了出來，再也「不敢越雷池一步」。

可小勇呢，他拿起鐵鍬和掃帚，一口氣清理了十幾個糞坑。屎尿濺到他的身上他也毫不在乎。在當今都是「小皇帝」、「小公主」時代，像小勇這

樣不怕髒、不怕苦的學生並不多見。趙老師當即給予了公開表揚，同學們也為他熱烈地鼓掌。對此，小勇十分高興。

還有一次，趙老師偶然得知小勇在上學的路上背著其他學校一位得了急性闌尾炎的學生上了醫院。

打鐵要趁熱，趙老師立刻買了一束鮮花，拿著鮮花去上課了。在上課時他說：「在這裡我要表揚我們班的一位同學。今天上午某校的一位學生突然肚子痛，並且痛得在地上打滾。是我們班裡的一位同學背著他上了醫院，並且打電話叫來了他的父母。那位學生得的是急性闌尾炎。而昨天上午我們班那位同學因此遲到了，我不明情況，還批評了他，直到剛才那位學生的家長給他送來了鮮花，我才知道了真相。我在這裡向他道歉。同學們，你們猜這位同學是誰？」

同學們的目光「唰」地一下一齊望向小勇，因為昨天上午只有他遲到了。他的臉像著了火一樣，一下子紅了，這是他第二次受到表揚，他不好意思地撓了撓頭，傻呵呵地笑了。

趙老師接著說：「他就是小勇！」說完，趙老師帶頭鼓起掌來，同學們也都跟著鼓掌。

「小勇，上來領鮮花。」

當小勇接過趙老師手裡的鮮花時，同學們又熱情地鼓起掌來，「劈哩啪啦」的掌聲響了很久。

趙老師說：「小勇同學身上儘管有不少缺點，但我們同時也要看到小勇身上的優點。比如，愛勞動，不怕髒不怕累，喜歡幫助同學。總的來說，小勇是位好同學，我希望同學們多關心他，多幫助他，幫他改掉缺點。」

這時，小勇的淚水再也忍不住了，一滴滴掉在手裡的鮮花上。

放學後，趙老師讓小勇去他辦公室找他。而就在小勇快到辦公室門外時，趙老師和曾經教過他的另一位李老師演了很有意思的一幕「戲」，他們說著已經商量好的臺詞：

3. 捕捉亮點、激發主動性——糾正調皮學生的教導藝術

李老師說：「小勇這麼調皮搗蛋的人，我們就不應該管他，別讓一粒老鼠屎壞了一鍋湯。」

趙老師說：「我相信小勇會成為好學生的，他的本質是好的，只是我們的教育方法不得當。他的母親死得早，他缺少愛，我們要把他當成自己的孩子來愛。我們不能為了升學率和獎金而只要那些成績好、認真聽課的學生，而不管那些更需要我們幫助的學生。世上沒有最差的學生，只有最差的老師。」

李老師生氣了：「反正這個是最差的，以前我就懶得管他。」臺詞說完後，趙老師拉開門，見到了站在門外一臉淚水的小勇。趙老師假裝大吃一驚後，便拉他到一旁再鼓勵一番。

小勇哭著對趙老師說：「趙老師，我一定不會讓你失望的！」

趙老師撫著他的頭說：「有你這句話，我特別高興。」

從那以後，小勇很少再調皮搗蛋，告他狀的同學也越來越少。後來，趙老師還發現小勇有很強的模仿能力和表演能力，為了更好地促進他的變化，趙老師採取揚長避短的辦法，讓他參加了校慶的文藝表演。而小勇參加的演出十分成功，他還榮獲了「表演小明星」稱號，也為班級爭得了榮譽，同學們更加敬佩他。

與此同時，小勇在其他方面也有了很大的改變：上課不再調皮搗蛋，而是非常認真地聽課；作業也按時完成，並且寫得工整、正確；學習成績有了很大的提高，期末考試時，他竟然考了全年級第二名。

調皮是學生的天性，對於調皮的學生我們不能把他們定格為壞學生。作為老師要以愛心、以耐心來關心他們，了解他們的內心，尊重他們的個性，同時又要以一顆寬容的心來對待他們。那麼，老師應該從哪幾方面入手，來引導調皮的學生呢？

（1）與學生進行心與心的溝通。

課堂上總會有些學生愛搗亂，擾亂課堂秩序，那麼如何對待這些學生呢？

作為老師，萬萬不可對他們說這樣的話——「你們幾個真讓人討厭」、「你們再說話就出去」、「你們是班上最差的」、「以後上課不要再起鬨」⋯⋯諸如此類的話，只會讓師生之間更難溝通，同時還會打擊他們的自尊心，學生不僅不會改，還會變本加厲，會越來越不聽話。

每個人都渴望被理解和尊重，調皮的學生也不例外。所以，對於他們的行為老師不能一味地採取批評、訓斥的方法，這樣會傷害他們的心靈。老師只有理解他們、尊重他們，用一顆愛心去接近他們，與他們親近、交談，了解他們的所需、所感，與他們交朋友，增強彼此的信任，他們才願意把自己的內心世界呈現在老師面前，老師也才能有針對性地去教育他們。

所以，當學生做出調皮搗蛋的事時，老師應當及時了解情況，並與學生交流溝通。而要想與學生很好地溝通，老師必須要有意識地改變與學生溝通的方式與方法，如了解學生，用愛心感化他們、平等對待他們，當學生向老師訴說時，老師要專心傾聽，而且要面帶微笑，這樣才會收到意想不到的效果。

（2）多一分理解和寬容。

老師要試著理解學生，理解他們年齡特點下的言談舉止；理解他們的煩惱和痛苦；理解他們的想法和觀點；理解他們的無奈；理解他們的愛好和興趣。

大人們需要理解，學生更需要理解。作為老師，要給他們一定的思維空間和行動範圍。

只要老師理解學生，寬容學生，愛護關心學生，引導幫助學生，把每個學生都看做是有價值的、獨特的人，並有自我發展，自我完善的能力，師生之間的關係就能協調好，就能溝通好，也就不會出現調皮的學生了。

（3）多給予賞識與激勵。

老師在平時生活中應多注意這些調皮搗蛋的學生，多觀察他們，多發現他們身上的亮點，並及時地在全班同學面前給予表揚和激勵，讓他們建立起自信心，讓他們覺得「我可以」。

3. 捕捉亮點、激發主動性——糾正調皮學生的教導藝術

有句話說得好——「賞識導致成功，抱怨導致失敗」。學生正處於身心發展的階段，他們的天性就是好動、愛說，對什麼都感到好奇，即使再調皮搗蛋的學生，也有其積極可貴的地方。

因此，老師首先應摘掉「有色眼鏡」，熱誠地去發現學生在為人處世、學習生活等方面所表現出來的優點和進步，看到優點就表揚，發現長處就扶持，有了進步就鼓勵。

學生在誠摯而又恰如其分的表揚、扶持和鼓勵中就會逐漸消除自卑，增強自信，在榮譽感與成功體驗中發現自我價值，激發前進的動力。

（4）家校聯繫。

優秀的老師都比較重視家校聯繫，因為他們懂得，學生調皮搗蛋的習慣的形成原因，有一部分就出在家庭上。所以，老師平時可以透過電話交流來了解學生在家裡的一些情況，必要的時候，可以和家長們當面交談，抑或是到學生家裡實地了解他們的成長環境和生活環境，以便在了解學生的基礎上對他們進行不同的教育。

總之，老師對調皮搗蛋的學生應多一點了解和理解，多一點賞識和激勵，多一點愛心和包容。有時，老師一個關愛的眼神，一句信任的鼓勵，都能贏得調皮學生的信賴，讓他們的潛能發揮出來，也讓他們能充分享受到學習成功的樂趣。

對調皮學生的教育策略要點

調皮是學生的天性，它看上去無可厚非，但當它成為學生學習路上的絆腳石時，作為老師，則有責任幫他們清除這個障礙。

有一些老師認為，對於調皮的學生一定要嚴加約束，以紀律來管理他們。此想法不能說不正確，但卻不是對所有的學生都適用。每個調皮的學生都是各不相同的，他們調皮的原因也各不相同。因此，老師在具體對這類學生進行教育時，一定要針對他們不同的特點，對他們進行不同的教育。

下面，我們就來闡述一下對不同調皮學生的不同的教育策略要點：

(1) 針對愛自我表現的調皮學生。

這些學生往往學習比較差，很懶惰，經常不完成老師設定的作業，但是他們又喜歡出風頭，所以總以擾亂紀律來充「英雄」，想成為班級中的焦點人物。

在搗蛋時，如果有其他學生給他們加油、鼓勵，他們的氣焰就像「風吹火爐，越吹越旺」，甚至有以搗亂為榮的心理。

對於這類學生，老師可以採用「以調制調法」，即由「調皮生」來管理「調皮生」，以「硬」碰「硬」。

調皮可以說是大部分學生的天性。如果我們仔細觀察，就會發現調皮生中是有層次性的。有的是「領頭羊」，有的卻是「跟屁蟲」，老師可以把那些「領頭羊」挑選出來，讓他們擔任一些「領導」職位。

比如，有的當小組長，有的當安全監督員，有的當課代表，並要給他們分配具體的工作。這樣調皮生們就有事可做了，也就滿足了他們好表現的心理。

只要老師注意引導，責任感就會慢慢在他們身上建立起來。

至於那些盲從的學生本來就聽從那些「頭兒」的話，現在「頭兒」當「官」了，心裡就更是增加了一種畏懼感，更會乖乖地聽從「頭兒」的調遣。

當然，這些「官」的穩定性不夠，反覆性比較大，這就需要老師耐心、細心地去培養他們。

(2) 針對不能控制自己的調皮學生。

這類學生總是在無意之中講一些空話、廢話，甚至做一些不該做的手勢，但他們自己並沒有意識到。等老師發現並提醒他們時，他們會馬上反應過來，並且認識到自己的錯誤，對老師說「下次我不再犯了」。但是等過幾天後，他們的老毛病又會再犯。

這類學生的問題在於他們內心對學習不重視，經常抱有隨便的態度。而有的學生則是在日常生活中養成了多嘴多舌的習慣，以至於不能自我控制。

3. 捕捉亮點、激發主動性──糾正調皮學生的教導藝術

對於這樣的學生，老師不能只一味地批評，而要讓他們認識到學習的樂趣。可以先從課堂上多給予他們關注，給他們提一些簡單的問題，或留一些簡單的家庭作業。如果學生答錯了或做錯了，老師要指出原因；如果答對了或做對了，老師則要給予積極的鼓勵，讓他們充分體驗到成功的喜悅。這樣，他們就會對學習漸漸產生興趣，調皮的行為自然也就會減少。

另外，老師對這類學生還要在平時多糾正和制止他們多嘴多舌的毛病，以培養他們良好的紀律習慣。

（3）針對自我放棄的調皮學生。

這類學生可稱之為「厚臉皮」，他們不重視學習，認為學習對自己沒用。他們不怕「羞恥」，不在乎老師、同學們的批評意見，似有看破紅塵、不理世事的態度，是極為難教的「老頑固」。

對於這樣的學生，老師先不要從學習上入手，而應仔細觀察，看他們有什麼特長，或喜歡做的事情，並找到他們的亮點。然後可多組織學生開展相關的活動，特別是有創意的，或者說有創造性強的活動，充分發揮他們的積極性和創造性。這樣，會充分調動起他們參與集體活動的興趣，從而轉變為多才多藝、聰明可愛的好學生。

（4）針對故意搗亂的調皮學生。

這種學生是極少數的，他們以前可能還對學習比較感興趣，上課能夠認真聽講，但是由於學校、家庭、社會的關係，使他們產生了逆反心理，故意與老師唱反調、頂嘴，甚至做出極為惡劣的行為。

這些學生往往有心理障礙，所以老師應仔細觀察他們，多關注他們的言行，了解他們的內心需求，寬容他們的幼稚無知，尊重他們的個性特點，甚至允許他們暫時犯一些錯誤。然後再和他們積極溝通，以便對他們進行正確引導。

只有老師像母親一樣去關心他們、親近他們，使他們感到老師是愛我的，他們才會向老師敞開心扉。

「人非聖賢，孰能無過？」更何況學生還都是孩子呢？所以，越是對於調皮、有缺點的學生，老師越要善於捕捉他們身上的亮點。只有一分為二地對待學生，因生施教，讓調皮的學生感受到來自老師溫暖的關懷，才能激勵他們努力進取，改正自身調皮的行為。

4.「冷處理」溫暖學生心靈——糾正頂撞老師的學生的教導藝術

4.「冷處理」溫暖學生心靈——糾正頂撞老師的學生的教導藝術

▌頂撞老師的學生的個性特點

一般來說，敢於頂撞老師的學生，他們的性格都比較倔強，脾氣大，膽量也大，常會做出一些出人意料的事情。還有一些學生頂撞老師，是存心和故意的。這類學生往往意志薄弱，情感脆弱，常常躁動不安，時常擺出一副目空一切的架勢，對老師出言不遜，故意和老師對著幹，以頂撞老師來表現自己的「能耐」。

在任何一個班級，都難免會有一兩個性格倔強、敢於頂撞老師的學生。每當遇到這種情況，教師楊明明在心裡總是提醒自己要冷靜、沉著，儘量冷處理。

一天下午的班隊活動課上，楊老師正在講話，教育學生要養成好習慣。她剛說到「不要無故遲到」時，教室的後門就被推開了。楊老師和同學們不約而同地看過去，原來是小楓同學——他遲到了。

楊老師有點生氣，這兩天一再強調不要遲到，而身為班幹部的小楓竟然帶頭遲到，太不像話了！因此，楊老師口氣生硬地問道：「你幹嘛去了？為什麼遲到？你不知道現在都已經上課好幾分鐘了嗎？」

讓楊老師沒想到的是，小楓竟然也用強硬的口氣回答，「上廁所去了！」說完便重重地坐到座位上，還故意弄出很大的聲音。那口氣、那架勢使全體同學都驚訝了，他們全看向楊老師，看她如何處置這件事。

楊老師頓時來了氣，聲音不由得提高了八度，大聲斥責道：「下課時你幹什麼去了？上課時間是不允許上廁所的，這是違紀。你還是班上的紀律委員呢！」

4.「冷處理」溫暖學生心靈——糾正頂撞老師的學生的教導藝術

　　小楓理直氣壯地回答道：「下課時我那東西沒來，它偏偏上課時候來，我有什麼辦法？」

　　「嘻嘻……」聽到小楓的回答，下面有同學在偷偷地暗笑。

　　「你……」楊老師還從沒碰到過像小楓這樣當著全班同學面頂撞她的學生，因此感覺很沒面子。她不由得火冒三丈，以至於在情急之下說出了這樣的話，「如果全班同學都像你這樣還不亂套啊！原來你也和他們是一樣的貨色，算我以前看錯了眼！」楊老師指向兩個各方面表現都極差的學生大聲說。

　　小楓也毫不示弱，「騰」地一下站了起來，「我是人，不是貨色！」說完，眼睛怒視著楊老師，一副要和楊老師幹到底的架勢。

　　其實楊老師剛說出那句話就後悔了，當時正在氣頭上，沒想順嘴就說了出來。看著小楓憤怒的樣子，楊老師知道不能再這樣下去，否則，誰都下不了臺。她暗暗地告訴自己，要冷靜，再冷靜，千萬不要發火。就這樣，兩人對峙了幾秒鐘，楊老師揮手讓小楓坐下了。

　　學生在上課時間上廁所，這本身就是違紀行為，老師訓問也是很正常的，但小楓態度卻很強硬，還回答說「下課時那東西沒來，它偏偏上課時候來，我有什麼辦法」，這擺明是故意和楊老師對著來，目的就是存心氣老師，也難怪楊老師生氣。

　　但這樣一來，老師就上了學生的「當」了。為什麼呢？因為這樣的學生脾氣很倔，老師橫他們更橫，老師越生氣他們越高興。小楓此時就是這種心理。

　　在現實生活中，有很多像小楓這樣頂撞老師的學生，那麼為什麼他們會頂撞老師呢？

　　（1）因受到不公正待遇而頂撞。

　　人有時會偏心眼，老師也不例外。比如，好學生犯了錯，老師一般就和風細雨，耐心教誨；而後進生們犯了錯，老師則大呼小叫，惡語相向。

這種對學生的不同態度，使後進生們產生了嚴重的逆反心理，他們認為老師很不公正，偏心眼兒。他們內心很不服氣，所以頂撞老師。

尤其在處理同一件事的過程中，由於老師的主觀原因，出現「暈輪效應」（見一個學生學習優秀便認為其各方面都好）或「刻板印象」（認為進步的學生永遠進步，落後的學生永遠落後）。

這樣在處理問題時，老師便會不公正地對待事件雙方的當事人，激起一方的憤怒，從而引發學生頂撞老師的事。

比如，學習委員向老師告狀說：「楊某把我的本子扔到了窗外。」老師忙問原因，學習委員說：「大概是因為我把他違反紀律的事告訴您的緣故吧！」

老師一聽，氣不打一處來。因為在老師的印象中，楊某是一個學習糟糕、紀律散漫的學生；而學習委員則是一個工作認真、學習優秀的學生。

於是老師不分青紅皂白，拽出楊某便是一頓劈頭蓋臉的訓斥。由他扔本子的行為如何可恨，批評到他打擊報復的想法如何骯髒。

楊某開始時低頭縮頸一副「認罪伏法」的模樣，過了一會兒，他的頭慢慢抬起來了，眼裡迸射出憤怒的火花，他突然大聲喊道：「難道她就沒錯嗎？」

老師一下子愣住了，問道：「那你說說到底為什麼扔她本子？」

「因為她坐在外邊，上課、下課總不讓我進去、出去，我已經忍她很久了。」

結果透過調查，事實正如楊某所說。在這種情況之下，學生怎麼會不頂撞老師呢？老師本身就對事不公，怎能讓學生服氣呢？

（2）因不理解老師而頂撞。

有這樣一句話：理解萬歲！而老師的工作更離不開學生的理解。

4.「冷處理」溫暖學生心靈——糾正頂撞老師的學生的教導藝術

有一個學生李某，他不但自己不好好學習，而且上課還搗亂，攪得大家都不能安靜學習，老師說他他也不聽。於是老師想，如果把他的家長找來，求得家長配合，他就會有所收斂，也許還會因此而改過向上。

因此，老師說道：「再不好好學習就請你母親把你領走，別在學校念書了。」沒想到一句話激怒了李某，他大聲喊道：「你不就向我家長告狀嗎？不用轟，我還不念了呢！」說完甩手就走了。

老師本是一番好意，但卻換回這樣一個結果。李某根本沒有理解老師的良苦用心。但這同時也說明，老師沒有與學生好好溝通，使學生誤解了老師的用意。

所以，老師一定要善於與學生溝通，不要總是用嚇唬的語氣說話，否則學生不會接受老師的教育，老師只能碰釘子。

（3）因不尊重而頂撞。

教育家馬卡連柯說過：「要儘量多地要求一個人，盡可能地尊重一個人。」

其實人人都渴望被尊重，學生更是如此。他們不僅渴望得到家長們、同學們的尊重，更渴望得到老師的尊重。

而有些老師對學生也許是不夠尊重，尤其在心緒不佳的時候，更容易發生公開批評、大聲訓斥、諷刺挖苦等不尊重學生的行為。當這種行為嚴重挫傷學生的自尊心時，便會發生學生頂撞老師的事。

比如，有一位老師剛處理完一起學生打架的事件，心中十分不快。一進教室，正好看見愛吃零食的小揚嘴巴又在動，於是氣不打一處來，喊道：「小揚，你給我站起來！」

小揚觸電般地站起來。

「我問你，你是人還是貪吃的小豬？」不等小揚回答，老師接著說：「你這樣貪吃跟小豬有什麼兩樣！」

班裡的其他同學「轟」地一聲全笑了。小揚的臉由紅到白，由白到紫，他抿緊嘴唇，瞪著老師，以堅定的語氣說：「我是人，不是豬！」

「你說什麼？！」

小揚昂著頭，以更清晰的聲音說道：「我不認為吃點零食就是小豬！」

小揚竟然敢頂撞老師，這讓老師更加生氣了。

因為學生吃零食，就說其是「小豬」，這種話太傷學生的自尊了，是對學生的不尊重。不管學生有什麼錯，老師都不應該說出這種話，否則只能換來學生強烈的不滿，從而發生頂撞老師的事件。

（4）家庭教育的缺失。

父母是孩子的啟蒙老師，良好的家庭教育對培養孩子的行為習慣起著不可替代的作用。有些家長教育程度比較低，或只顧著忙工作，從孩子們小時候起就忽略了對其的教育，以致孩子們長大後行為散漫，很難管教。

而在孩子們上學後，家長們又認為既然把孩子們送到了學校，如果他們不聽話就是學校和老師的責任，因此從來不主動和老師溝通，及時了解孩子們的各種表現。由於缺少家長們的配合，也造成了老師對學生教育的困難。

（5）為了引起老師的注意。

有些學生成績比較差，又沒有其他明顯的長處，因此很難引起老師對他們的注意，但學生又想得到老師的關注和鼓勵。所以，這些學生只能透過故意頂撞老師這種極端的方式來得到老師的關注，甚至不惜傷害師生間的感情。

楊老師讓小楓坐下後，並沒有就讓這件事情不了了之，她馬上發動全班同學，讓大家來討論小楓剛才的表現是對是錯，應不應該。

趁同學們在思考的時候，楊老師單獨把小楓叫出教室，和他進行了一番真誠的談話。

楊老師放下老師的架子，首先承認自己因一時來氣，說錯了話，傷了他的自尊心，請他原諒。

楊老師主動承認過失的態度讓小楓感到很意外，也很感動，他不由得低下了頭。楊老師繼續說道：「其實在老師的心目中，你一直是個好學生，真的！

4.「冷處理」溫暖學生心靈——糾正頂撞老師的學生的教導藝術

而且你在同學們眼裡也不錯的，否則大家也不會選你當紀律委員。你以前從沒這樣過，是不是當時心情不好？不妨跟老師說說，看我能不能幫上忙。」

小楓完全被感動了，眼裡蓄滿了淚水，哽咽地說：「楊老師，是我的錯，我不該遲到，更不該頂撞你。我當時心情不好。老師，你能不能原諒我？我向你保證，今後我再不會發生這種事情了！」

楊老師看著他，把手輕放在他的肩上，真誠地微笑著對他說：「老師今天更了解你了，你還有個知錯就改的好品質呢！這可不是每個人都有的哦。我相信，今後的你在各方面都會更出色。」

聽了楊老師的話，小楓破涕為笑，還懇求楊老師給他個機會，說他要當著全班同學的面，作個檢討，既要向楊老師道歉，也要請同學們原諒他的這次過錯。

回到班裡，楊老師先叫同學們發言，談談自己的看法。發言的幾個同學都認為，小楓作為紀律委員不該無故遲到，更不該頂撞老師。在同學們的批評下，小楓羞愧得低下了頭。

看到這種情況，楊老師打斷了同學們的批評，因為如果批評過猛的話，會再次傷害小楓的心，況且他已經理解並願意改正錯誤了。

因此，楊老師開始講話。她先誠懇地向全班同學道歉，自己剛才因一時之氣說了句不該說的、傷同學們自尊心的話，請同學們原諒老師，同時要求同學們理解老師也是常人，也會有情緒，也有講錯話的時候，並希望他們能在以後時時監督老師。楊老師還提出了對他們的要求和希望，希望班上個個同學都能成為合格甚至優秀的學生。

楊老師的這番話讓全班同學都感到意外和感動。話畢，小楓第一個鼓掌，全班同學報以熱烈的經久不息的掌聲，並以一種信任的眼神注視著楊老師。

接下來小楓作了深刻的檢討，檢討完畢後，他還鞠了個躬，請大家原諒。

楊老師帶頭鼓掌，幾乎同時，班上響起了如潮的掌聲。

就這樣，楊老師和小楓的這場衝突徹底冰釋，而且透過這次事件，學生看到了楊老師的真誠，拉近了師生間的距離，還維護了老師應有的威信。真可謂「一舉三得」！

從此以後，小楓的學習更加積極，其他同學也更熱心主動地投入到班級的各項工作和學習中去，班上也再沒發生過學生頂撞老師的事情。

從這件事中我們可以悟出：當學生犯錯誤時，老師不要在還沒了解事情真相時，就對學生橫加指責，甚至破口大罵，這不但會破壞老師自己的形象，降低自己的威信，還極易使師生間產生對立，非但不能造成應有的教育作用，還不益於以後班級各項工作的展開。

因此，老師面對頂撞自己的學生時，一定要保持冷靜，不能火上澆油。

在教育教學過程中，由於種種原因，我們經常看到有些學生在語言或行動上頂撞老師，有的甚至發展到橫眉冷對、勢不兩立的對峙局面，這不僅惡化了師生關係，而且對老師的教和學生的學也造成了極為不利的負面影響。

對於學生頂撞老師的情況，有些學校作了明文規定：頂撞老師、不服從管理就是嚴重違紀，但卻沒有說明何為頂撞老師，如何界定這種行為，也沒有說明老師在教育工作中如何把握尺度。

事實上，有許多老師都不能很好地把握這種尺度。當學生出了問題的時候，老師的頭腦往往不夠冷靜，容易在事情沒有搞清楚之前就匆忙做出判斷。

許多正在氣頭上的老師根本不容許學生有任何辯解，便一味地指責、批評他們。這樣一來，難免在盛怒之下造成「冤假錯案」。

可以想像，如果有一些學生因不服氣而反駁老師，自然而然就被定性為頂撞老師，很可能因此受到嚴厲的處分。但學生若真的是被冤枉的或者事出有因，老師不聽學生的解釋就處分他們，會給學生的心理造成什麼樣的影響呢？

一般來說，敢於頂撞老師的學生，其性格倔強，脾氣也大，對這一類學生進行教育時，老師一定要耐心細膩地了解其頂撞老師的原因。

4.「冷處理」溫暖學生心靈——糾正頂撞老師的學生的教導藝術

而有一些老師認為，做老師就得有師長的威嚴，哪能動不動就「低聲下氣」地跟學生認錯呢。

誠然，老師有威嚴是好的，因為威嚴是一種無形的威懾力量，有威嚴的老師往往能取得較好的管理效果，但威嚴是建立在老師良好的道德修養基礎之上的，是構成威信的重要因素，是老師為人師表的重要組成部分。

不講道理的「怒髮衝冠」不是威嚴，頂多是盛氣凌人，是不會讓學生心悅誠服的，也不會有很好的教育效果。

還有一些老師過分看重自己的面子，他們受不了學生的當眾反駁，認為那樣就在學生面前丟了面子，威嚴掃地，若不狠狠地懲治他們就不能挽回自己的顏面。其實，這樣做恰恰是降低了老師在學生心中的威信。

那麼，老師在遭到學生頂撞後怎樣才能使自己既不失去面子，又使學生受到教育呢？不妨採用以下做法：

（1）冷靜對待，忌意氣用事。

發生頂撞事件時，老師首先要鎮定、冷靜，對待學生要因人制宜，因環境制宜，讓學生先冷靜下來，課後在辦公室或其他場合對學生進行勸告，這樣做的效果就會好得多。

（2）找個臺階下，忌僵持不下。

當學生在大庭廣眾之下頂撞老師，尷尬局面就要出現時，老師應迅速找個藉口巧下臺階，這不失為擺脫窘境的有效方法之一。這樣不僅可以防止師生對峙局面的形成，而且也使學生對老師的豁達大度產生認同和感激，從而轉化態度，認識自己的錯誤。

（3）放下架子，忌居高臨下。

在老師遭到學生頂撞時，居高臨下的態度，嚴厲地訓斥，都是大忌。因為學生在這種時刻，一般都帶有牴觸情緒，如果老師再用嚴厲的態度對待學生，那無疑是火上澆油，只能使勢態變得更糟。

這時老師要主動與學生求「同」，讓學生感受到老師的一腔熱情，從而真心地承認自己的錯誤。

（4）以退為進，忌咄咄逼人。

有時，當老師在遇到學生頂撞等意外事件時，適當地示弱，也可能是一種良好的教育。老師可適當地表示對學生的某些想法的理解和肯定，這樣會使學生覺得老師是通情達理的，從而轉變自己的態度。

當然，對於一些經常在課堂上和老師對著幹的學生，僅僅靠課堂上的隨機處理是遠遠不夠的，需要老師在課下做深入的調查，分析原因，適當的時候，要找家長來進行配合，切忌把他養成「害群之馬」。

對頂撞老師的學生的教育策略要點

在教學實踐中，我們總能見到學生頂撞老師的現象，而頂撞的原因也各有不同。對此，有的老師大為惱火，有的老師對學生則不理不睬——這些都不是解決問題的好方法。

那麼，老師在對這類學生進行教育時，要遵守什麼樣的要點呢？下面就讓我們來具體地看一下：

（1）針對「吃軟不吃硬」的學生。

這類學生做錯了事，老師要是聲色俱厲地訓斥，不講方式當眾批評，就會造成他們的逆反心理，跟老師對著幹。

對於這些「吃軟不吃硬」的學生，老師應先退一步，對事件進行冷處理，等事情過後再坐下來心平氣和地對學生進行說服教育，切忌採取粗暴批評的做法。

有的老師誤認為，對那些不服軟的學生一定要拿出師長的架子，也就是說給他們點顏色看看。其實，當學生與老師發生衝突時，只要老師及時冷靜地控制住自己的情緒，表現出「大將風度」，那麼頂撞老師的現象是可以消除的。

4.「冷處理」溫暖學生心靈——糾正頂撞老師的學生的教導藝術

這樣處理既表現了老師的高風亮節，同時老師在學生心目中也會更有地位。

有個學生在談到與老師頂撞的心情時說：「我知道自己錯了，可看到老師板著臉，一副訓人的架勢，我就煩了，因此，我就下決心與老師對著幹。如果老師是一種心平氣和的態度，我就不好意思頂下去了。」

這就告訴我們，老師要是遇到這類學生的話，就應該耐心細膩地做工作，想方設法找到他們的「亮點」，創造條件使之揚「長」並獲得成功。

（2）針對「厭學」的學生。

這類學生，尤其是父母離異的或單親家庭的學生，因為在家缺少父母的關心和愛護，加之在學校對老師的嚴格要求感到受不了，有時也會頂撞老師。

對於這些「厭學」的學生來說，除了家庭的問題外，學習基礎差，學習成績跟不上也是造成他們與老師頂撞的原因之一，這其實是一種自卑心理在作祟。

所以，老師對這類學生要付出更多的關心和愛護，讓他們感到老師的愛和集體的溫暖。對他們，老師要適當地把標準放低一些，要求放寬一些，根據學生的實際情況運用適當的教學方法，千方百計地培養他們的學習興趣，使他們也能感到成功的歡樂。

（3）針對「自尊心受到傷害」的學生。

當老師批評一些學生時，這些學生會認為失了面子，傷了自尊，是老師故意跟他們過不去，因此極為惱火，以致激起這類學生對老師的反感、牴觸和不滿，等等。

有些老師在處理事情的時候，不分青紅皂白，動不動就指責、訓斥、批評學生，這很容易使學生產生與老師對立的情緒。

有時老師「疾風暴雨」式的發怒、訓斥，不但表現出了自己的無能，也損傷了學生的人格；對於個別性格內向，感情脆弱的學生來說，他們受到的打擊會更大，甚至可能會產生難以想像的後果。

教育家贊可夫曾告誡我們這樣一句話：「在你喊學生之前，先忍耐幾秒鐘，想到『你是教師』。」所以，當學生頂撞老師時，老師一定要保持冷靜，儘量把師生間的矛盾淡化，學會「冷處理」，以便找出原因，認真分析，妥善解決問題。

這樣做的另一個好處是，給學生留有餘地，使他們有時間思考、判斷自己的行為，從而自覺地提高認識、改正錯誤。

5. 培養專注力,提升學習效率——糾正過動學生的教導藝術

5. 培養專注力，提升學習效率——糾正過動學生的教導藝術

▎過動學生的個性特點

　　過動的學生在上課時小動作不斷，凡能碰到的東西都要碰，經常把書本塗得不成樣子，甚至撕書。他們喜歡東張西望，注意力不集中，學習時不專心，上課時專心聽課的時間短，對來自各方的刺激反應都很大。

　　這類學生總喜歡挑逗別的同學，製造一些課堂小插曲。他們情緒非常不穩定，衝動任性，會無緣無故地大聲叫喊，做事沒有耐心，總是急匆匆的。

　　斯霞老師認為過動問題在小學生身上體現得比較嚴重，隨著年齡的增長，這種問題會逐漸消失。

　　當老師發現學生有過動問題時，不能一律將其視為過動症，因為過動與過動症不是一回事，就像胃疼不一定是胃病一樣。但也不能消極地等待或放棄，而要積極面對，想盡辦法矯正他們的不良行為，特別是要培養他們的注意力。

　　在斯老師的班裡，曾經有個叫童童的學生。他聰明活潑，長得胖嘟嘟的，笑起來有一對小酒窩，非常可愛。

　　但讓斯老師感到頭痛的是，他太好動了：做早操時，他從來不好好排隊，不是自己轉來轉去，就是一會兒推前面的同學，一會兒踢、打旁邊或後面的同學，早操也亂做一通；課上，他坐不了 5 分鐘就把頭埋進課桌，手中還不停地撥弄著什麼，一會兒又轉過頭去和同學們講話，有時還敲桌子、搖椅子；下課後，他東跑西竄，而且經常聲嘶力竭地叫喊，還欺負同學；同學們寫作業時，他不是摺紙就是畫畫；寫作業時要老師看著，如果不看著他就不寫；而有時即使他獨自完成了作業，但如果老師不問他要，他就絕不主動交。

5. 培養專注力，提升學習效率——糾正過動學生的教導藝術

有一次放學，童童的父親來接他，看見他要老師看著做作業，父親非常生氣。一氣之下，父親拿起講臺的尺子，打了童童幾下，他哭叫著說以後不敢了，但沒過兩天，就又恢復了原樣。

又有一次，童童因為違反紀律，不做作業，被任課老師叫到辦公室，並打電話讓他父親來。他父親聽說他還是一點不改，氣得又對他動了手。童童跟上次一樣，哭著保證要改正錯誤。

可結果，過了兩天，他又恢復了原樣。老師都拿他沒辦法。

其實，童童不光有這麼多缺點，也有很多優點。比如，他有很好的美術天賦，他特別喜歡畫畫，有時一畫就是一個多小時，有些畫還畫得很不錯；他人也很聰明，只是注意力難以集中，所以成績一直處在中下段。

這個可愛又讓人頭痛的孩子啊，究竟用什麼方法才能控制他的好動問題呢？斯老師覺得頭都大了。

從表面可以看出，童童有過動的特徵，如活動過多，上課注意力分散，自由散漫，自控能力差，沒有養成良好的行為習慣等。

但如果仔細分析，童童表現出來的特徵又與過動症有所區別：他在老師的監督下能完成作業，而且寫得很端正；注意力無障礙，對喜愛的東西，如摺紙、畫畫，注意力就很集中，能堅持一個多小時；他在學習上無其他障礙，只要認真就可以獲得好成績。

而患有過動症的學生，其注意的有意性和意志的堅持性都有明顯的缺陷，不能把一項活動較持久地進行到底；他們在學習上有很多障礙，很難取得好成績。

根據分析，斯老師可以判定：童童不屬於過動症，而是一般的過動行為。

那麼，為什麼像童童這樣的學生會有過動的行為呢？

（1）由自身的氣質類型和心理特徵決定。

一般而言，膽汁質占優勢的學生，他們的活動強度會明顯高於其他氣質類型的學生。膽汁質的學生感受性低而耐受性高，反應的不隨意性占優勢；外向性明顯，情緒興奮高，抑制能力差，反應速度快而不靈活。

由於他們的神經活動類型屬於強而不平衡型，常易受外界事物的刺激而控制不住自己，表現出種種過動行為。但隨著年齡的增長，他們的自我控制能力會逐漸增強。

（2）家庭原因。

家庭是學生個性實現社會化的主要場所，因為學生個性的形成、社會行為的獲得，最為關鍵的幾年是在家庭中度過的。學生的父母是他們的第一任老師，家庭是學生成長過程中的第一所學校。

現在的學生都是家庭中的核心人物，長輩們對他們寵愛有加，這導致了學生的一些行為得不到制止。比如，有的學生做什麼事情都是只有三分鐘熱度，只喜歡新鮮、好玩的東西，做任何事都沒有持久性。

學生的這些習慣，如果作家長的不注意觀察、糾正的話，很可能會表現為過動，而有些家長則對孩子們的教育沒有耐心，出現了問題動輒就一頓打或一頓罵，這樣只會使孩子們產生逆反心理，也會強化他們的不良行為。

比如，在前面的案例中，童童每次犯錯誤總是避免不了被父親狠狠地教訓一頓，而這只會使他更加過動，沒有耐性。

（3）老師的原因。

有的老師對有過動問題的學生總是表示出厭煩的情緒，這使學生感受不到集體的溫暖，找不到自己在班級中的定位，他們任意妄為的個性就會更加張揚。

（4）社會環境、同伴們的影響。

由於社會對知識和學歷的看重，家長們大量投資於對孩子們的文化知識教育，而過重的學習負擔也會使許多孩子過動。

5. 培養專注力，提升學習效率——糾正過動學生的教導藝術

此外，由於學生正處於一個身心迅速發展的過程，他們迫切想認識自己，而這種認識主要依賴外界權威人士的評價，所以極易受外界的暗示影響。

學生在校時間占據了一天的大部分時間，而與他們接觸最多的則是他們的同伴。如果老師在安排座位的時候，忽視了學生的心理和行為特徵，把一些平時活潑好動、愛搞亂的學生安排在一起，那麼有過動行為的學生在這樣的環境下只會加重他們的過動行為。反之，則有利於改善他們的過動行為。

斯老師認為，要想矯正童童的過動行為，首先要有一個良好的態度，不能討厭、歧視他，不能簡單地認為是他的思想和品德有問題，不能粗暴地訓斥、處罰他。這樣會引起他的自卑心理，給他造成精神壓力或情緒波動，引起他的反抗心理，甚至產生攻擊性行為。而應該要多關心他，多理解他，使他感到溫暖，從而有觸動，有悔意，這樣才能為教育引導打下基礎。

其次，加強對童童注意力的培養。

比如，可以從童童最喜歡的活動開始，如畫畫、摺紙，聽故事，讓他在這些活動中逐漸延長注意力集中的時間，從而培養他的耐性。

於是，斯老師針對他喜歡畫畫的特點，請他幫班裡製作海報，並選他參加畫畫比賽；他的字寫得好，就選他參加書法比賽，還把他的作業貼在牆上給全班同學欣賞；他的聲音響亮，就選他當體育委員，讓他每天在早操時整理隊伍，指揮隊伍回教室，從而迫使他改正亂推人、踢人的壞行為。

不僅如此，斯老師還安排童童坐在講臺下的第一個位置，以便於老師對他進行監督和指導。上課時，斯老師常用目光、面部表情暗示他，及時提醒他遵守紀律。

當童童一有進步時，斯老師就立刻表揚他，獎勵給他小花、飛機玩具，給他的行為規範記分冊加分，並且加得比其他同學多，如一般的同學加 5 分，他就加 10 分，以強化他的良好行為。

再者，營造「遵守紀律光榮，違反紀律可恥」的集體氛圍，利用集體的力量影響他，使他養成良好的行為習慣。

斯老師讓全班同學都來關心他，安排學習好的學生與他同桌，給他樹立一個榜樣；讓同學們多關心他、幫助他，使他在大家的善意幫助下，逐步向好的方面發展。

最後，與家長密切配合。

斯老師告訴童童的家長，要克服對他打罵的態度，別一看見、聽見他表現差，就動手打他、罵他；而應與學校教育保持一致，嚴格安排童童的作息時間，讓他按時起居、飲食、學習，並做一些適當有益的活動，以培養其有規律的生活習慣。

就這樣，經過一個學期的治療，童童的過動行為有了很大改觀。

比如，在一次全校隊列操比賽時，童童走在隊伍的最前面，指揮著全班同學做各種動作表演，神氣極了！

表演結束後，全場響起了一陣熱烈的掌聲，童童的小臉上也露出燦爛的笑容。

而在校運會時，斯老師選他參加一二年級組的50公尺跑步比賽，結果他得了一二年級組的第二名。

不僅如此，童童在上課時也比較守紀律了，作業基本能按時完成，成績有了很大的提高，還被斯老師選為語文課代表。而且有一次，斯老師鼓勵他參加學校的作文比賽，沒想到他透過自己的努力，竟然獲得了一等獎。

當他拿到獎狀時，眼裡飽含淚水，滿懷深情地向斯老師鞠了一躬，說：「謝謝您，老師！」

就這樣，透過各種比賽，童童不僅給班級爭取了榮譽，更贏得了同學們的尊重，樹立了自己在班級中的威信。

在後來的日子裡，童童一天天快樂地成長。看到往日那個過動的「小馬達」已學會控制自己的行為，並能積極主動地幫助別人時，斯老師欣慰地笑了。

5. 培養專注力，提升學習效率——糾正過動學生的教導藝術

活潑好動是學生的天性，但有的小學生過於好動，無論做什麼事情都不能專心，以致影響了學業及發展。他們有的被貼上過動症的「標籤」，有的被扣上問題學生的「帽子」，對此，老師和家長們都十分擔心和煩惱。

其實很多學生並非人們所說的「過動症」，而是一種過動行為，只要透過耐心地教育和引導、正確地矯治和影響，隨著他們的不斷成長，就會逐漸改掉過動的行為，慢慢養成注意力集中和做事認真的好品質。那麼，老師該如何利用學校教育的優勢，正確地引導過動的學生呢？

(1) 端正認知，愛心呵護。

老師首先要正確認知過動行為。過動學生的活動過度是由一定的原因導致的，並非是過動的學生自身故意所為、有意對抗。因此，老師切不能對過動的學生表示厭惡或歧視，以免他們產生自責，或挫傷他們的自尊心。而且老師也不能經常說這類學生好動、注意力不集中，以免對他們的心理產生負強化，即越說越好動，加劇他們過動的行為。

比如，一位老師對一個一會兒亂跑打翻花盆，一會兒亂動損壞公物的學生非常反感，一把拉住並按他坐下說「你就不能老實一會兒嗎？」在這種態度和語氣下，該學生不僅不會改正過動的毛病，反而會真像老師說的一樣，就是無法老實一會兒，並且越來越不老實。

這正如神奇的皮格馬利翁效應所說，老師的態度和期望對學生的影響具有神奇的力量，「說你行，你就行」對心智發育尚不成熟的小學生來說具有很大的鼓勵和支持作用。

因此，老師應滿懷愛心，對學生倍加關心和呵護，給予他們寬容和理解，寄予他們期望，並以他們的眼光來看待他們的過失，同時不要批評指責他們，要多關注他們的優點，給予他們深深的熱愛和期望。相信這樣的期望和力量，定會產生神奇的效果。

(2) 耐心教育，正確引導。

首先，老師要幫助過動的學生認識到過動行為的危害性，增強他們克服過動行為的自覺性。

一個人的思想決定了他內心的體驗和反應，因此，要轉變學生的過動行為，必須讓學生對過動行為有一個正確的認識。

針對過動學生的過動行為，老師可以給他們講生動形象的故事、兒歌，透過角色的不同表現和產生的不同效果的對比，使學生懂得好動不專心是學不好本領的，是不受人歡迎的。

當過動的學生做錯事或當過動的行為帶來不良後果時，老師不要責怪他們，而要針對其事，明確地指出這都是由於過動造成的，使過動的學生對過動行為產生厭惡和反感，以增強他們克服過動行為的自覺性。

其次，提出要求，積極暗示。

小學生的年齡小，自控能力差，常常沒有「記性」，過動的學生更是如此。

因此，在活動前，老師要找過動的學生談話，提醒他們注意自己的行為，並提出明確的要求，講清道理，要求他們專心聽講，認真做事。

而在活動過程中，他們可能無法控制自己的行為，這時，老師可有意識地利用語言、表情、動作等給予他們積極的暗示，及時提醒他們集中注意力，逐步養成他們專心做事、遵守紀律的好習慣。

再次，引導他們將過多的活動精力投入到有益的活動中。

過動的學生身上有過多的活動精力，似乎有永遠使不完的勁，從不知道什麼叫累，只有將這些過多的精力發洩掉，他們才會安閒自得。

因此，老師應給他們這些過多的精力尋找合適的出路，比如，可以讓他們擦桌子、擺椅子、澆花、整理公物等，還可讓他們玩跳繩、踢球等一些活動性遊戲。

此外，老師要密切地關注他們的活動，並對他們及時加以表揚、鼓勵，將他們引導到有益的活動中，以培養他們正確有序、認真做事的習慣。

（3）採取措施，積極矯治。

行為學習理論認為，學生的異常行為同正常行為一樣，都是學習的結果。

5. 培養專注力，提升學習效率——糾正過動學生的教導藝術

既然學生的行為習慣可以透過學習獲得，同樣也就可以透過學習而改變或消除。因此，老師可採取一定的方法措施，對這類學生進行積極的矯治，就可以消除他們的過動行為，並代之以更有效的行為。具體方法如下：

①行為強化。

當學生出現符合規定和要求的良好行為時，老師應立即對此進行強化，比如，當他們上課認真聽講、大膽回答問題時，老師要及時給予表揚和掌聲鼓勵；當他們在遊戲中自覺遵守遊戲規則、和大家一起友好遊戲時，老師也應當場進行讚賞和獎勵。

總之，老師要時時關注這些學生，善於發現他們的亮點，只要他們有進步就及時給予表揚，使他們產生被信任感，從而增強他們的信心，強化他們的良好行為。

②選擇與過動不相容的行為進行間歇強化。

針對學生過動的具體行為，可選擇與過動不相容的正確行為作為目標，進行間歇強化，比如，對於上課亂動不專心的學生，老師要提出上課要坐端正、不離開座位、不做小動作的要求，若他們能安靜地坐上 5 分鐘就可予以獎勵；對於亂跑亂動、故意搗亂的學生，老師可提出遵守遊戲規則、好好玩遊戲的要求，若是他們能堅持一次，就可獎勵。

但老師要注意的是，一旦學生達到目標，就一定要獎勵，以強化他們的良好行為；他們達不到目標時，老師也應看到他們的努力和進步，在給予表揚和鼓勵的同時，指出他們哪裡做得不足，應該怎樣做。

待學生穩定一段時間，鞏固這一效果後，老師可再對他們提出更高一些的要求，比如，安靜坐 10 分鐘，堅持兩次、三次好好玩遊戲等。

總之，老師一定要耐心觀察、反覆要求、積極鼓勵，激勵他們向著更高的目標邁進。

③採取不理睬的態度。

有時對學生的過動行為採取不理睬的態度，也可收到意想不到的效果。比如，一天早上，學生正在活動室玩遊戲，過動的東東非常興奮，亂跑亂跳，然後又躺在地上亂打滾，還將自己的鞋子亂扔。

這時，老師就帶著其他學生繼續做遊戲，有意不去理睬他，並暗示其他學生也躲開他。東東躺了一會兒，看到大家都在快樂地遊戲，就知趣地自己起來了。由於老師不去注意，他的過動行為因得不到強化而動因消退。

此外，這種方法也可以和榜樣示範法相結合，比如，讓過動的學生和比較守紀律、自制力較強的學生坐在一起，當過動的學生又在亂動時，老師可不去理睬他，而是有意表揚他們旁邊坐得好的學生，讓他們受到感染和教育，從而自己主動地控制自己的行為。

（4）有目的的訓練。

對於過動的學生，老師可以對他們進行有目的的訓練。具體方法如下：

①利用興趣培養注意力。

過動的學生的最大特點是，對他們感興趣的活動注意力集中，因此可利用他們的興趣來培養他們的注意力。比如，利用聽故事、看圖書、下棋、畫畫等活動，使學生安靜下來，讓他們集中精神投入到活動中，以此來鍛鍊他們的注意力。

②塑造新的行為。

老師可要求過動的學生每天用一定的時間，專心練習書法和畫畫。比如，可先從短時間（如每天 10 分鐘）開始，逐漸延長；也可先由老師或家長們陪練，以後由學生獨立完成。當學生按規定完成時，老師可給予獎勵，以鞏固成績，這樣持之以恆，可以促進學生注意力的發展。

③進行集中訓練。

老師可以讓學生玩走迷宮、找異同等智力遊戲，或讓學生連續拍球或手持球拍往牆上推乒乓球，數量由少到多逐漸增加。這樣做可以使學生注意力

的穩定性、專一性得到很好的訓練,從而矯正學生上課走神,注意力不集中的現象。

對過動學生的教育策略要點

雖然學生過動和「過動症」並不是一回事,不屬於一種病理現象,但它仍然會導致學生注意力不集中、學習時三心二意、做事沒有耐性的不良現象發生。因此,如何針對過動學生的特點對他們進行教育,就成了老師要做的事情。

其實,每個過動的學生,他們過動的根源都各不相同。老師在對他們進行幫助、教育時,還需要從導致他們過動的根源上入手,讓我們來看一看,名師們對過動的學生都有什麼教育策略要點:

(1)針對由自身氣質導致過動的學生。

這類學生天生精力就比較旺盛,所以老師要創造條件,使他們旺盛的精力能夠有一個正確釋放的途徑。

比如,有的學生喜歡幫老師做事,老師就可以不時地為他們創造一些機會,讓他們幫自己做事。如果完成得好就在班級中表揚他們,使他們越發積極。也可以利用他們的興趣愛好,比如畫畫、唱歌或體育活動等,幫他們釋放旺盛的精力。

(2)針對因家庭教育不當導致過動的學生。

有些家長過於寵溺孩子,對他們的不良行為從不加制止,這樣就會使學生養成做事沒耐性的習慣,做什麼事都是只有「三分鐘」熱度。而有些父母對孩子的教育則沒有耐心,出現了問題動輒就是一頓打或一頓罵,這樣不但會使孩子們產生逆反心理,而且會強化他們的不良行為。

對於這類學生,老師需與家長們多溝通,端正家長們的教育方式,告訴他們不要過於嬌慣學生,需培養他們的耐心。而一旦學生做了錯事,做家長的更要表現出耐心,從自身做起,給他們做一個榜樣,這樣才能糾正他們的過動問題。

(3) 針對因老師教育不當導致過動的學生。

有的學生因為好動而常受到一些老師的冷落,甚至有的老師會表現出明顯的厭煩表情,這就使這類學生感受不到集體的溫暖,找不到自己在班級中的定位,於是情緒更加不穩定。

所以,對於這類過動的學生,老師要多給予他們關心和關注,多和他們溝通,了解他們的內心世界,讓他們切實感受到老師對自己的關愛,以及來自班集體的溫暖,使他們認識到自己是班集體的一分子。

要想矯正學生的過動行為,不是短時期內就能見效的,因此當老師為他們確立了短期目標後,就要及時關注他們的表現。當發現他們有過激行為時,老師應及時進行批評和制止;當他們表現良好時,老師應及時給予他們獎勵。但有一點要注意,那就是對於過動的學生,老師的教育要有一個彈性空間,允許他們出現反覆的問題。

總之,對於這類學生,老師要積極地採取措施,發揮主導作用,加強對他們注意力的培養,使他們盡快從過動的問題上轉化過來。

6.情感教育讓心靈互通——糾正孤僻學生的教導藝術

6. 情感教育讓心靈互通——糾正孤僻學生的教導藝術

▋孤僻學生的個性特點

孤僻的學生主要表現為不願跟老師和同學們接觸、交流、嬉戲，對周圍的同學常常有厭煩、鄙視或戒備的心理，性格孤僻沒有夥伴；上課時，如果老師不點名他們從不發言，注意力也不夠集中，雖不做小動作，但常常分心，對上課存在的問題總找客觀理由搪塞，成績很差；獨立生活能力差，對父母的依賴心理較為嚴重。

這類學生疑心重，易神經過敏，易情緒衝動；做任何事情總喜歡自己一個人獨來獨往；怕別人瞧不起自己，因而總擺出一副了不起的樣子。

其實，這類學生的內心很脆弱，很怕被別人刺傷，於是就把自己禁錮起來，不與老師和同學們交往。可如果別人真的不理他們，他們又認為自尊心受到了傷害。

由於人際關係不良，這類學生的內心很痛苦，情緒長期壓抑，易陷入寂寞、憂鬱之中；精神消沉、頹廢，易出現恐懼心理。

黃桂林老師認為，學生孤僻的性格都是因自卑引起的，所以，老師主要的工作就是消除這些學生的自卑感。

有一年，黃老師的班裡轉來了一位新生，名叫小奇。初見小奇，不能不讓人皺眉頭——他穿著一雙破破爛爛的運動鞋，腰帶鬆鬆垮垮地繫著，洗得發白的褲子快掉到肚臍下了；臉上黑糊糊的，像抹了一層油漆，鼻子下「掛著兩條黃龍」，不時地使勁吸兩聲；歪著身子不正面見人，而是低著頭窺視別人。

「小奇，歡迎你的到來！」黃老師邊說邊伸出手上前摸小奇的頭。沒想到，小奇把身子一扭，轉到了一邊，看都不看黃老師。黃老師的手僵在了半

6. 情感教育讓心靈互通——糾正孤僻學生的教導藝術

空。小奇的父親為孩子的無禮感到很不好意思，於是連連道歉。黃老師只是笑了笑，並沒有在意。

就這樣，小奇成了黃老師班裡的學生。透過一段時間的觀察，黃老師發現，小奇的反應比較慢，一個很簡單的問題他都要思索幾分鐘，有時甚至思考半天最終還是沒有答案；他的記憶力也很差，剛講的內容，再問他竟然一無所知；認知能力也不如其他同學⋯⋯

這些原因也導致小奇對學習失去了興趣——上課注意力越來越不集中，有時看漫畫，有時畫畫，有時玩其他東西，有時甚至鑽到桌子底下；作業更不用說，他不但很少寫，連作業本都爛得不成樣子。

下課的時候，小奇的行為更是奇怪——他要麼拿著班裡的掃帚在地上拖著跑，一邊跑，一邊嘴裡嘀咕著「嘀噠嘀噠」，那樣子就像開著一輛高級轎車在賽跑；要麼發瘋似的把課本、文具撒得滿地都是；要麼在班級裡攻擊其他同學，高舉椅子追逐、恐嚇別人。

同學們見了他就像見了「瘟神」一樣，都避著他走，生怕他發瘋打人。因此，小奇在班裡沒有朋友，而且他也不愛說話，常常一個人坐在座位上，自己玩自己的，就像有自閉症一樣，從來不和別人交流。

看著小奇孤獨的身影，黃老師感到了一陣心痛，這個學生到底是怎麼了？

是不是得了自閉症？他為什麼如此孤僻呢？自己又應該用什麼方法來糾正他的孤僻心理呢？

凡事與己無關、漠不關心，不願意與別人交往，一副自我禁錮的樣子——這就是小奇的寫照，而這也正是孤僻心理的表現。那麼，是什麼原因讓小奇如此孤僻呢？懷著疑惑心理，黃老師來到了小奇家。

小奇的家很簡陋，看得出家裡的經濟條件不太好，透過與小奇父母的一番交談，黃老師了解到，小奇出生時，由於是難產，體質受到了一定的影響，因此，心智的成熟明顯比同齡的學生晚，因而經常受到各種歧視。

特別是在以前的學校，老師和同學們都不喜歡他，常嘲笑和諷刺他。這使本來就比較孤僻的小奇更加自閉了。再加上父母的教育程度不高，對小奇的教育方法也簡單。

各種原因加在一起讓小奇總以為自己處處矮人一截，導致他形成了自我否定的意識，消極的自我暗示不斷出現，智力水平也隨之下降，同時也變得容易被激怒，常用突發的攻擊性行為把周圍的同伴嚇跑，而這也讓他越來越不合群，逐漸形成逃避現實、離群索居的孤僻性格。

看來這是一個有心理障礙的同學。作為老師，黃老師感覺自己有責任關愛他、幫助他，並希望透過大家的共同努力，掃除小奇心底的陰影，讓他能夠像其他同學一樣健康快樂地成長。

透過家訪和觀察分析，黃老師對小奇有了一定的了解，他覺得幫助小奇消除自卑感是最好的矯正方法。因此，他以「消除自卑，樹立自信」為突破口，站在小奇的立場實行了以下方案：

（1）多進行交流，加強師生情感。

黃老師多次到小奇家家訪，與他的父母交流，了解他們的想法，包括對小奇的期望和教育方式。值得借鑑的，一起共勉；值得商榷的，一起改進。

另外，黃老師還尋找機會和小奇多交流，讓他體會到老師對他的愛，以便不再敵視老師，而是慢慢接納老師。

黃老師與小奇交談的地點並不只侷限在課堂和辦公室裡，比如，每天出操時，在學校的操場上，黃老師會幫小奇把快要掉下的褲子提上去；看到他鼻子底下的「黃龍」，就給他遞上紙巾；看到他做操被別人取笑時，便阻止別人的行為，並在他耳邊說一句悄悄話，同時悄悄地把他調到隊伍的最後。

漸漸的，小奇變得願意和黃老師說話了，有時早上上學碰到黃老師還主動打招呼。

（2）多給小奇回答問題的機會，使其融入課堂氛圍中。

6. 情感教育讓心靈互通——糾正孤僻學生的教導藝術

雖然課堂教學關注的是整個群體，但黃老師總會儘量給小奇設計一兩個題目，這些題目都是他能明白或能脫口而出的問題。

課堂上，在預備讓他回答問題時，黃老師並不是直接讓小奇站起來回答問題，而是特意賣一下關子，先掃視一下全班同學，最後目光才落在小奇的身上，並徵詢他的意見：「可以回答老師這個問題嗎？」

當他站起來後，黃老師會仔細觀察他的神態——如果他呈現一副思考的神態，就說明他能回答，只是需要一點時間思考，黃老師就會給他一點時間，等他回答正確後，就在他的課本上貼上一朵小紅花；如果他呈現出一幅很為難的樣子，則表示他不知道怎麼回答，黃老師就鼓勵他說：「小奇，沒有關係，你可以找你的夥伴來幫助你，看同伴是怎麼回答的，好不好？」

每到這時，黃老師就讓小奇去選擇一個其他舉手的同學來回答。回答之後，黃老師會下意識地問小奇「現在知道了嗎」，並讓他再重複一遍。

時間一長，班上的同學都形成一條不成文的規定：只要在小奇回答問題之後，大家都會報以熱烈的掌聲，並且各科老師會毫不吝嗇地把小紅花送給他。

一個學期下來，小奇的學習有了明顯的進步。有一次，他的作業寫得比以前端正很多，黃老師就在他的作業本上貼了一朵小紅花，沒想到第二天，他自動自發地練習寫數字，端端正正地寫了滿滿的一頁交給黃老師批閱。黃老師又給他貼了小紅花。

從那以後，小奇的作業變得越來越整潔，正確率也有很大提高。

（3）和他多聊天，走進他的心靈深處。

受智力的影響，小奇學東西總是特別慢，測驗成績也總是班裡最差的。對於患有心理障礙的小奇，黃老師並不期望他能考高分，只要求他無論花多少時間，把當天學的知識弄懂即可。

因此，黃老師常用休息時間和他聊天，糾正他學習中的錯誤，並誘導他開口說話。

有時放學補課晚了，黃老師還給他一些小點心吃。一開始，小奇不肯接受，黃老師就表揚他懂事，並說：「別人的東西是不能要，可我們是好朋友啊，老師不想你餓壞肚子，就給老師一點面子，快吃吧，好朋友的東西應該要接受的，對不對？」

聽黃老師這樣說，小奇才慢慢接受。

在以後的日子裡，每到補課時，小奇總喜歡靠近黃老師，有時甚至黏在他身邊，甚至還用髒兮兮的小手把帶來的零食塞進黃老師的嘴裡。對此，黃老師都高興地接受了。

（4）多表揚他，為他樹立好形象。

小奇一直都害怕被別人歧視，所以黃老師盡可能地採取措施對同學們施加影響，幫小奇在同學當中樹立好形象。

有時候，黃老師故意問大家：「從開學到現在，咱們班誰的進步最大啊？」

「小奇。」同學們異口同聲地回答。

「你們知道小奇都有哪些進步的表現嗎？」

「他現在不砸東西也不打人了，也沒有不交作業的現象，無論多晚，都堅持完成。」同學們說。

在課堂上，當小奇回答問題回答得好時，黃老師就會當眾表揚他，並不住地點頭，微笑著說「真好」、「你真聰明」、「我真為你感到高興」，以維護他在同學們心目中的良好形象。

但這並不是說黃老師就一味地給他戴高帽子，在私底下黃老師也常對他的小毛病進行恰如其分地批評。

孤僻自閉的學生最怕別人說他笨，因此除了口頭表揚，讓同學們為他鼓掌外，每當其他同學要批評小奇時，黃老師都會當眾維護他說：「他現在做事很認真的，很不容易的！」慢慢的，小奇在同學們當中有了一定的威信，朋友也多了起來。

6. 情感教育讓心靈互通──糾正孤僻學生的教導藝術

(5) 開展助學活動。

「師徒結對」在教學中起著不可忽視的作用，它不僅使小奇在同學們的幫助下解除了一部分學習上的困難，還能從與正常學生的交往中，開闊眼界，增加接觸社會的機會，學會適應生活，適應社會。而對「助學小老師」來說，助學活動也是建立愛心，學會關心他人，促進自我發展的好機會。

黃老師通常都讓品學兼優，有熱情，有耐心的學生自願報名當「助學小老師」，並經過大家審議通過。學習困難的學生可以挑選自己喜歡並樂於接納自己的「小老師」結對。而每當問到這個星期誰願意成為小奇的老師時，夠格的「小老師」都會舉起小手讓小奇挑選。一個學期下來，小奇比以前活潑開朗多了。

(6) 克服自卑融入集體。

黃老師努力以活動為載體，幫助小奇克服自卑心理，樹立自信心。他鼓勵小奇積極參與主題隊會、社會實踐等各項活動。比如，春遊時，學生喜歡跟老師一起照相，黃老師總是第一個把小奇拉在身邊合影。有一次補課，黃老師得知小奇的生日快到了，於是在他生日那天，為他買了生日蛋糕與生日禮物，並利用課間時間，讓同學們一起為他過生日。在生日歌中，小奇閉上眼睛許下了美好的願望，每位同學都為他送上一句祝福語。

在參與活動的過程中，小奇逐步克服了自卑心理，樹立了自信，一次又一次品嚐到了人生的喜悅。他以前的心理表現很壓抑，處於一種被動學習、無可奈何的狀態，對學習無任何興趣可言，在行為上往往表現為情緒低落、沉默寡言、孤僻。而現在他的自卑心理正日漸消除，變得愛開口大笑了。

在各項活動中，同學們對小奇偶爾表現出的不正常的行為都持寬容的態度，沒有一個同學歧視或嘲笑他，小奇漸漸縮短了與全班同學的差距，消除了所有的心理障礙。

這樣，經過兩年的努力，小奇發生了巨大的變化，他已基本能跟上班級其他同學的學習進度；自卑、孤僻的性格也得到了改變，能與同學們交流，能參加學校舉行的各項活動了。

同時，全班同學也非常願意與他交流和幫助他，再也沒有人把他當做有心理障礙的特殊學生來看待了。

性格孤僻的學生常將自己與外界隔絕開來，很少或根本沒有社交活動，除了必要的學習生活以外，大部分時間都將自己關起來，不與他人來往。因此，他們很孤獨，沒有朋友，沒有同伴，甚至害怕社交活動，而這也是一種環境不適的病態心理現象。

那麼，面對性格孤僻的學生，老師又該怎樣做呢？

（1）與家長們溝通，進行家庭教育。

學生的孤僻心理有很多都是家庭原因造成的，因此老師發現學生有孤僻的表現後，要及時與家長們交流，把學生在學校的表現和性格方面的特徵告知家長們，讓家長們了解自己的孩子在學校的學習和與同學間的交往，並對他們進行良好的家庭教育。

但是有一些父母雖然關心自己的孩子，卻沒有一個好的教育方法。那麼，老師應該如何改進家長們的家庭教育呢？

①加強問題家庭父母的責任感。

家庭是學生人生中一所永不畢業的學校，父母是孩子的第一任老師，教育好子女是父母的天職。作為問題家庭的父母們，絕不能因個人的情感、是非問題而置自己的子女們於不顧。

教育家馬卡連柯告訴我們：「你們生育教養子女，不僅是為了父母的愉快，在你們家庭裡，在你們影響下，成長著未來的公民，未來的事業家。」

作家傅雷提醒我們：「爸爸不為兒子煩心，為誰煩心？爸爸不幫助孩子，誰幫助孩子？兒子有苦惱不向爸爸求救，向誰求救？」

為此，經常爭吵的父母們要學會理智，忙於應酬的應盡可能早點回家，經濟不寬裕的也儘量不要犧牲養育孩子的時間去掙錢，即使是分道揚鑣的也要計劃好教育孩子的方案。

②加強溝通意識，留些時間與孩子們交往。

6. 情感教育讓心靈互通——糾正孤僻學生的教導藝術

作為父母不僅要關心孩子們的衣食住行，更要關心孩子們的內心和精神世界。對孩子們的內心世界忽視和冷漠會導致他們產生很多心理問題和品德問題。為此，作為家長應多與子女進行想法交流，了解自己子女的情況。

現在，節假日日益增多，作為父母也應提高節假日的水平和質量，應多安排一些時間給孩子們。比如，可以和孩子們一起種花、吟詩、聽音樂、集郵、旅遊、登山等。

③改進教育方法，發揚民主作風，轉換角色，既是長者，又是朋友。

作為父母要了解孩子們成長的生理、心理知識，並按照他們的生理、心理規律來辦事。我們要反對「棍棒型」、「溺愛型」的家庭教育方式，倡導「民主型」的家庭教育方式。對孩子們要講民主和平等，要給孩子們更多的發言權，使民主成為家庭一面永遠飄揚的旗幟。

不管是父母還是子女，都是平等的，家長不僅是孩子們慈愛的父母，循循善誘的導師，志同道合的夥伴，更是真誠的朋友。據調查分析，中小學生都比較喜歡「朋友式」的父母，而不喜歡「牧師式」、「師徒式」的父母。

④創造空間，營造良好的夥伴交往環境。

老一輩教育家劉紹禹先生曾語重心長地談到了教育兒童的原則：「兒童應與年齡相同的兒童生活，然後才能學到與人相處之道。與成年人一起，相依賴式的自卑心理，頗難打破，將來離家入社會是莫大之困難。」

因此，家長要想方設法創造條件為子女提供與同學交往的時間和空間。放學路上少接送，讓子女與其他小朋友結伴而行；週末和節假日讓子女邀請同學來家裡玩，鼓勵子女利用空閒時間與同學進行電話交流，或主動到左鄰右舍走動，透過串門，擴大交往的範圍，學會與各種人交往的經驗，消除一個人獨處的寂寞。

（2）老師應有良好的教育方法。

除了與家長們進行溝通，讓家長們配合之外，老師也應該有良好的教育方法去引導性格孤僻的學生。具體方法如下：

①擴大孤僻學生的交往範圍。

當孤僻的學生能夠接受別人與他們交往時，要給予強化鼓勵，並幫助他們主動與別人交往。如，在體育活動時，老師要特別關注有孤僻心理的學生。

比如，同學們在兩人一組，三人一組做遊戲時，老師可以主動找上孤僻的學生和自己一起做遊戲。同學們看到他能和老師一起做遊戲就會非常羨慕。這時，老師可再讓他跟同學們一起遊戲，這樣就消除了孤僻的學生不合群的心理狀態。

此外，老師還要鼓勵學生先和自己的同桌同學交往，然後再和自己前、後、左、右的同學們交往，逐漸讓他們擴大交往範圍，從自我封閉中走出來。

對於嚴重孤僻不與人交往的學生，老師可以先讓他們跟比自己年齡小或低年級的學生交往，以顯示他們的交往能力，提高他們的自信心，然後再讓他們跟同年級的同學交往，繼而鼓勵他們與高年級的校友交往。

②鼓勵他們多參加班級、學校和社會上的集體活動。

老師應鼓勵孤僻的學生多與性格開朗的同學在一起學習、活動，多參加一些班級集體項目，讓他們在情緒和性格上受到感染，這樣也會使有孤僻心理的學生變得慢慢開朗起來。

▋對孤僻學生的教育策略要點

性格孤僻是一種心理病態，性格孤僻是一種環境不適的病態心理現象，可導致學生的人格異常和變態。因此，我們應該尋求有效的方法去解決這個嚴重的問題。

而造成學生性格孤僻的原因各不相同，老師應該針對不同的原因用不同的方法對他們進行教育。其教育策略要點如下：

（1）針對由家庭原因造成孤僻的學生。

6. 情感教育讓心靈互通——糾正孤僻學生的教導藝術

這類學生性格孤僻主要是家庭原因造成的，且主要與幼年創傷有關，如父母離婚，使孩子遭遺棄，缺少父愛或母愛；家教粗暴，享受不到家庭的溫暖，等等。

父母是孩子們的第一任老師，因此責任重大，孩子們的性格歸根結底是受到家庭、父母影響最深的。

良好的家庭氛圍可使學生性格活潑、開朗、大方、好學、誠實、謙遜、合群、求知好奇、愛勞動、愛清潔、守時、守信等；而不良的家庭氛圍，則會使學生膽怯、多疑自私、忌妒、孤獨、懶惰、放任、不懂禮貌、言語粗俗。

因為學生在適應家庭環境的過程中，常以家長為最親近、最直接的模仿對象，形成自己的心理定勢和性格特徵，因此，家庭氛圍的好壞是學生心理、行為健康水平的重要相關因素。

所以，對於這類孤僻的學生，老師要與家長們多做溝通，端正家長們的教育態度，使他們與老師積極地配合，採取正確的教育方法，做好學生的轉化工作。

（2）針對因學習原因而孤僻的學生。

這類學生因學習成績差，以致產生自卑心理。對於這類孤僻的學生，老師平時要多注意和觀察他們，無論是課上還是課下，應主動讓他們參與多項活動。在活動中一旦發現他們有某種進步就要給予充分肯定，以激發他們的求知慾，培養他們的學習興趣，使他們逐步樹立起自信心。

比如，當老師發現他們主動參與某一項活動了，課上能勇敢地舉手並大聲回答問題了，課間能與同學大聲笑了，要及時給予鼓勵。

另外，老師還要鼓勵他們向好的同學學習，並介紹一些好書籍給他們，以增強他們走向社會與人合作的意識。

（3）針對因不善於交往而孤僻的學生。

孤僻、膽怯最主要的表現就是不與人接觸，怕見生人。對於這類孤僻的學生，老師要鼓勵他們多與同學們接近、交往。只有在交往中他們才能不斷

認識，完善和發展自我，也只有在交往中他們才能克服怕羞、自負、自卑、孤僻等不健康的心理，找回自尊和自信，從而變得開朗起來。

比如，老師可以刻意安排一名很優秀的學生主動接近孤僻的學生，並經常帶他到同學們中間參加課餘、課外活動，如跳繩、打球等。使他在活動中交流想法，溝通感情，引導他盡快走向「外面的世界」；或者增加他在公眾場合講話的機會，以增強其自信心。

各種事例證明，性格孤僻的學生往往在心理上存在著諸多問題，而有一些老師卻常常忽略他們這種不健康的心理，導致他們的心理發育越來越不健康，學習情況也越來越糟糕。

所以，老師應當給予這樣的學生以大力幫助，用師愛的陽光照亮孤僻學生的心，使其消除自卑，樹立自信，讓其身心得到健康快樂的發展。

7. 教會他正視自己，正視他人──糾正自負學生的教導藝術

7. 教會他正視自己，正視他人——糾正自負學生的教導藝術

▌自負學生的個性特點

　　自信就是自己相信自己，對自己有必勝的信心，這是一種健康積極的為人處事心態。而過於自信，就變成了自負，它是自信的過度膨脹，是驕傲的代名詞。

　　自負的學生一般表現為：

　　（1）自視甚高，認為自己非常了不起，別人都不行；很少關心別人，與他人關係疏遠；他們時時事事都從自己的利益出發，從不顧及別人，不求於人時，對人沒有絲毫的熱情，似乎人人都應為他服務。

　　（2）他們固執己見，唯我獨尊，總是將自己的觀點強加於人，在明知別人正確時，也不願意改變自己的態度或接受別人的觀點，總愛抬高自己貶低別人，把別人看得一無是處。

　　（3）過度防衛，有明顯的忌妒心。他們有過度的自我保護意識，當其他同學取得一些成績時，他們的妒忌之心便油然而生，極力去打擊別人，排斥別人；當別人失敗時，他們幸災樂禍，不向別人提供任何有益的訊息。

　　同時，在別人成功時，自負的學生常用「酸葡萄心理」來維持自己的心理平衡。

　　徐德強老師說，過分自信的學生一般個性都比較獨立，所以與他們溝通時一定要深入問題的實質，把道理說到點上，就事論理，引導他們跳出偏頗的觀念，正確對待得與失。

　　在徐老師班裡，有一個叫丁丁的學生。他在學校裡是一個「風雲人物」，他學習很棒，各科成績一直穩居年級前三名，特別是數學和物理還拿過奧林

7. 教會他正視自己，正視他人——糾正自負學生的教導藝術

匹克競賽獎；體育也不錯，是長跑冠軍，學校運動會上常見到他颯爽的英姿，據說還是圍棋業餘五段呢；文藝方面，彈得一手好鋼琴。

總之，不管在哪方面，丁丁都很出色，不但他的父母逢人就誇獎他聰明，即使是各科老師也都很喜歡他，見面就誇他是「小天才」。

大家的過度誇讚讓丁丁飄飄然了起來，他常在同學中間自詡「上知天文，下通地理，中間橫掃一大片」，乃「當代之鳳雛、臥龍也」，狂妄得不得了，整個一副「欲上九霄雲外攬月摘星」的模樣。

上課時，如果班裡其他同學回答錯了問題，他就會發出「嗤」的一聲，或乾脆誇張地哈哈大笑，讓回答問題的同學無法下臺。他還經常在一些課上找些稀奇古怪的問題來「拷問」老師，如果老師回答不上來，或稍有遲疑，他就會露出一副得意的神情。

有一次，他不知從哪兒找了一道題來問徐老師，徐老師不明就裡，很為他的求知精神感到高興。但當徐老師看到那道題時，他覺得這道題確實有一定的難度，涉及很多文學知識。徐老師便帶有歉意地說道：「你這個問題有點難度，老師考慮一下再告訴你好嗎？」

「哦，老師，您也不會嗎？」丁丁故作驚訝地問道。

徐老師笑了笑，剛要回答，卻突然發現丁丁的嘴角流露出一絲狡黠，徐老師立刻明白，丁丁根本不是真心來問問題的，而是來試探自己是否具有「滿腹才學」。呵呵，這個學生真是夠自以為是的！

又有一次，徐老師在課間時間到班裡來巡視。這時，他看到班裡一群學生圍在一起吵鬧。他以為有同學在打架，於是急忙走上前，結果卻發現是丁丁在向大家炫耀自己的「功績」。

只見他將一個塑膠袋「嘩」地往桌上一倒，掉出來好多獎盃、獎狀，十分耀眼。

「這是數學競賽一等獎，這是作文大賽一等獎，這是市運動會長跑冠軍……」他拿起獎狀一個一個地介紹著，「你們誰得過這麼多獎狀？」丁丁臉上露出一副洋洋得意的表情。

「丁丁，你在幹什麼？」徐老師走上前問道。

「哦，沒什麼。我只是讓他們瞧瞧我的『戰利品』，免得他們說我吹牛，不配當班長。」丁丁滿不在乎地說。

「誰讓你說我們是草包的！」有個同學不滿地向他嚷道。

「你們本來就是草包，還不讓人說！」丁丁立刻回敬道。

這就是丁丁的個性，容不下一點委屈，也不容別的同學說他不好。

過了不久，學校一年一度的「故事節」來臨了，伴隨這一節日而來的是一系列的相關活動，其中「自編故事」並集結出一本優秀的故事書是最吸引學生的活動。

為了讓自己的故事能夠入選故事集，各班的學生都踴躍投稿。最後學校從中篩選出 100 篇寫得比較精彩的故事集結成書出版了。

其中，徐老師的班有十名同學的故事入選，但丁丁的故事卻落選了。閱讀課上，同學們興高采烈地看著優秀故事集錦，興奮地唸著入選同學的名字，開心地笑著。

就在這時，丁丁奪過同學的書扔到了地上，旁邊的同學立刻喊了起來，徐老師這才注意到怒目圓睜、滿臉通紅的丁丁。

「丁丁，怎麼回事？為什麼把同學的書扔了？」徐老師盡力用平靜的口吻問他。丁丁不吭聲，連問了兩次都沒反應。

「林林，怎麼回事？」徐老師轉身問他的同桌。

「老師，丁丁是氣他寫的故事沒有入選！」林林一邊把書撿回來，一邊回答道。

7. 教會他正視自己，正視他人——糾正自負學生的教導藝術

「看看其他同學寫的故事，有許多地方值得學習，大家要互相取長補短嘛。」徐老師對丁丁說道。

誰知，丁丁一把抓過書，使勁地把書撕了，用不屑的語氣說：「什麼爛故事？還讓我學習！」

看著丁丁因為氣憤而失控的言行，徐老師也有些生氣，但他並沒有發火，而是盡力讓自己平靜下來，以平和的口氣說道：「大家先自己看書，丁丁，咱們到辦公室談談吧！」

丁丁的表現很明顯是自信膨脹過度：瞧不起同學、故意刁難老師、炫耀榮譽、不服氣自己的故事落選……種種表現都說明丁丁已不僅僅是自信，而是一種自負。

丁丁自負的心理，與他的家庭教育和學校教育有直接的關係：

（1）一帆風順的生活環境，使其產生過強的優越感。

優越感首先來自於家庭。孩子聰明，這是為人父母求之不得的事。從事例中可以看出，丁丁是一個智力超常、非常聰明的孩子，所以父母對他喜愛有加：他們為兒子的能言善辯感到驕傲，對兒子說的話更多的是表示贊同、欣賞。時間一長，就讓丁丁自認為「自己很聰明、很了不起」。

其次，丁丁的智力突出，因此在各類競賽活動中就容易得名次，他也因此積攢了一些驕傲的資本。有了這些資本，他就更堅信自己是班裡的「中流砥柱」。

再次，周圍人，比如親友們、老師對他的喜愛、讚揚，同學們對他的認可、擁護都在一定程度上助長了他的自負心理。

以上種種，就給丁丁創設了一個一帆風順的生活環境，使他有一種強烈的優越感。

（2）家長與老師的縱容。

聰明的孩子在家長、老師的眼裡容易享受到一種待遇：放大優點，縮小缺點。家長對孩子的聰明沉迷於欣賞之中，疏忽了引導。孩子對事情的看法

有時雖表述得有條有理，但孩子畢竟是孩子，看問題免不了片面化，但家長往往本著「只要孩子能說出他的想法，就要鼓勵與支持」的這種教育法，使孩子長期處在這種看似民主的話語氛圍中，而實際卻助長了其囂張的氣焰，使其養成唯我獨尊的性格。

此外，老師對學生的一味的讚揚也是一種無原則的縱容。比如，各種競賽機會都會優先考慮丁丁；班級組織活動時，他的建議或方案有決定性作用；平時上課時，他受表揚的機會多，老師在言行之中會流露出對他的一種欣賞與寬容，這些都容易讓學生產生自負的心理。

（3）片面的自我認識。

丁丁喜歡縮小自己的短處，誇大自己的長處，對自己的能力評價過高，對別人的能力評價過低。而當一個人只看到自己的優點，看不到自己的缺點時，往往會產生自負的個性。

這種人往往好大喜功，取得一點小小的成績就認為自己了不起，成功時完全歸因於自己的主觀努力，失敗時則完全歸咎於客觀條件的不合作。他們往往過於自戀和以自我為中心，把自己的舉手投足都看得與眾不同。

（4）情感上的原因。

丁丁的自尊心特別強烈。而為了保護自尊心，人們在挫折面前，常常會產生兩種既相反又相通的自我保護心理：一種是自卑心理，透過自我隔絕，避免自尊心的進一步受損；另一種就是自負心理，透過自我放大，獲得自卑不足的補償，而丁丁顯然屬於後一種。

來到辦公室，徐老師搬了把椅子，讓丁丁坐下，同時握住他的手，以緩和的聲音說道：「丁丁，現在咱們靜下心來聊一聊好嗎？」

丁丁眼圈微紅，默默地點了點頭。

「老師知道，你很聰明，也常常得獎，這次作文落選心裡很不好受，這些老師都理解。但俗話說得好，『勝敗乃兵家常事』，偶爾的一兩次失誤更

能讓人警醒，知道自己的不足，然後才能更有目標地前進，你說對不對。」徐老師開始有針對性地給他講道理。

「可是我的故事寫得很好啊！如果不好，選不上也就算了，但明明有些同學寫得不如我，為什麼他們的能被選上，而我的卻選不上呢？誰都知道我的作文是寫得最好的，我還獲過青少年作文大賽一等獎呢！評委們的眼光是不是有問題啊？」丁丁囂張的氣焰又上來了，一口氣說出了自己心中的不滿。

「哦，是為這事鬧情緒呀？」

「我就是不服！沒選上我的故事就是對我的侮辱！」

「侮辱」一詞竟然都「蹦」出來了，徐老師決定直奔主題，「你知道這次你的故事為什麼會落選嗎？」

「當然是評委眼光有問題，要不就是評選過程不公平！」丁丁嘟囔著。

「丁丁，自己失敗了不要總把責任推到別人身上。現在咱們分析分析這次事件：每次故事評選都有一個標準，評委們都是老師，在這方面的把握上不會有很大的偏差。你的故事文筆確實不錯，但可惜的是立意不高，除了故事情節怪誕離奇得沒道理外，還宣揚了一種暴力，這是不適合學生讀的。」

「我這是有想像力！我爸媽平時就常誇我有創新精神！」丁丁辯解道。

「不錯，寫文章確實需要創新精神，但你的『創新』是什麼？宣揚暴力嗎？你是不是受了暴力動畫片的影響啊？」

丁丁低著頭，不說話了。徐老師看出丁丁的自信心理已有些鬆動，於是趁勢繼續說道：「老師知道你很有『創新精神』，但我們的『創新』應該站在正面的角度，宣揚好的主題，你說對不對？」

丁丁點了點頭。

徐老師繼續說：「今天你把同學的書扔到地上，還把它撕了；對老師吼叫，說話蠻橫無理。你說這些是不是有些暴力？」

丁丁又不吱聲了。

「每一件事情的發生都有一定的道理，我們要學會用客觀的態度去正視它，不能意氣用事。你的作文寫得不錯，只要把那些暴力的情節刪掉，再提高一下立意，我想如果把它寄到青少年雜誌說不定都能發表。」

「真的嗎，老師？」聽到這裡，丁丁立刻來了精神，兩眼發亮。

「當然，把作文好好修改一下，如果有什麼不會的地方，可以來問老師。」

「老師，謝謝你！剛才撕書和丟書是我不對，也不應該向您發火，對不起，老師！」丁丁站起來誠懇地道歉。

「好了，老師原諒你，但不許有下次嘍！你不是常自詡為當代『臥龍』嗎？但諸葛亮還有『大意失荊州』的時候，下次再有不如意的事，要先想想諸葛亮，要學會正確地對待得與失，這樣你才是一個真正的好學生，才不愧為當代『臥龍』。還有，回去後要寫一份檢討書，向同學道歉，你把人家的書都撕壞了。」

「嗯，我知道了，老師。」丁丁撓了撓頭，感覺很不好意思。

放學時，徐老師又和丁丁的父母取得了聯繫，把這事情原原本本告訴了他們，並告訴他們晚上專門就這事和兒子討論討論，還特別囑咐他們別再盲目地誇兒子「有創意」。

後來，丁丁的作文經過修改，果真發表在了某本青少年雜誌上。而在家長和老師的努力下，丁丁過度自信的行為也有所收斂，也學會坦然地面對自己的失敗了。

學生自以為了不起的自負心理，是自我認知缺陷的一種表現。如：處處瞧不起別人、對長輩常常傲慢無禮。如果不及時加以引導，極容易「聰明反被聰明誤」。

那麼，老師應該如何糾正學生自負的心理呢？

（1）對學生的評價應客觀實際。

7. 教會他正視自己，正視他人──糾正自負學生的教導藝術

當某個學生有了成績時，老師只進行適當地誇獎就可以，而不要一味地在同學們和其他老師面前誇他。當組織活動時，老師眼裡也不能只看到某一個學生，而要多給其他學生機會。

此外，老師也要與學生的家長進行溝通，要讓家長配合，不要不切實際地吹捧孩子，尤其不要在客人面前沒完沒了地表揚孩子，這樣易形成孩子們的自負心理。

(2) 應給孩子適當的批評。

老師應告訴家長對孩子的表揚要適當，對孩子的批評也要恰如其分，既不能以偏概全，也不能視而不見，而要客觀地指出孩子們的不足。同時，老師自己也應如此做，這樣可以幫助學生正確地認識自己。

(3) 給學生創造一點遭遇挫折的機會。

經歷適當的挫折可使學生的心理機制健全，不至於過於自負，經受不住任何打擊。

(4) 給學生多一些接觸社會的機會。

當學生看到外面紛繁複雜的世界，接觸到比自己更優秀、更具專長的人，認識到「強中還有強中手」時，就不會為自己的一點點小成績而自負了。因此，老師應該多鼓勵學生出去走走，看看外面精彩的世界，不要坐井觀天，夜郎自大。

對自負學生的教育策略要點

當學生表現出自負的言行時，老師要先了解引起學生出現自負言行的原因，以便根據不同的原因，對症下藥。

下面就讓我們來看看，名師是如何針對不同的學生來因生施教的：

(1) 針對心理膨脹的學生。

對這類學生進行教育時要就事論理。自負的學生一般個性都比較獨立，他們對事情往往都有自己的想法，但因為閱歷的淺薄，他們考慮問題又較偏頗和自我。

　　在對他們進行教育時，老師應立足於事情的根本，從學生的「思維盲點」入手，引導他們「跳出」偏頗與自我，來看自己的言行，讓他們意識到自己的過激行為實則是錯誤的，是不可取的。

　　比如，在前面的案例中，丁丁在「炫耀榮譽」時，徐老師就從丁丁自私的「面子」中，透過上升到「老師的面子」、「班集體的名聲」等更高層面來引導他認識到自己是顧了「小面子」而丟了「大面子」。

　　就事論理，對因聰明而自負的學生比較有效，一來是因為這些學生不屑於大道理的說教，二來是因為這些學生的感悟能力一般比較好，一旦他們覺得老師說的是事實，有道理，他們就比較容易接受，也會對自己的行為有所警醒，意識到自己行為上的過激，這時老師提出的建議他們就比較容易接受了。

　　要注意的是，這種方法在公平民主的談話氛圍中運用比較好。

　　（2）針對因家長的盲目誇獎而自負的學生。

　　家長盲目地誇獎很容易造成學生的自信心過度膨脹，讓他們認為自己很了不起，這樣的學生，老師需要請家長予以協助，共同糾正。

　　這類學生有時面對老師的教育會出現「思維衝突」的情況，一時轉不過彎來。

　　這時老師可協調家長進行共同教育。老師應把學生情況如實反映給家長，讓他們的家長參與這件事，共同做好他們想法上的工作，更有力地促使他們面對自己的錯誤認知，從而取得解決問題的轉機。

　　在教育自負的學生時，老師要注意千萬不要被學生的自負言行激怒，因為自負的學生個性比較強，除了不輕易認錯外，自我維護的理由還很「囂張」，很容易觸犯老師的尊嚴，激怒老師。如果老師不理解這類學生的特點，

7. 教會他正視自己，正視他人——糾正自負學生的教導藝術

認為用強硬的態度就可制服他們，那就會使師生間產生對抗心理。這不僅不能解決問題，還會擴大事態，使問題嚴重化。因此，不管自負的學生的言行如何出格，老師一定要先穩住自己，心平氣和地處理問題。

此外，老師在教育學生時要重事實講道理。自負的學生言行一般比較偏激、執拗，容易自以為是，不會輕易認同別人的說法，特別是對那些空洞的說教更不以為然。所以，老師在對他們進行教育時要深入問題，尋找問題的根源，搞清問題的實質，把道理說到點上，這樣才能讓自負的學生口服、心服，慢慢消除自負的心理。

8. 重點關注，不懈地激勵——糾正經常不寫作業學生的教導藝術

▋經常不寫作業學生的特點

經常不寫作業的學生大部分屬於學習成績比較差的，有些可能是基礎差，不會做；有些可能是聰明但不愛學習，乾脆不寫作業。

但有些好學生也可能經常不寫作業，他們覺得自己學習好，沒有必要寫作業，那太浪費時間了，這種學生一般來說都比較自負。

李永珍老師對小學數學有很深的研究，發表過很多論文，而她不僅在教學上有出色的成績，在教育問題學生時也有自己獨特的方法。

有一年開學時，李老師接了一個新班。聽原來的班導師介紹，這個班有個叫小偉的同學，數學成績很差，連續兩個學期的期末考試成績在年級都是倒數第一，他從來不寫作業，每天放學不是踢球就是上網。

為此，老師多次找到小偉的家長，但家長也毫無辦法。於是，老師便經常讓他留校補作業，但這樣的懲罰也不奏效。

有一次，課代表向李老師報告，「老師，小偉又沒寫作業！」

於是，李老師把小偉叫到辦公室。「能告訴老師今天為什麼沒寫作業嗎？」李老師親切地問道。

「我昨天晚上病了，沒法寫。」小偉眨眨眼睛說。

雖然知道他在撒謊，但李老師仍決定順著他說下去，因為她明白批評沒有任何效果。「是嗎？今天好些了嗎？」

「好了。」

「那今天把作業補上去好嗎？」

「好。」小偉點點頭。

8.重點關注，不懈地激勵——糾正經常不寫作業學生的教導藝術

結果在放學前，小偉真的把作業補上去了。李老師順勢表揚了他幾句，並半開玩笑地說：「今天晚上可不要再病了。」小偉笑了笑，明白李老師話裡的意思。

第二天，小偉按時把作業交上了。但在這之後，他就又不寫作業了。

有一天放學後，李老師設定了幾道與所學課文內容相應的練習，以鞏固白天所學的知識，並明確要求：作業量少，但要保證質量。為了保證作業的質量，李老師還要求學生在第二天早自修時，把作業交給小組長檢查；而小組長在進行大致的檢查後，要在完成得比較認真的作業旁邊打個五角星。同時，李老師還告訴全班同學，在第二天下午最後一節作業整理課時，要對這些題做講解分析，希望同學們按時完成。

到了次日下午的作業整理課，李老師來到教室進行分析講解。當她問到誰認真地完成了作業時，絕大部分學生都把手舉得高高的。李老師發現，小偉卻把頭壓得很低，以躲避老師的目光。

李老師心裡很明白這是怎麼一回事，但並沒有理他，只是看了他一眼，就開始講自己的課。

從事例中可以看出，小偉是一個經常不寫作業的學生。具體來說，是由以下原因引起的：

（1）對學習不感興趣。

思想支配行動，一般來說，對學習不感興趣，或討厭學習的學生都不愛寫作業。但不寫作業，所學的知識就不能得到鞏固和強化，學習成績也會越來越差，這樣就會形成惡性循環。

（2）不能合理安排課餘時間。

小偉每天放學就去踢球，直到天黑才回家，把課餘時間都用在體育運動上。健康在於運動，好動是學生的天性，但無節制地玩耍一定會影響學習。

人的差距往往在業餘時間，學生在課餘時間除了休息和娛樂，還要認真完成作業。隨著年級的升高，學生所學的內容就逐漸加深和拓寬。如果不利

用課餘時間鞏固，課內學習的知識就不能消化、理解，學習成績就會逐漸下降，從而導致產生厭學的心理傾向。

（3）沒養成良好的學習習慣。

從小培養學生良好的學習習慣是非常重要的。從學生入學開始，老師就應有意識地安排學生利用課餘時間進行複習和預習，使學生逐漸養成認真寫作業的習慣。

而小偉從小嬌生慣養，無拘無束，他把課餘時間全部用於娛樂和休息。雖然已經上學了，但他的心理年齡還停留在學齡前的兒童時期，一定要完成家庭作業的要求在他身上還沒有形成自覺的行為。

（4）老師的教育方法過於簡單。

小偉以前的數學老師教育小偉的方法非常簡單，一是找家長。讓家長配合教育學生的方法本來是正確的，但對於小偉來說卻是不起作用的。因為家長在他的心中沒有威信，家長對他想管但卻管不了。另外，學生最討厭老師向家長打「小報告」，因此這種教育方法不但起不了教育的作用，還會讓學生產生逆反心理，反感老師。二是留校補作業。這看起來是一種懲罰，但在一定條件下卻可以轉變為「獎勵」。如果老師對學生的某一種行為表示關注和不滿，那麼學生的這種行為反而會持續下去，並且發生的頻率會增加。

因此，每天留校補作業，從某種程度上來說，就是對學生不寫作業的行為給予了「獎勵」，那他們的這種行為就有可能持續下去。

李老師並沒有對小偉提出批評，她深知此時小偉已經做好了充分的準備：勇於承認錯誤，但事後還是我行我素！這時候，她決定透過集體的力量來喚回這顆「麻木的心靈」。

於是，她平和地對學生說道：「老師現在想請大家暫時等一等小偉同學，等他繼續對作業進行檢查和修改，直到他的作業能夠通過小組長的檢查為止。」

8. 重點關注，不懈地激勵——糾正經常不寫作業學生的教導藝術

而同學們對李老師這一反常態的舉動都感到很驚訝，小偉更是丈二和尚摸不著頭腦，不知李老師的葫蘆裡賣的是什麼藥。

李老師接著說：「但是，小偉同學，老師有個條件，因為你這項任務本來應該在昨天完成的，那麼現在的時間就算是老師『借』給你的。誰都知道，借了東西要及時歸還，你在放學後就要如數及時地把時間還給我和同學們，也就是說，你現在補作業花了多少時間，我們在課後就要一起再上多少時間的課。」

就這樣，小偉開始補他的作業，並檢查，修改。他不時抬頭看看掛在牆上的鐘，只恨時間過得太快。而其他同學看他一時半刻也完成不了，就乾脆做起自己的事情來：預習下一課課文，閱讀課外書籍……

時間在一分一秒地流逝，小偉從來都沒覺得時間過得如此快過，儘管聽不到同學們一句抱怨聲，但是他明顯表現得越來越焦急，絲毫沒有平日寫作業時的懶散與隨便。這可能是他有史以來最投入、最認真地寫作業。

等到小偉的作業全部寫完，時鐘已過了 25 分鐘！按照事先的規定，接下去小偉就要還給李老師和同學們相等的時間，也就是說大家在放了學後還要留在學校上 25 分鐘的課。

在這段時間裡，李老師趁機檢查了小偉的作業。她發現雖然小偉不愛寫作業，但卻寫得一手好字，作業寫得非常工整、漂亮，於是她趁機表揚道：「小偉同學的字很漂亮啊！大家傳看一下吧！」

同學們邊看邊議論，「比我寫得好」、「佩服」，還有的同學朝小偉豎起大拇指……李老師帶頭鼓起掌來。

小偉本來以為自己耽誤同學們下課，同學們會責怪自己，但看到大家反而表揚自己，他不好意思地用手撓撓頭，摸摸鼻子，有些不知所措。

在接下來的一週裡，小偉交了兩次作業。李老師在他的作業本上真誠地寫道：有機會給你批改作業，我太高興了，不寫作業不是你的錯，你寫作業一定有困難，會幾道題就寫幾道題，老師不會怪你的！

第二週，小偉交了四次作業。經過認真觀察，李老師發現，每次小偉交作業的這天，一定會在課間時圍在她身邊轉來轉去，盼望得到老師的表揚。上課時，他能集中注意力聽課；而他不交作業時，則會躲避李老師的目光。

一天放學後，李老師把小偉留下了。「小偉，你這兩天的作業都能按時交上來，這非常好。我相信你能這樣保持下去，做個讓老師、同學們都喜歡的好學生。今天，我想與你悄悄達成一個我們兩人間的協議：如果哪天你覺得不能保證完成作業，你就提前跟我說，我就給你減作業，別人做 10 道題，你可以做 5 道題，甚至更少，但條件是你一定要認真完成，好嗎？如果你連續兩個星期按時完成作業還有獎勵。」

小偉很高興地接受了李老師的建議。

在接下來的日子裡，他向李老師提出過幾次減作業的要求，李老師二話沒說都答應了。但小偉自己也覺得不好意思，後來，除了偶爾因為其他科目作業多而希望適量減少李老師的作業外，他沒再向李老師提出減少作業的請求，而且每次都能完成得很好。而他的成績也因此有了很大的提高，由班裡的最後一名上升到中段水準。

李老師知道小偉在做著比別的同學更多的努力，所以總對他進行適時的表揚與鼓勵，讓他感受著來自老師的關注與信任。

南斯拉夫有一部兒童電視片《爸爸，請你蹲下來看》，片長僅 3 分半鐘，卻獲得了國際大獎。影片講爸爸帶孩子到商店買東西。商店的商品琳瑯滿目，老闆為照顧兒童的視覺，將玩具、巧克力等兒童商品都擺放在櫃臺底層。這個孩子為了使爸爸買東西給他，就說：「爸爸，請你蹲下來看。」

其實，對於經常不寫作業的學生，老師也需要「蹲下來看」。「蹲下來看」，常常是另一種境界。

曾經有一位老師因為學生經常不寫作業，急得幾乎天天吃護嗓藥，但當她蹲下來欣賞學生時，她的嗓子卻奇蹟般地好了。

因為她給自己立下規矩，想批評學生時，就想一想他們還是頑皮的孩子，能做到這些就不簡單了。

8. 重點關注，不懈地激勵——糾正經常不寫作業學生的教導藝術

在這位老師的班裡有一位男生，平時經常不寫作業，讓她很頭疼。有一段時間，他有些進步，這位老師就當著全班同學表揚了他。從那以後，那位男生很積極，作業比以前做得好多了。

而老師沒有到此為止，在一次班會上，她請這位男生交流一下認真寫作業的經驗。這在一些同學看來是很平常的事，但對那位男生來說卻是意想不到的驚喜。

不久後，那位男生的媽媽找到老師說：「還是您教學有方呀！現在孩子回到家裡就很自覺地學習，說下次還要在班會上交流進步心得呢！」

還有一次，一位平時不怎麼寫作業的學生偶爾寫了一次作業，而且解其中一道題的思路非常新穎。於是這位老師在上課時激動地說道：「某某同學不但寫完了作業，而且有一道題的思路很棒！這樣的思路連我都沒有想到，非常了不起。」

聽了老師的表揚，那位學生激動得臉都紅了，後來他不但按時完成作業，還成了課堂上最活躍的學生。

所以，對於經常不寫作業的學生，老師千萬不要忘了蹲下來欣賞他們，要在學生所發現的，而老師沒有想到的地方讚賞幾句，這小小的鼓勵對學生非常重要，能使他們獲得一種被誠懇之心關愛的「情感滿足」。

反之，如果老師對於經常不寫作業的學生一味地揪住不放，大張旗鼓地追究下去，只會強化他不愛寫作業的意識，從而使他甘於做這樣的學生，這對於幫他改正不良習慣沒有任何幫助。

不寫作業的學生不是不能寫，也不是一點都不想寫，而是管不住自己，容易放鬆對自己的要求。比如，他們在放學後想先玩再寫，玩一會兒還想玩，到最後乾脆不寫了。

有過這樣一兩次經歷後，他們就會經常不寫。習以為常後，他們也不膽顫心驚了，也就變成了令老師們頭疼的懶惰不寫作業的學生。

因此，老師一定要善於「蹲」下來欣賞學生，要發現他們的長處，給予表揚和關注，使他們改掉不寫作業的壞習慣。

對經常不寫作業學生的教育策略要點

作為老師，經常會碰到一些不愛寫作業的學生。而他們不愛寫作業的原因也各不相同。要想從根本上幫助他們改掉不寫作業的壞習慣，老師必須根據他們不寫作業的原因，有針對性地對他們進行教育。

那麼，老師在教育不寫作業的學生時，有什麼策略要點呢？

（1）針對不會寫作業的學生。

對於這類學生，老師可以留一些簡單的作業，當他們完成或只完成一部分時，可適時地給予他們表揚和激勵，使他們體驗到成功感。

心理學研究表明：人都具有不可估量的潛力，但只有在意識中肯定了自己的力量之後，才有可能充分發揮自己的潛力。

同樣，如果不愛寫作業的學生從學習中獲得了成功感，也可能會產生巨大的學習動力。與此相反，如果他們的學習總是失敗，就會喪失信心，就會產生失敗感。

比如，每單元學完後，老師可安排一次階段性測試。測試內容除注意要有趣味性外，還要特別注重安排一些容易的題，而在考前，老師也可以適當地給學生介紹一些應試技巧。

由於這類考試比較容易而且有意思，所以不寫作業的學生一般都能取得不錯的成績。看到自己的成績，他們心裡會無比喜悅，對今後的學習就會充滿自信。

而實踐表明：創造條件讓學習不良的學生在學習活動中體驗成功，可以激發他們的學習動機，增強他們學習的信心。

8. 重點關注，不懈地激勵——糾正經常不寫作業學生的教導藝術

另外，老師在表揚這些學生時，形式可以是多樣的，如果能將聲音語言、文字語言、肢體語言結合使用，則能讓學生感到真誠、貼心、愉快，並樂於接受。

表揚和激勵是轉化不愛寫作業學生的重要方法。但老師在表揚學生時，要注意對學生的表揚須真實而具體，要讓學生樂於接受。

表揚有激勵作用，能喚醒學生的學習慾望，能變成學生學習的動力，特別是對經常不寫作業的學生，透過老師的表揚，能樹立他們在同學中的威信，改變他們的不良學習習慣。

但表揚不能空洞，不能虛偽，要真實具體，要讓學生在心理上產生共鳴。不寫作業的學生也有優點，這就需要老師認真觀察，找到他們的優點。

(2) 針對因為懶而不寫作業的學生。

對於這類學生，老師有時可以採取「視而不見」的方法。比如，在課堂上對完成作業的學生大加讚揚，或進行一些精神獎勵及小的物質獎勵，而對不寫作業的學生則「不聞不問」，讓這些懶惰的學生感受到被「冷落」。而他們為了引起老師的重視和表揚，就會不再懶惰，開始認真寫作業。

事實上，對於這類學生，老師如果只是橫加指責或批評，不但會影響良好的師生關係，還會讓學生產生不良的心理暗示。而「視而不見」並不是放棄學生不管，而是為了更好地管，是為了對症下藥地管。

總而言之，教育靠的是智慧，不是心直口快。

(3) 針對因貪玩而不寫作業的學生。

這類學生並不是不會寫作業，而是太貪玩，以致耽誤了寫作業。他們一般都比較聰明，寫作業對於他們來說並不是什麼難事。

所以對於這類學生，老師要與他們的家長密切配合、聯合監督。要讓學生該玩時玩，該寫作業時就要寫作業，要嚴格地控制他們的時間分配，讓他們逐漸養成合理使用和規劃時間的習慣。

學生養成不寫作業的習慣是長時間積累下來的問題，因此，他們的轉變是一個漫長的、波動的和反覆的過程，老師切不可急於求成。

　　當學生從經常不寫作業，到偶爾寫作業，就是進步；從偶爾寫作業到一段時間經常寫作業就是大幅提升。而在這個過程中會出現反覆、波動，因此，老師要持之以恆。

　　總之，每個學生都有他們與眾不同的地方，有他們的亮點，老師只要「蹲」下來，發現他們的優點，並進行適度地表揚和獎勵，那麼，相信再差、再不愛寫作業的學生也會變成優等生。

9. 情感滲透，耐心引導——糾正愛遲到學生的教導藝術

9. 情感滲透，耐心引導——糾正愛遲到學生的教導藝術

▌愛遲到學生的個性特點

愛遲到的學生似乎沒有時間觀念，經常在上課鈴響過幾聲後才走進教室。

但愛遲到的學生並不一定都是壞學生，有些好學生也經常遲到。這些學生自恃學習好，根本不把遲到當回事，如果老師說兩句，他們就把嘴一撇，眼一瞪，強辯幾句，為自己尋找遲到的理由；對於批評，態度好點的好學生也是「左耳朵進，右耳朵出」，該遲到還遲到。

學生遲到是一種常見現象，有一些老師習慣用罰站或責罵的方式來懲罰這些遲到的學生，而蘇必華老師卻從來不這樣做，她總是對學生很寬容，堅持用情感滲透法去教育學生。她認為只有「情」通「理」達，才能收到「以心換心，頑童成金」的效果。

在蘇老師的班裡，曾經有兩個很愛遲到的學生。下面就讓我們來看看他們的表現。

片段一：

飛飛是一個遲到大王，說起他的遲到史來那真是有些「久遠」。從上學以來，他就很少有不遲到的時候，有段時間裡甚至天天遲到。而即使是在學校裡，他一天也至少要遲到兩次——總是上課了幾分鐘後他才急匆匆地進教室。偶爾有一次不遲到也是踩著第二遍鈴聲飛一般地衝進教室。凡是教過他的老師沒有不為他頭疼的，雖多次找他談話，但卻毫無用處。

不過，飛飛雖然常遲到，但對學習卻很認真，是一個很有上進心的學生。

片段二：

「鈴鈴鈴……」上課鈴聲響起。

9. 情感滲透，耐心引導——糾正愛遲到學生的教導藝術

這是開學第一天，也是蘇老師第一次替這個班上課。她掃了一眼教室，發現小雯的座位上還是空蕩蕩的，看來又遲到了。早就聽說這個學生愛遲到，沒想到自己第一節課就遇到了這種情況。

過了大概十分鐘，小雯才一搖三晃地來到教室門口，看不出一絲著急的樣子。蘇老師皺了皺眉，但什麼也沒說，只是示意小雯趕緊回到座位上，然後繼續上課。

從案例中可以看出，飛飛天天遲到，小雯也是習慣性的遲到，他們都可以稱之為「遲到大王」。那麼，他們是不是故意遲到的呢？

飛飛有可能是因為某些原因，比如，起床晚，或洗臉刷牙磨磨蹭蹭等導致遲到，而小雯則可能是故意的。

為什麼這麼說呢？因為來到教室門口的時候，小雯仍是不急不徐的，看不到絲毫著急的樣子；而飛飛雖然也遲到了，但顯然他不希望落下課程，所以會飛一般地跑進教室。這說明兩個人對學習的態度是不一樣的。

其實，學生遲到主要是由以下幾個原因造成的：

（1）認為這節課聽不聽都一樣，所以晚點去。

（2）這個老師講課太差了，與其在教室裡睡覺還不如在家裡多睡會兒。

（3）晚上睡覺太晚，早上起來遲了。

（4）路上塞車，耽誤時間了。

（5）身體不舒服。

（6）因為家庭原因而遲到。

面對遲到的學生，一些老師經常採用不問原因，先點名批評或罰站的方法。這一方法顯然不是最好的教育方法。而且，有這樣一位老師，就是因為不問緣由讓學生罰站，以致讓自己悔恨終生。

這位老師的班裡有一個名叫麗麗的女學生經常遲到，老師多次找她談心，希望她不要遲到，要養成好習慣，但卻沒有任何效果。

有一天早晨，麗麗又遲到了，這位老師很生氣，就讓她站在教室外面。大概五分鐘後，這位老師才讓她進了教室。進來後，麗麗走到自己的座位想坐下，這位老師卻說：「誰讓你坐下？再站一會。」

　　麗麗流淚了，但仍然順從地站在自己的座位前，並拿出書和大家一起讀。

　　直到早讀結束，麗麗總共站了15分鐘。

　　兩節課後，麗麗來向這位老師請假，說頭昏，想回家休息。這位老師聽後很吃驚，問她是不是因為早晨站太久了。麗麗說不是，平時就頭昏，是老毛病了。

　　第二天，麗麗的母親來學校請假，說麗麗病了，需要一段時間的治療和休息。這位老師感到自己做得有些過分，開始自責起來：也許麗麗當時已經病了，可自己竟不問緣由，罰她站了那麼久！

　　於是這位老師問麗麗的母親，麗麗究竟得的是什麼病。她母親含糊地說：「也沒有什麼大不了的，就是⋯⋯」

　　見她不明說，老師以為她可能有什麼苦衷，也就沒有往深處問。

　　過了兩個星期，麗麗的母親來到學校，找到那位老師，說麗麗的病情比較重，要休學治療。這位老師在吃驚的同時，內心深處也暗暗慶幸總算甩掉了一個包袱，可以不用再管她遲不遲到了！

　　半年之後，麗麗返校復學，降到了下一個年級學習。在校園裡遇到這位老師時，她總是膽怯而有禮貌地打招呼，問「老師好！」

　　幾個月後開始期中考試，那天剛考完最後一科，有個學生跑來告訴這位老師，「老師，麗麗今天早晨⋯⋯死了⋯⋯」

　　這位老師不禁一顫，手中剛收上來的一疊試卷滑落到地上。20分鐘後，這位老師和幾十個學生趕到殯儀館。麗麗的母親迎上來，用哭啞了的聲音對這位老師說：「您這麼忙還趕來，感謝您和同學們了。」

　　這位老師心情沉重地說：「太突然了，根本沒有想到。」

9. 情感滲透，耐心引導——糾正愛遲到學生的教導藝術

麗麗的母親流淚說：「麗麗6歲就患上了白血病，但是醫生說她最多能活3年。為了她有個寧靜美好的生活，我一直沒有告訴她，也沒有告訴任何人。在許多人的關心下，她奇蹟般地活了8年。謝謝您啊，老師，麗麗在最後幾天，還在說她想念您，想同學們。她復學後一直不喜歡新的班級，多次說她想回到原來的班級。可是，她就這麼……」

麗麗母親的話讓這位老師心如刀割。在麗麗純真的心靈中，尚不知道她想念的「老師」曾為她降到另外一個班而暗暗高興！

這位老師忍不住哭起來。這是他投入教育工作至今，第一次也是唯一的一次因愧對學生而流淚。

當天晚上，這位老師含淚寫下了一篇近五千字的文章來紀念麗麗。第二天，他含淚在班上為學生朗讀，以表達其悲痛的哀思和沉重的負罪感。

從此以後，這位老師發誓：絕不再對遲到的學生罰站！

這是一個讓人痛心的教育故事。雖然麗麗並不是因這位老師的罰站而死，但起碼說明這位老師的工作沒有做到位，他在不了解原因的情況下，就對遲到的學生罰站，以致造成了自己終生的悔恨。

所以，老師對於經常遲到的學生，一定要有適當的教育方式，切不可不問緣由，就根據自己的臆斷施行體罰。

對於飛飛的遲到，蘇老師決定從他愛學習、上進心強這個特點來進行突破。她將飛飛叫到辦公室，親切地和他交談，「飛飛，我知道你遲到可能有某些原因，但我們這兒畢竟是學校，作為學生就應該遵守學校的規定，你說對吧？」

飛飛眨著大眼睛，輕輕地點了點頭。

蘇老師接著說道：「你遲到的次數按學校的規定要被停學了，但老師考慮到停學對你學習上的影響比較大，所以這次就不上報你，但你若還是這樣違規，對班上的影響很不好，學校那邊我也無法交代，你看這樣好不好，以後每天早上和中午我打電話叫你起床。」

飛飛聽到老師這個建議，感覺很驚訝，他以懷疑的語氣問道：「老師，您真會打電話叫我嗎？」

蘇老師很認真地說：「當然，為了你好，我一定會堅持這樣做的。你不相信老師嗎？」

聽到蘇老師的回答，飛飛有些不好意思地說：「不是不相信老師，只是從來沒有老師對我這樣說過，每次他們都是訓斥我。老師，您放心，我一定不會再遲到了，您也不用打電話了，看我的表現吧！」

第二天早上，蘇老師猶豫著要不要給飛飛打電話，最後她還是決定相信他。結果，飛飛按時到了學校。

蘇老師趁熱打鐵，對飛飛說道：「老師相信你，以後我也不給你打電話，但是你要用自己的行動證明給我看喲！」

「是，老師。我保證不會再遲到！」說著飛飛調皮地做了個鬼臉。

從那以後，飛飛真的沒有再遲到過。

而對於小雯，蘇老師也是在課後把她叫到了辦公室。當小雯來到辦公室時，蘇老師看到的是一張無所謂的臉——顯然小雯已做好了挨罵的準備，對於批評她似乎已經麻木了。

「來了，小雯，快坐！」蘇老師起身為她搬來一把椅子。

「哦。謝謝老師！」蘇老師的舉動讓小雯有些吃驚。

「小雯，昨晚是不是又睡晚了？」蘇老師微笑地問道，她並沒有直接問小雯為什麼遲到，而是以婉轉的語氣表示了自己的關心。

「嗯⋯⋯是的。」小雯再次露出了吃驚的表情，她囁嚅著答道。

「以後要早點睡，不要學習太晚了，對身體不好。」蘇老師繼續表示自己的關心，「你知道嗎？我曾經在你扔掉的紙裡發現過這麼一句話：自己大了，應該懂點事，別讓大人再操心了。你能這麼想，老師很欣慰，這說明你是個很懂事的孩子。」

9. 情感滲透，耐心引導——糾正愛遲到學生的教導藝術

聽到老師的誇獎，小雯低著頭，臉紅了。

而第二天，小雯提前到了學校。

蘇老師又試著在小雯身上尋找她的亮點。雖然她老是小錯不斷，總愛遲到，但是在一次勞動中，蘇老師卻發現她很積極，又是拖地，又是搬凳子，又是倒垃圾，不怕髒不怕累。最讓蘇老師吃驚的是，這一切居然是在她那天身體不怎麼舒服的情況下進行的——這是後來她媽媽打電話替她請晚自習的假時，蘇老師才知道的。

蘇老師很感動，於是在第二天總結大掃除的勞動情況時點名表揚了她，結果換來了一片熱烈的掌聲和小雯靦腆的笑容。

從那以後，小雯再也沒有故意遲到過。

由此可見，蘇老師教育遲到的學生的方式是獨特的，也是非常有效的。而與之相比，有些老師則這樣對待遲到的學生：

有一位學生遲到了，站在教室門口。

老師問：「今天你為什麼又遲到了？」

學生回答：「我家的鐘遲了。」

老師生氣地說：「你就會狡辯，我不是提醒你要提前10分鐘到學校嗎？」

學生委屈地答道：「我是比我家的鐘提前10分鐘來的。」

老師大發雷霆，「你還在狡辯，就是不想承認錯誤！」

學生帶著哭腔說：「我真的是提前10分鐘來學校的……」

老師搶斷學生的話頭，「你每天都是這樣！」

學生張開嘴還想申辯，但囁嚅了幾下又閉上了，眼淚流了下來。

……

這是一位學生遲到後，老師對其進行教育的一個典型情景。在老師帶有「逼供」性質的質問下，學生無言以對。

從對話中可以得知這位學生一定是經常遲到的，而且可能每次都在為自己找理由開脫，所以老師才會對他的辯解置之不理，大加訓斥。可結果似乎並沒有什麼效果——老師面對沒有承認錯誤的學生，非常生氣；學生見老師不理解，非常難過。

教育最終的目的應該是使學生得到發展，得到提高，只有立足這一點，教育才是真正的教育。而如果教育使老師和學生都受到傷害，這樣的教育又有什麼意義呢？

在這個案例中，老師的目的是想透過教育使學生明白遲到的危害，進而改正錯誤，但結果卻適得其反。究其原因：一是老師對這位學生的思維定勢在起負面作用；二是老師對此事的處理沒有進行理性的思考，只是憑自己的情感用事，而這些都是教育學生的大忌。

如果這位學生這次真的是鬧鐘遲了呢，那豈不是冤枉了他？老師在他沒有做錯的時候批評他，豈不是把他往更大的錯誤中推去？而學生也可能會這樣想：「不管我有沒有錯，老師都說是我錯了，反正老師都不理解我，不信任我，我就乾脆爛到底，故意天天遲到，看老師你能把我怎樣？」這樣一來豈不是背離了教育的初衷？

學生遲到，老師去啟發引導，批評教育都是正常的，而且是必要的。但如何批評，透過批評要達到什麼目的，老師心中要有個底數，不可憑自己的感情用事。特別是對經常遲到的學生更要保持冷靜，教育時要就事論事，切勿由他遲到而說到他別的缺點。

也就是說，老師既要把學生的一貫表現聯繫起來看，整體關照學生思想行為的發展變化，更要獨立地分析每一個事件，就事論事，找出學生遲到的原因，然後對症下藥。

另外，對愛遲到的學生，老師要善於等待教育時機。並不是學生一遲到，就要找他們談心或是批評教育的，可等他們的錯誤有一定的積累時，再抓住一個有利的環節進行突破，這樣則可收到事半功倍的教育效果。

9. 情感滲透，耐心引導——糾正愛遲到學生的教導藝術

聯合國教科文組織下屬的一個工作機構曾經在某年10月，在日本東京組織了一次國際中小學老師、學生聯歡活動，共有20個國家和地區的410位老師、學生參加，其中老師208人，學生202人。

聯歡活動歷時6天，先後開展了五項活動，其中有一項活動就是面對遲到的學生。對此，各國老師如何處理的？

這項活動很簡單，就是各國老師對主持人的問題做回答。這個問題是：

大傑克和小傑克是孿生兄弟，都是14歲，正在學校讀書。他們家離學校比較遠，家長給他們配了一輛輕型汽車作為交通工具，讓他們開車上學、回家。這兄弟倆由於晚上貪玩，好睡懶覺，經常遲到，雖經老師、家長多次批評，但還是我行我素。有一天上午考試，儘管老師事先警告他們不許遲到，但他們因在路上玩耍，還是遲到了30分鐘。老師查問原因，他們謊稱汽車在路上爆胎，到維修店耽誤了時間。老師半信半疑，但沒有發作，等他們進教室後就悄悄到車庫檢查他們的汽車，結果發現四個輪胎都蒙著厚厚的灰塵，沒有被拆卸的痕跡。很明顯，補胎是他們編出來的謊話。

主持人問：「假設你是傑克兄弟的老師，你將怎麼處理？」

208位老師認真思考，積極作答，都在規定的半小時內交上了答卷。主持人經過認真分析整理，從208份答卷中歸納出25種處理方式。其中主要的方式如下：

中國式的處理方法是：一是當面進行嚴肅批評，責令寫出檢討；二是取消他們參加當年各種先進評比的資格；三是報告家長。

美國式的處理方法是：幽默地對兄弟倆說：「假設今天上午不是考試而是吃冰淇淋和熱狗，你們的車就不會在路上爆胎。」

日本式的處理方法是：把兄弟倆分開詢問，對坦白者給予讚揚獎勵，對堅持謊言者嚴厲處罰。

英國式的處理方法是：小事一件，置之不理。

韓國式的處理方法是：把真相告訴家長和學生，請家長對孩子嚴加監督；讓全班學生討論，引以為戒。

新加坡式的處理方法是：讓他們自己打自己的嘴巴10下。

俄羅斯式的處理方法是：向兄弟倆講一個關於說謊有害的故事，然後再問他們「近來有沒有說過謊」。

埃及式的處理方法是：讓他們向真主寫信，向真主敘述事情的真相。

巴西式的處理方法是：半年內不准他們在學校踢足球。

以色列式的處理方法是：提出三個問題，讓兄弟倆分別在兩個地方同時作答。三個問題是：①你們的汽車爆的是哪個胎？②你們在哪個維修店補胎？③你們付了多少補胎費？

……

主持人把這25種處理方式翻譯成幾種語言文字，分送給參加活動的202名學生，請學生評選出自己最喜歡的處理方式。結果，91%的學生選擇了以色列老師的處理方式。

為什麼以色列老師的方式最受歡迎呢？因為它的批評教育帶有遊戲性質，學生不難堪。也就是說，學生也需要尊重。

而在我們身邊的教學實踐中，有的老師非常反感學生遲到，不管是什麼原因，只要遲到，就罰學生在教室門口站著，不讓學生回座位，以示紀律的嚴格。

其實老師應該明白，一般情況下，學生是不願意遲到的。如果一個學生偶爾遲到了，一定有他的原因。這時老師可以和顏悅色地詢問一下為什麼遲到了，諸如塞車、遇上特殊情況等，可以不必深究。

切忌不分青紅皂白，一看學生遲到就批評，這樣做會使偶爾遲到的學生不敢進教室，以致造成學生逃學。

9. 情感滲透，耐心引導──糾正愛遲到學生的教導藝術

有一位中學老師，為了讓全班同學都不遲到，就來了一個別出心裁的「懲罰」──誰遲到了就給大家唱一首歌。這樣不但達到了教育的目的，而且對學生的人格也做到了尊重。

讓遲到的學生輕輕地走進教室，是對學生的諒解、寬容、尊重。事實上，學生遲到的原因很多，真正因玩耍或故意搗亂的極少。可有一些老師見學生喊「報告」，就裝著沒聽見，或藉機訓斥一番，讓學生在門口站很久，以致影響了學生的學習。

讓遲到學生輕輕走進教室，也是對其他同學聽課時間的珍惜。因為學生喊「報告」，老師追問原因，會打斷老師講課和學生聽課的思路。

而對此，有個小學規定：凡是上課遲到的同學，不管什麼原因都不用喊報告，自己直接開門悄悄地回到自己的座位上。晚到的學生往往用帶著歉意的目光和老師交流後，急忙投入到課堂學習、思考的氛圍中；下課後，則主動找老師說明遲到的原因。

那麼，在具體的教學實踐中，老師到底該怎樣對待經常遲到的學生呢？

（1）讓學生明白準時到校的重要性。

學生，特別是小學生，由於年齡小，他們可能沒有意識到自己上學遲到了，或者他們還不了解準時的重要性。所以老師一定要告訴他們準時到校的重要性。

（2）不能讓遲到的學生打斷教學進程。

老師可以告訴學生們，如果遲到了，要安靜地進入教室，坐到自己的位子上，並且設法跟上課程的進度。當有遲到的學生到達時，不要給他們太多的注意力，更不要因為遲到而批評他們。

（3）要求高年級的學生填寫一份遲到報告表。

對遲到的高年級學生，老師不必讓他們喊「報告」，可讓他們安靜地進入教室。並在下課後拿一份遲到報告表，填完後，放回到老師的桌子上。

在這份表格中，要讓學生寫上日期，到達的時間，以及遲到的原因。並可在表格的底部配一句口號，比如，「在今後的日子裡，我將盡我最大的努力準時進入教室」，最後讓學生簽字。

老師要檢查所填表格的準確性，如果覺得有必要，可以和學生當面討論一下遲到的問題。另外還有一個辦法，老師可以讓遲到的學生把日期、時間以及本人的簽名寫在班級的「遲到簿」中。

（4）和經常遲到的學生的家長談一談。

老師應該讓家長們知道學生準確的上學時間，並且告訴他們，當學生遲到以後，將面臨的學習上的困難。

這時，老師向家長詢問學生早上的例行程序，並提出一些方法，改變現在的模式，讓學生能夠早點走出家門。例如，學生如果因為早上要花太多的時間來準備學習材料而經常遲到，老師可以建議他在前一天晚上做這件事情。

（5）規定遲到的後果。

當某個學生遲到的次數累計到一定數量的時候，老師可以讓他在課間休息的時候留在教室裡，或者在放學後留在學校裡。

對這些學生進行處罰的時候，老師要注意用一種平和的態度對待他們，不要表現出憤怒；當這些學生準時到達的時候，要表示讚賞。

（6）給習慣遲到的學生一件他喜歡的晨間工作。

例如，老師可以讓遲到的學生負責向辦公室呈遞出勤人數，或者負責向同學們收取家庭作業。這種教育方式學生不但願意接受，而且還能達到教育的目的。

▌對經常遲到學生的教育策略要點

遲到在學生中間是一種很常見的現象，也是一個很不好的習慣。造成學生遲到的原因各不相同，所以老師在具體對學生進行教育時，應該針對不同的遲到原因，進行不同的教育，以便做到因生施教，因「情況」施教。

9. 情感滲透，耐心引導──糾正愛遲到學生的教導藝術

那麼，老師在根據不同原因對遲到的學生進行教育時，有哪些策略要點呢？

（1）針對因不愛起床而遲到的學生。

老師要對這類學生進行「不怕吃苦的」教育，並和學生商量好，是要家長幫忙，還是自己上好鬧鐘？

（2）針對晚上睡得晚而遲到的學生。

老師可了解學生為什麼睡得晚，適當的時候可以跟學生的家長聯繫一下，讓家長幫助督促一下。

（3）針對因為動作太慢而遲到的學生。

有些學生動作慢，做什麼事都愛磨磨蹭蹭、拖拖拉拉。這就需要老師對學生進行珍惜時間的教育並伴之於有效的訓練。

（4）針對因家長原因而遲到的學生。

因這種原因而遲到的，大多數是低年級的學生。家長可能是抓時間送孩子，也可能是做早餐做晚了。

這就要求老師對家長提出要求，給家長講明孩子遲到造成的不良影響。

（5）針對因家庭原因而遲到的學生。

有的學生家裡常常有很多人，或打牌，或聊天，或看電視，學生缺乏良好的學習和休息環境，以致上學常常遲到。這需要老師多做家訪，跟家長們溝通，以幫助學生恢復正常的生活環境。

（6）針對因老師原因而遲到的學生。

這類學生大多有很強的叛逆心理，當老師對他們的遲到一味地進行批評或體罰時，他們就乾脆和老師對著幹：你越批評我，我越遲到。這時，老師就需要從自身找原因，考慮改變目前的教育方式。

（7）針對因塞車而遲到的學生。

這類學生一般都不是習慣性的遲到，只是偶爾遲到。老師在問明原因後，不應批評他們，而要理解他們。畢竟學生也無法掌控路上的塞車時間，即使他起得再早，也有可能因路上的意外事情而遲到。

　　所以，對於愛遲到的學生，老師一定要具體問題具體對待，問清原因，再作處理。就像蘇老師一樣，在尊重學生人格的前提下，給予他們一定的關愛，以情感滲透學生的心，要「情」通「理」達，從而建立和諧、民主、平等的師生關係。

10.走進心靈，解決需求——糾正課堂麻木學生的教導藝術

10. 走進心靈，解決需求──糾正課堂麻木學生的教導藝術

▌課堂麻木學生的個性特點

對課堂麻木的學生，在課堂上對課堂資訊接收不良、回饋不暢、麻木不仁。學生因覺得課堂氣氛單調、沉悶，而心理受到壓抑，產生厭倦、緊張、焦慮的情緒。學生該想的時候不想或少想；該說的時候不說或少說；該做的時候不做或少做。最後導致學習時記憶不清，理解不透，不會靈活運用所學的知識，更談不上聯想記憶、發散思維和創新思維。

面對學生課堂麻木的情況，蔡駿老師積極探索新的教學方式，以充分帶動學生聽課的積極性。為了改變其中一個學生聽課麻木的態度，蔡老師足足耗費了半年的時間。

蔡老師剛接手一個新班就遇到了許多棘手的問題，比如，學生上課時吵吵鬧鬧，不能靜下心來學習；部分學生迷戀網路遊戲，極度影響學習；有些學生沒有責任感，對班級的事情視若無睹。但蔡老師最急於解決的還是學生對課堂麻木的問題：班級中只有少數學生的課堂表現極度活躍，有很大一部分學生處於麻木的狀態，蔡老師根本無法從他們的臉上看出來是聽懂了還是沒聽懂。

於是，蔡老師想盡各種辦法來消除他們的麻木，最後大部分同學都參與進來了，但有一個學生卻始終不為所動，一直處於麻木的狀態。

這個學生名叫茜茜，是一個外表十分文靜漂亮的小姑娘，她曾在很小的時候隨爸爸去英國住了兩年，因此英語講得很好。再加上又讀過很多書，所以學習很不錯，是一個優秀的學生。每次她的作文都會被老師當做範文唸給同學們聽，在班級裡她是同學們羨慕的對象。

然而，就是這樣優秀的一個學生，在班級卻極其不愛表現自己，不參加班級的活動，不參加班幹部的競選，甚至在上課不回答任何一個問題。

10. 走進心靈，解決需求——糾正課堂麻木學生的教導藝術

她的父母說她是一個外表冷漠，實則內心狂熱的孩子。但作為老師，蔡老師卻覺得這種表現不太正常，一個人如果在任何一種生活情境中都不進行感情的釋放和輸出，時間一長肯定受不了。

每次上課的時候，如果看不到茜茜與自己進行眼神的交流，蔡老師的心裡就非常著急。同時，她這種聽課狀況也讓蔡老師很苦惱，看到她那樣聽課的表情，蔡老師感覺自己沒有任何講課的激情。

課堂上是需要師生互動的，如果一個老師總是看不到學生與自己交流的眼神，怎麼能有激情講課呢？

有時，蔡老師真想把茜茜叫起來，大聲質問她：為什麼其他同學踴躍地參與到課堂中，而她卻是那樣的索然寡味呢？但蔡老師有時又想，算了，就這樣吧，不去管她了，也許就像她家長說的這就是她的性格吧。

但想來想去，蔡老師還是覺得作為一名老師不能以任何理由放棄任何學生，何況茜茜還是一個學習很不錯的學生呢。因此，靜下心來之後，蔡老師又開始思考其他的辦法。

經過查閱相關資料，蔡老師決定採用「行為主義刺激反應」的辦法，就是給一些在課堂上主動回答問題的學生加分，在分數和相應的獎品的刺激下，一部分學生開始主動，甚至是搶著回答。

當蔡老師用這種方法在班上進行教學時，很多學生都搶著回答問題，蔡老師多麼希望看到茜茜也能高高地把手舉起來叫「老師，老師，我回答」。

可是，讓蔡老師失望的是，茜茜並沒有這麼做，她依然還是以往的狀態。蔡老師的心都有些涼了，看來這種辦法在她身上是不靈的，那到底該怎麼辦呢？

後來，蔡老師又想了另一個辦法。有一次，在與茜茜聊天時，蔡老師對她說：「茜茜，我們來個約定好嗎？每堂課至少回答兩個問題，如果實現了這個約定就算完成了任務，如果只答了一個，就欠我一個，下一節課要把它補上，行嗎？」

她點頭道：「行！」

於是，蔡老師又開始滿懷期待。當蔡老師第一次看到茜茜舉起了手時，她非常高興，在下課後馬上表揚了她，同時對她說「你還欠我一個，下節課一定要補上」。

到了下一節課她果然又多回答了一個問題。

可是好景不長，才過了幾天，她又不肯把手舉起來了。蔡老師真的有些洩氣了，怎麼會是這樣呢？

這時，她忽然想到一句話，「教學活動中最富生機的部分是人與人的交流，讓學生感到被關注、被重視不是簡單的策略問題，教育當是『以人為本』」。

唉，看來是自己太心急了，這不是簡單的教學方法的問題，而是自己還沒有走進茜茜的心靈深處。

茜茜雖然是一個學習很優秀的學生，但她上課從來不回答問題，更不與老師作眼神上的交流，只是悶著頭安靜地坐在自己的位置上，這很明顯是對課堂的麻木，但這種課堂麻木現象不是偶然的，而是普遍存在的。那麼，學生對課堂麻木的原因是什麼呢？

（1）大班上課，削弱了個性教育。

現在很多學校的自然班內人數過多，都是採取大班上課的方式，基本上都是老師一個人在講，學生只能坐在下面聽老師講課，時間久了，優、中、差生的學習主動性、積極性都會降低，直至變得麻木。

（2）簡單機械地重複學習活動，造成了學生的身心疲勞。

現在的學生課業負擔較重，學生要想升學，就必須大量、重複、單一地訓練一些無多大意義的習題。而這樣做的後果就是：

首先，削弱了學生的探究能力。經過了幾年這樣的學習，有些學生的想像天性、探索精神、探究能力，受到了一定的限制。

其次，人在單一、重複的活動中，是容易疲勞的。學生在老師的題海戰術中更易疲勞，所以學生每天不得不拖著疲憊的身心去上課。

第三，當代醫學證明：重複、單一的活動會使人體處於抑制狀態，影響大腦的發育，甚至有害智力的發展。久而久之，學生在這種壓抑、疲勞、抑制的課堂上，無形中就進入了麻木狀態。

（3）教學形式單調，教學內容枯燥。

儘管現代的教學手段已逐漸進入教室，但老師的講述仍占了上課時間的大部分，也就是說，學生在一堂課中用三分之二的時間在聽，而不是在討論、在練習、在探究、在用自己的語言表達自己的想法。

這種填鴨式的、準填鴨式的教育方式只能使更多的學生等待老師的餵養，沒有學會使用頭腦去提出問題和解決問題。所以當老師問學生是否有問題時，學生常常很茫然。時間久了，他們的學習主動性、積極性就會降低，直至變得麻木。

（4）權威的環境束縛了學生的思維。

權威環境主要體現在三個方面：

一是教科書的權威。

對教科書的學習幾乎占用了學生百分之百的時間和空間。中學的教科書中的內容都是前人總結出來的正確東西，如果有一些爭議的話，升學考題則是儘量避開。教科書內容的呈現多是以不可否定的口氣、方式進行表述，學生如果質疑教科書的內容，既無益於升學考試，也會被師生們認為是鑽牛角尖。

二是老師的權威性。

中國傳統文化中存在一種尊卑有序的等級關係，這種關係帶來的負面作用，就是給學生套上了精神枷鎖。在課堂上，學生不敢尋求獨立性，不敢向老師提出冒失的問題，生怕打破課堂教學平靜、順利進行的局面。

三是家長的權威性。

現在仍有一些父母逼迫學生去完成作業，學生在被動的學習中，常常有意無意地敷衍了事。

在種種權威面前，學生探究、自我表現、思維的求異受到了嚴重的制約。

（5）挫敗體驗造成了課堂沉默。

有些老師的課堂總會被幾個「優等生」壟斷，課堂變成了老師和幾個「優等生」的表演，其他的學生只是聽眾。久而久之，這部分體驗不到成功的「聽眾」就喪失了參與的熱情，課堂也變得與他們無關。

另外，有些學生在課堂上回答問題不完全、不準確時，不但得不到老師的關懷和引導，反而還要受到老師的批評和冷眼，受到同學們的譏笑。這些都會使學生產生挫敗感。當他們有了挫敗的體驗後，自尊心就會受到打擊，久而久之，他們就不再舉手回答問題，不再積極參與課堂活動了。

因此，有的老師已經對「失敗是成功之母」這句話提出了異議：這句話對於少數人是正確的，而對於大多數平常人來說，「成功才是成功之母」。

（6）無特色的教學，使學習變得枯燥無味。

凡是優秀的老師，他們的教學都是有特色的。但也有一小部分老師，他們的教法比較老化，只是照本宣科而已，學生跟著這樣的老師上課味同嚼蠟、枯燥至極，於是就在無聊中昏昏欲睡。

（7）沉悶的校風、班風是導致學生麻木的大環境。

寬鬆、和諧、民主、探究的校風、班風會使學生忘我地參與課堂，使自己成為學習的主人。而沉悶的學風，會使學生麻木不仁，思維遲緩。

總而言之，要克服學生對課堂的麻木，需要我們每一位教育工作者轉變觀念，優化教學方式，也需要整個社會的配合。

在試過各種方法都失效後，蔡老師不再要求茜茜上課一定要回答問題了。但每到下課的時候，蔡老師都會坐在她的座位旁邊與她聊天。茜茜非常喜歡讀書，蔡老師就經常和她在一起交流讀書的收穫，互相推薦好書，但每次茜茜都只是聽得多，說得少。

方法總比問題多：名師轉變棘手學生的施教藝術

10. 走進心靈，解決需求——糾正課堂麻木學生的教導藝術

有一天，茜茜突然主動找到蔡老師說：「老師，我想調一下座位。」蔡老師一聽，感覺機會來了，於是就坐下和她聊了起來。

茜茜說：「我想和我的好朋友雯雯一起坐。」

蔡老師就不住地追問她為什麼想和雯雯一起坐，以便讓她和自己多聊一會。可茜茜只說她們兩個很談得來，在一起可以互相學習，互相提高，其他的就再也問不出什麼了。儘管如此，蔡老師還是答應了她。

雖然蔡老師努力地和茜茜溝通、交流，卻仍感覺到她與自己間有一種距離感。上課時，無論蔡老師的課講得多麼精彩，都無法從茜茜的眼睛裡看到興奮的目光。

也許她還不能接受自己的教學風格吧，蔡老師在心裡對自己說：不要急。

同時，蔡老師還發現茜茜的好朋友雯雯在上課時也是一言不發，她們兩個上課時只是坐在那兒，一臉漠然的表情。

蔡老師有些惱火，後悔當初把她們兩個調到一起，因為她害怕這樣會讓她們互相影響，使得這兩個學生都不愛參與課堂了。她甚至想再把這兩人生硬地分開，但最終她還是忍住了，她決定還是先觀察一下再說。

就在蔡老師感到沮喪的時候，有一件事讓她看到了希望。

有一天，班裡的小航同學病了。蔡老師問：「誰願意和老師一起為小航補課？」

讓蔡老師沒想到的是，這次茜茜和雯雯竟然都破天荒地把手舉了起來。蔡老師很開心，立刻點名讓她們兩個去。

帶著她們去醫院的路上，蔡老師看見兩個孩子又說又笑，又蹦又跳，與在班級時的一言不發相比，簡直是判若兩人。

而且她們兩個在瘋鬧的時候還會在蔡老師的身前身後藏來藏去，連蔡老師也被感染了，不由自主地和她們一起玩了起來。

蔡老師感到非常開心,彷彿自己又回到了童年時代,繁忙的工作帶來的焦躁一點都沒有了。看著她們那紅撲撲的小臉,那一路上沒有合上的嘴,那開心的樣子,蔡老師真想上前擁抱她們。

「多可愛的孩子們,除學習以外我對孩子們了解得太少了,和她們交流得太少了。我不能總是以老師的面孔在她們面前出現,應該換一種面孔。」蔡老師在心裡默默地對自己說。

不知不覺地來到醫院,小航的補課完全由茜茜和雯雯兩個主講,蔡老師則坐在一旁當聽眾。

「打開語文書,讀完後說說給你留下印象最深的部分,動筆把它畫出來……這裡要注意,此處就能體現作者的想法……」茜茜和雯雯認真地講著,蔡老師卻暗暗吃驚——這完全都是自己講課時的樣子,連語調都很像,蔡老師講課的內容她們幾乎一字不差地講給了小航聽。

原來她們一直在這樣認真地聽課,誰說不回答問題就是沒有參與課堂,事實上她們在聽在思考,思維是處於一種積極的參與狀態的。

這次的事情帶給了蔡老師很多意外。在回去的路上,蔡老師和她們兩個又說又笑,心中再也沒有那種讓茜茜站起來發言的焦急了,她要耐心等待,等著茜茜自然生長,破土而出的那一刻。

以後的日子,蔡老師發現茜茜有了一些改變,雖然還是不肯站起來發言,但在班級變得開朗了,愛和自己聊天了。有時,放學後她也不走,愛和蔡老師說說班級的同學,說說班級的事情,有時聊得都忘記了時間。

有一天,雯雯站起來回答了一個問題,回答得很精彩。看著好朋友那喜滋滋的表情,茜茜似乎也有了回答問題的慾望。蔡老師從她的眼神裡可以看出,她想回答下一個問題,於是,蔡老師馬上叫起了她。茜茜果然回答得非常好。看著她很有成就感地坐下了,蔡老師在想:也許她的成長期已經到了。

蔡老師已經記不清茜茜第一次自己主動舉手發言是在什麼時候了,更記不清她回答的是哪個問題了,只是記得當時並沒有表揚她,只覺得她舉手是

分內的事。後來，她也曾舉過幾次手發言，但蔡老師仍沒有在同學們面前表揚她。

蔡老師認為自己不能用表揚去驚動她，因為她自然生長的過程是不需要用人工去修飾的。

果然，茜茜慢慢地成長起來了，不但能主動舉手發言，還回答得非常精彩，尤其是比較難的問題，別的同學沒有辦法時，她總是會自信地把手舉起來。

而蔡老師則與她相視一笑，在她坐下時，蔡老師仍會給她一個燦爛的微笑。

雖然為了糾正茜茜的課堂麻木問題，蔡老師花費了半年的時間，但她一直很慶幸自己當初沒有放棄對茜茜的教育。

蘇霍姆林斯基說：「在人的心靈深處，總有一種根深蒂固的需要，這就是希望自己是一個發現者、研究者、探索者。」

尤其是在學生的精神世界中這種需要特別強烈，但是，在現實的課堂教學中，有些學生經常是一堂課下來一言不發，儘管老師多方啟發，他們仍然閉口不語，老師也很無奈，為了完成教學任務，老師只好獨占講臺，滔滔不絕地講授，娓娓道出知識的來龍去脈。這種教學現象，又被專家稱為「填鴨式」的教學，而學生的這種表現也被稱為「課堂麻木現象」。

課堂麻木現象，不是只存在於某一學科中，而是存在於各個學科的課堂教學之中。怎樣解決課堂麻木現象，是值得每一位老師深思的問題。有一小部分老師總喜歡把責任推給學生，認為是學生不積極造成的。

但老師不應該只責怪學生，因為學生是無辜的，老師應該樹立新的理念，**轉變觀念**，改變課堂教學方式，讓課堂麻木的現象不再發生。

事實上，造成課堂麻木現象的原因是多方面的，也不是幾天就能形成的，它是課堂氛圍長期低落造成的結果。各個學科的老師都應該反思自己。那麼，老師究竟應該怎麼做呢？

（1）培養問題意識。

美國著名數學家哈爾莫斯在談到數學教育時有這樣一段講述：「我堅信問題是數學的心臟。我希望作為老師，無論在講解，在講座，在班裡，還是在我們寫的書或文章裡，要反覆強調這一點，要訓練學生成為比我們更強的問題提出者和問題解決者。」

因此，老師可以在課前讓學生充分預習，思考提出本節課要解決的問題，所提的問題要與本節課的學習有關。

學生可以提出自己不知道的問題，也可以提出自己知道的問題，讓其他同學來解決；可以提出與本節課有關係的基礎問題，也可以提出與本節課有關的後續問題；透過學習後還可以提出自己有疑問的問題。

學生有了問題，才會有思考和探索；有探索才會有創新，才會有發展。可見創設好適宜學生探究的問題情境，激發他們的求知需要，是促使他們自主探索的基礎，也是克服他們對課堂的麻木，給他們提供促思、促說、促做的課堂活動平臺。

（2）展示合作活動的過程。

老師應給學生大量的時間和空間，讓學生自主或組合、獨立思考或小組討論一個問題或幾個問題。

這時的課堂才真正是生態課堂：學生心情舒暢，解決自己喜歡的問題，課堂上沒有權威壓抑，沒有同學的恥笑，只有熱鬧的課堂學習氛圍。

心理學研究表明：人在壓抑的環境中與人在舒暢的環境中工作，其迸發出來的熱情與效果是大不相同的。

當學生思考、合作一定時間後，多數學生都胸有成竹，這時老師再讓學生來報告解決問題，課堂就不會麻木。相對來說，發言人數越多，學生的思維也越活躍，越能把自己解決的過程展示給大家。

學生間自動參與互相探討的問題多了，爭論也就有了深度和廣度，所學的知識也會越來越清晰。學生在課堂上對有效資訊接受強了，回饋也就順暢

10. 走進心靈，解決需求——糾正課堂麻木學生的教導藝術

了，這樣才能體現學生是學習的主體，老師是學生學習的夥伴，是課堂調控的指揮者，而課堂麻木現象也就會得到有效的克服。

（3）讓學生主動思考，靈活創新。

老師可以在講課前先提出或讓學生自己提出一些問題，等講完課後再讓學生回到開始時所提的問題，看哪些問題已解決了，還有什麼問題未解決，還有什麼疑難問題。接著讓學生運用所學的知識去做題，去靈活運用，去富有個性地解決問題。

課堂的生命力正是來自於對事件或事實的感受、體驗；來自於對問題的敏感、好奇；來自於情不自禁的、豐富活躍的猜想、假設、直覺；來自於不同觀點的碰撞、爭辯、啟迪、認同；更來自於探索體驗中的時而山窮水盡、時而柳暗花明的驚險和喜悅。

只有經歷這樣的感悟、體驗的過程才能得到能力的錘煉、智慧的昇華，也只有這樣才能讓學生全身心地投入到課堂學習當中。

對課堂麻木學生的教育策略要點

課堂麻木的現象不是偶然的，而是普遍存在的。但其原因卻各不相同，老師要根據成因有針對性地進行教育。那麼，在教育這類學生時，有什麼策略要點呢？下面就讓我們跟隨名師們的腳步一起來看一看：

（1）針對因不受關注而課堂麻木的學生。

對於這類學生，老師要給予積極的關注，也就是說要讓學生切實感受到來自老師的關注。老師可以透過「約定」、「暗示」等作用，使學生積極參與到課堂中來，改變他們原來的散漫的游離狀態，讓他們真實感受到老師對自己的關注。

（2）針對因對學習不感興趣而課堂麻木的學生。

對這類學生，老師應當提高他們的學習興趣。比如，可以採用獎勵刺激，透過精神獎勵，如加分；以及物質獎勵，如發小獎品等方法來刺激學生課堂積極參與的慾望，以改變課堂中少數學生的麻木狀態。

（3）針對因挫敗感太強而課堂麻木的學生。

有些學生因學習差，不但得不到老師的關懷和引導，有時還會因回答錯了問題而遭到老師的批評和冷眼，以及同學們的嘲笑，而這都會使學生產生嚴重的挫敗感，自尊心受到打擊。時間一長，他們就不願再舉手回答問題，不再積極參與課堂活動。

對於這類學生，老師要想改變其麻木的問題，須做到以下兩點：

①進行心靈的溝通。

老師要創造條件，增進師生間的了解，只有這樣才能走進學生的心靈深處，找到他們麻木的原因，實行有針對性的教育。

而要想真正走進學生的心靈，並不是簡單的方法問題，也並不是簡單的物理變化過程，而是必須有一種化學反應，要有真正心靈交匯、情感溝通的過程。只有這樣，學生的心靈才能真正發生質的變化，而這種變化帶來的改變才會是持久的，也才能真正讓學生信任老師。

②耐心等待。

學生這種麻木狀態不是一天兩天就形成的，而是長時間積累的，要想改變這種狀態也絕不是一朝一夕的事情，所以著急是沒有用的。老師在給予學生積極關注的同時，也要有足夠的耐心等待學生的改變，不要把自己的焦慮不安、急於改變的不良情緒傳遞給學生，這是實現這類學生積極參與課堂活動的一個有效的辦法。

總之，對於課堂麻木的學生，老師不能一味地推卸責任，更重要的是要走進學生的心靈深處，真正了解他們的需要，找到教育的良好契機。

11. 用師愛的陽光照亮他們的心──糾正離家出走學生的教導藝術

11. 用師愛的陽光照亮他們的心──糾正離家出走學生的教導藝術

▍離家出走學生的個性特點

　　凡是有離家出走行為的學生，多是個性比較強的人。他們經不起挫折，心理上缺乏自律和自我控制、自我管理的能力；情感上容易衝動，缺乏理智，不顧行動後果。

　　有些學生是抱著各種空想、幻想結伴出走；有些學生是因為受了委屈或誤解，一氣之下出走；還有些學生抱著各種錯誤的想法，以離家出走向老師、父母「示威」，目的是為自己爭取「自由」，希望大人今後放鬆對自己的管理，降低對自己的要求等。

　　「用愛心寫歌，用深情育人」，這是葛曉紅老師對離家出走學生教育的最真實寫照。

　　「葛老師，我是小洋的媽媽，小洋今天上課去了嗎？」電話裡傳來了小洋媽媽焦急的聲音。

　　「沒有。他沒在家嗎？昨天上完第一節課，他說身體不舒服，請假回家了。今天早上沒來，我剛要給你們打電話呢！」葛老師有些驚訝。

　　「昨天晚上他一晚上沒回家。他從來沒這樣過，不知道這孩子跑哪兒去了。」小洋媽媽的聲音哽咽起來。

　　「您先別著急，我去問問班裡的同學們，看有沒有人知道小洋在哪兒。」葛老師急忙安慰道。

　　放下電話，葛老師立即來到班裡詢問其他同學，結果沒有人知道小洋上哪兒去了。這孩子能上哪兒去呢？不會是因為什麼事而離家出走吧？想到這兒，葛老師有些擔心。

　　「老師，小洋會不會去網咖呢？」有一個同學向葛老師提醒道。

11. 用師愛的陽光照亮他們的心——糾正離家出走學生的教導藝術

　　這很有可能！葛老師急忙聯繫小洋的家長，然後和其他老師分頭去尋找。但大家找遍市裡所有的網咖，也沒有發現小洋的蹤影。

　　看來只有到火車站和汽車站試一試了。於是，大家又分頭到車站去尋找。

　　葛老師急匆匆地趕到火車站，最後終於在一個角落裡找到了小洋。他居然坐在那裡睡著了，屁股下墊著幾張舊報紙。

　　看著小洋睡得很熟，葛老師沒忍心叫醒他，只是以最快的速度通知了其他尋找的人，告訴他們自己已找到小洋，讓他們不要擔心。

　　掛完電話，葛老師仍舊靜靜地看著眼前這張甜睡的小臉，臉上明顯有哭過的痕跡，看來這孩子心中有很多委屈，等一會兒一定要詳細地問個清楚。

　　過了十幾分鐘，可能是睡姿不舒服，小洋動了一下，然後慢慢睜開了眼睛。當他看到葛老師時，眼裡閃過一絲驚訝，但隨即又變成了驚慌，他一下子站了起來，「老師，我……」，只說了三個字，他就低下了頭，無語了。

　　「睡得不舒服了吧？來，咱們回家！」葛老師溫和地伸出雙手。小洋並沒有拉住伸過來的手，而是低聲說道：「老師，我不想回家。」

　　哦，看來這其中一定是有什麼原因。「那回老師家好嗎？」葛老師上前幫他拍了拍身上的土，拉著他的手親切地問道。

　　小洋沉默了幾秒鐘，然後點了點頭。

　　小洋跑到火車站，很明顯是想坐火車離家出走，最終沒走成可能是因為沒錢。那又是什麼原因導致他做出這種舉動呢？葛老師的心中充滿疑問。

　　她把小洋帶回家，幫他打水洗臉，又給他端來可口的飯菜，等他情緒平靜下來以後，才跟他仔細交談。

　　透過交談，葛老師了解到，小洋的父母最近在鬧矛盾，經常吵架。很多時候，他媽媽在吵架後就會一聲不吭地離家出走，也不和家人聯繫，過一段時間再回來。

由於家庭產生了矛盾，所以父母都無心關愛小洋，這讓小洋感到家裡冷清清的，毫無愛意，因此他也無心上課，想透過離家出走這個極端的方式來引起父母對自己的關注。

近年來，像小洋這樣離家出走的學生越來越多，這已成為一個令人矚目的社會現象。有一些報社經常能接到家長打來的求助電話，都是孩子離家出走了，想請報社登尋人啟事。

是什麼原因讓這些學生選擇離家出走呢？從總體上說，這是由於他們尚處於身心未成熟期，無法正確地對待挫折，無法正確把握自己，企圖逃避過失、責任或身心壓力所致。

它的發生，既有社會、家庭、學校等外部影響，又有學生自身的心理缺損、個性偏執、人格障礙等內部原因。具體歸納起來如下：

（1）家庭原因。

①長輩們的溺愛。

長輩們的溺愛極易使孩子們形成自私自負的性格，產生「唯我獨尊」的畸形心理，這非但有礙於他們獨立能力的提高，更不利於他們承受挫折能力的培養。一旦遇上挫折和失敗，他們就難免心理失衡，行為偏激，以致離家出走。

②缺少有效溝通。

目前不少父母忙於工作，對孩子的關懷大都侷限於飲食起居。有的父母則習慣於以物質的給予或剝奪來體現對孩子的褒獎和懲罰。特別是孩子在家的時間短，與父母溝通少，導致兩代人之間衝突不斷，形成所謂的「代溝」。這種情況在離異或單親家庭中表現得更為嚴重。

③過度體罰。

有的父母對孩子控制得過嚴，持「棒下出孝子」的錯誤教育觀念。由於父母的教育方法簡單粗暴，孩子不堪忍受，從而離家出走。

④家庭矛盾。

11. 用師愛的陽光照亮他們的心——糾正離家出走學生的教導藝術

家庭教育學的理論認為，家庭的分裂，父母與子女的關係惡化，是學生離家出走的主要原因。比如，如果父母有酗酒、吵架等壞習慣，學生就缺乏對家庭的感情，常常會與父母發生衝突。

（2）學校原因。

有些學校的主管們和老師在對學生進行智育開發的過程中，往往只片面強調學生對知識的學習，而忽視了他們學習過程中的心理健康。

比如，一些學校片面追求升學率，採取按學業成績分班，考試排名次，加班加點，搞題海戰，用難題、偏題、怪題等訓練學生，其結果是挫傷了不少學生的學習積極性，使他們缺乏信心、自暴自棄；有的老師教育措施失當，不恰當地懲罰學生，傷害了他們的自尊心；有的老師處事不公，對待成績不良的學生缺乏愛心，甚至諷刺挖苦、變相體罰等，學校生活中的這些因素都可能成為引發學生離家出走的導火線。

（3）社會原因。

①新事物的出現。

比如，網路的興起使少數自控能力較差的學生迷失了自己。一些學生痴迷於遊戲，痴迷於上網，以致荒廢了學習。一旦他們的慾望得不到滿足，便不辭而別，尋求更加自由的空間。

②傳媒影響。

有一些媒體刊登的內容，可能會對心智尚未成熟的學生產生負面影響，使得學生產生對所謂「自由自在」生活的畸形追求心理，從而產生出走冒險的念頭。

③他人唆使。

如今，由於學生接觸社會的渠道正在增多，一些不法之徒誘導、教唆學生離家出走的案件屢有發生。除了以前的以「交筆友」、「介紹工作」為名進行欺騙之外，利用電腦網路唆使學生離家出走的現象越來越嚴重。

④拜金心理。

學生透過各種資訊渠道接受了大量資訊後，一部分學生可能會對讀書不感興趣，而熱衷於讀書以外的東西，比如，學某些名人，離家外出闖天下，掙大錢。

⑤盲目的從眾心理。

當媒體披露因片面追求升學率造成一些學生壓力太大而離家出走的消息後，有的學生就加以仿效，以為這是解脫的好方法。從眾心理本是一種正常的現象，但若盲目從眾，將有百害而無一利。

(4) 個人原因。

①心理承受能力差。

從學生自身來說，離家出走與心理脆弱、無責任感密不可分。現在大多數學生都是獨生子女，很多家長對孩子的事情都包辦代替。學生如同溫室中的幼苗，經不住任何風吹雨打，心理承受能力非常差。本來一句不起眼的話，一個不經意的動作，一個無意的眼神，都被這些學生看得很重，動不動就覺得受到了委屈而離家出走。

離家出走其實也是一些學生為逃避懲罰，擺脫責任的表現——有的學生由於家長一味遷就，對學習、家庭和社會沒有責任感，老師和家長們稍微沒有顧及到他們，他們就認為失了體面，便以出走相威脅；有的學生在學習和生活中遇到一點小麻煩，就企圖以離家出走擺脫困境；有的孩子犯了錯誤就覺得沒面子，沒有承認錯誤和改正錯誤的勇氣，乾脆離家出走逃避責任。

②自身的個性障礙。

心理學理論認為，離家出走在於本人的個性障礙。有些學生有一種喜歡出走、遊蕩的心理癖好，這是出於對玩樂和無拘束的渴望，他們往往大膽冒險，又缺乏家庭意識和家庭親密感等，出走是他們消極性格的表現。

③心理不健康。

離家出走的學生往往有很多的心理缺陷，要麼性格內向，要麼精神緊張，要麼行為乖戾等等，類似的心理問題都會在不定的時間突然生發出來。

11. 用師愛的陽光照亮他們的心——糾正離家出走學生的教導藝術

在了解了小洋離家出走的原因後，葛老師實施了以下的矯正措施：

（1）說服家長改變家庭環境。

治標不治本等於做無用功，不是毫無效果就是會出現反彈。所以葛老師認為自己必須去小洋的家，和他的父母做一次認真的溝通，讓家長給小洋一個和諧、溫暖的家。

小洋的父母並沒有意識到自己的不良情緒會給孩子帶來這麼大的負面影響。

於是葛老師耐心地對他們講解：學生的性格和才能，歸根結底是受到家庭、父母的影響最深。良好的家庭氛圍可使學生性格活潑、開朗、大方，養成樂觀豁達、積極向上的精神。

聽完葛老師的講述，小洋的父母覺得很慚愧，一致表示以後不會吵架了，為了孩子他們一定能做到。

（2）用團體的關愛溫暖他。

在改變小洋家庭狀況的同時，葛老師還透過班上團體的關愛來溫暖他。她積極為小洋營造一個大家庭的概念，讓他喜歡這個大家庭，不願意離開這個大家庭。

比如，小洋生日的時候，讓全班同學一起給他過生日，唱生日歌，每個人都將生日禮物與生日祝福送給他，一起分享他的快樂。

為了彌補小洋缺失的家庭之愛，葛老師還經常利用課餘時間將他帶到一些充滿溫馨的家庭中去，比如，自己的家或班裡其他同學的家，讓他體會不同的家有著不同的愛，也讓他感覺到大家對他的愛。

（3）發揮他的特長。

小洋的網路知識很豐富，葛老師就鼓勵引導他在班上講自己的網路故事；建立班級 QQ 群，讓他當群組的管理員；以他為主要成員創建班級網頁，讓他帶領同學創建班級部落格……

另外，葛老師還幫他報名參加市裡的青少年網路知識大賽，結果小洋一舉奪魁。

老師的關注，同學們的友愛，讓小洋越來越喜歡班級團體這個大家庭。再加上父母態度的改變，小洋離家出走的想法已徹底消失，而且學習成績也步入一個新的臺階。

小洋的轉變讓我們感到可喜，葛老師用自己無盡的師愛改變了他離家出走的行為。但有些老師遇到這種離家出走的學生時，只是簡單地詢問一下情況，很少用全部的心去關愛。

更有一小部分老師，如果學生並非是從學校出走時，更是把責任推得乾乾淨淨，他們認為學生不是從學校出走的，出了問題與自己沒有關係。如果按照這種邏輯，葛老師也完全可以不管小洋出走的事情，但試想，如果小洋真的乘火車到了外地，作為他的老師，心裡會好受嗎？

所以，作為一名老師，應該像葛老師這樣給予學生更多的關愛和關注，讓他們健康快樂地成長。

學生離家出走不管是對家庭還是對學校來說，都是一個很大的事情。從學生的角度來說，一個人流浪在外，生活沒有規律，基本的生活需求沒有保障，遠離親人、老師和同學們，極易形成孤獨感和恐懼感，進而產生情緒憂鬱，很容易導致一些心理問題的產生。

從學校與家庭的角度來說，學生離家出走會給老師與家長們帶來沉重的心理壓力與負擔，影響正常的生活與工作，甚至會毀滅一個家庭。

而學生離家出走後，更容易受到社會不法分子的威逼利誘而墮落，有的甚至會走上犯罪的道路。因此作為老師平時一定要多作觀察，以預防學生離家出走。具體來說，老師應做到以下幾點：

（1）轉變教育觀念。

學校或老師的教育方法不當是學生離家出走的原因之一。如果一個老師在處理學生問題時態度生硬，方法簡單粗暴，對學生諷刺挖苦，或者把他們

11. 用師愛的陽光照亮他們的心——糾正離家出走學生的教導藝術

趕出教室、停課檢查，或者打罵學生，或者借助家長的威力來懾服學生，強制轉學或退學……這些做法都會損傷學生的自尊心，使他們產生對老師的不滿和不信任。

因此，每位老師都應轉變觀念，建立良好的師生關係，了解學生、尊重學生、主動幫助學生排憂解難，真正做學生的良師、益友、心理醫生。

哲學家馬克思說：「愛就是陽光。」因此，老師對學生要有深切的愛，曉之以理，動之以情，關心體貼，對學生的缺點和錯誤進行全面的分析，耐心地說服，融化他們心中的冰霜，這樣就會讓學生產生溫暖的感覺，就會將學生吸引到老師的周圍，老師的教育就會取得良好的效果。

（2）督促家長轉變家教觀念。

父母是子女的第一任老師，而且也是最長久的老師。家庭教育對子女性格、習慣的養成起著非常重要的作用。家庭環境不良，家教方法簡單粗暴也是學生離家出走的主要原因之一。

家庭是社會的細胞，是學生健康成長的搖籃，和諧協調是幸福的象徵，撫育子女是父母的義務，家庭中的每個成員都應互敬互愛互助互諒。家長要關心子女的內心世界，要為他們創設一個和諧愉快的生活學習環境。

因此，學校要承擔起指導家長們的義務，老師要有計劃地家訪。學校不僅有教育學生的責任，還有指導家長們運用正確的方法進行家教的義務，老師應該讓每位家長都學會科學地教育子女的方法，走出家庭教育的誤區。

老師在家訪時還要注意不要告狀，應讓家長們關心孩子，對孩子進行正確引導，不能施行「打罵」教育。

（3）幫助學生端正學習態度，改進學習方法。

學習上有困難，對學習沒有興趣，是學生離家出走的另一主要原因。學習是學生的主要生活，其優劣又是決定他們在家庭和學校的地位和受賞罰的重要條件。離家出走的學生往往學習不好，不僅基礎差，沒有良好的學習習慣和正確的學習方法，而且缺乏刻苦學習的精神，普遍厭學。

造成這種情況的原因很多，除了這些學生原來基礎就較差以外，另一個主要原因就是老師的教學激不起他們對學習的興趣，又由於學校課程的增多，學習成了他們沉重的負擔。

他們往往認為學習太苦了，是出力不討好的差事，是招家長們打罵、老師批評、同學們看不起的根源。正如有的學生說的：「聽又聽不懂，坐在教室裡真受罪，不如到外面玩幾天，回來頂多被家長訓一頓，反正學習不好也經常挨訓。」因此，離家出走就成了他們逃避學習的一種手段。

所以，老師應該幫助學生端正學習態度、改進學習方法；要經常對學生的學習方法進行指導，激發他們的學習興趣，使他們由厭學變為樂學；還要從學生的實際情況出發，區別對待，因材施教，分層教學，幫助學生補齊知識的欠缺，逐步提高他們的成績，樹立起學好功課的信心。

老師還應該努力豐富校園生活，辦好課外活動，使每個學生在學校都有表現自己才能的機會，使他們感到學校的可親可愛，使他們不願意離開學校這個群體。

（4）培養學生判斷是非的能力。

老師應該培養學生判斷是非的能力，讓他們正確理解老師和家長們的意圖，明白老師和家長們對他們的期望，並運用正確的方法表達自己的意見，遇事冷靜思考，不要意氣用事。

老師可以利用主題班會等，對學生進行這些方面的教育，提高他們明辨是非的能力，學會正確處理問題，預防離家出走的事件發生。

（5）提高學生的心理素質。

學生心理素質的高低與他們心理健康水平有著極大的關係，學生的心理素質直接關係到他們的心理健康。因此，老師必須要提高學生的心理素質。

現在的學生在物質條件日益充裕的情況下，抗挫折的耐力異常脆弱。因此老師應讓學生認識到經受挫折是現實生活中的正常現象，是不可避免的，關鍵在於怎樣正確對待挫折，並對挫折做好充分的心理準備。

11. 用師愛的陽光照亮他們的心──糾正離家出走學生的教導藝術

老師應教會學生在挫折產生時，辯證地分析原因，在比較中認識挫折，既要看到好的一面，也要看到不好的一面，合理釋放不良的情緒，理智地面對現實以求得解脫。

此外，老師還應注意在班級中創建寬鬆、諒解的氛圍，給學生提供諮詢、疏導、宣洩的機會和場所。

比如，老師可以設計主題班會，在會前讓學生寫出自己「最大的煩惱是什麼」、「最想解決的問題是什麼」，幫助學生建立積極的心理防禦機制，讓他們學會心理調節，培養他們理性的思維方式。

（6）滿足學生的獨立需要。

在小學階段，老師在學生的心目中具有絕對的權威，學生幾乎能無條件地服從老師，對老師的判斷，他們很少懷疑。

而進入中學以後，由於思維水平的提高，學生不再盲目地依賴和服從老師。他們開始對老師評頭論足，尤其是高中生，他們渴望從老師那裡獲得更多的獨立和尊重。

這時，如果老師過多地以否定、挑剔的態度看待學生的行為，不許學生這樣、不許學生那樣，就會使學生產生反感甚至不滿。

因此，老師應允許學生積極地參與教學過程，鼓勵他們對問題做出自己獨立的思考，培養他們對不同思想和觀念的理解與尊重，注重發展他們的批判精神和創造能力，使學生在健全的、美好的學習氛圍中，獲得全面發展。

（7）培養學生的健康個性。

老師在教學中不能簡單地以學習成績評價學生，應注重學生在學習上取得的進步。可以設立學習進步獎，並鼓勵學生開展自己與自己的競賽，激發學生的潛能。

同時，老師還應從每個學生的才能、優點入手，開展諸如「這項，我第一」等活動，給學生展現自我的機會，讓他們知道自己的長處，也知道別人的長處。使他們懂得「尺有所短，寸有所長」的道理，從而正確地評價自己。

（8）及時發現學生異常的情緒行為。

心理學研究表明：人的內心世界真正透過語言表達反映的只占30%左右，大部分是透過舉手投足及面部表情反映的。

一般來說，學生有了離家出走的念頭，必然會在想法上引起激烈的掙扎，心理上會有尖銳的衝突，因而會呈現出某種異常，如舉止反常，心神不定，竊竊私語，行為詭祕，神情緊張，焦慮不安等。

因此，老師在日常生活中要留心觀察，善於從學生的行為舉止、表情及眼神的變化中，發現學生情緒行為的異常。當發現學生有異常情緒時，要及時找他們談心，或進行家訪，了解導致他們異常情緒的原因，然後對症下藥，幫助他們解決心理危機問題，防患於未然。

對離家出走學生的教育策略要點

學生之所以離家出走，原因各不相同。因此，老師在對他們進行教育時，也不能一概而論。而應該用不同的方法，有針對性地對他們進行教育。只有這樣，才能稱得上是因生施教。

下面，我們就來看看名師們在對離家出走的學生進行教育時，是如何做到因生施教的。

（1）針對因逃避懲罰而離家出走的學生。

有的學生犯了錯誤，因害怕被學校處分或被家長責罵而選擇離家出走。

如果是由家長教育問題而引起的，老師要端正家長們的教育方法；如果是因老師本身的教育方式有問題而引起，如當眾打罵、侮辱學生，老師則首先要反省自己，改變自己的教育方式，並誠懇地向學生道歉。

（2）針對因厭惡家庭而離家出走的學生。

這類學生的家庭一般都不太和睦，如父母爭吵、分居、離婚，這些都會使學生感到難堪、屈辱和痛苦，無法感受到家庭的溫暖和父母的愛。這時，一旦有某件不順心的事觸動了他們，他們就會離家出走，以擺脫不利的環境。

對於這類出走的學生，老師一是要做學生父母的工作，二是要在學校多關心學生，讓他們感受到來自群體的溫暖。

（3）針對因嚮往外面的世界而離家出走的學生。

這類學生多被嬌生慣養，一旦受到生活中的壓力，很容易為了追求自己所謂的理想而出走。

對於這類學生，老師一是要改變學生家長的教育方式，二是要告訴學生，他們這個年齡到外面闖蕩的危險性。

（4）針對因報復家長或老師而離家出走的學生。

有的學生由於某些要求得不到滿足，或者對家長逼迫學習過緊而產生反感；有的學生對老師的批評不滿，對老師有意見。因此，為了恐嚇或威脅家長和老師，他們選擇了離家出走。

這類學生一般並不會真正出走，只是在同學家住幾天，製造一種緊張氣氛，使家長和老師屈服。對於這類學生，老師在改變和說服家長改變教育方式的同時，還要以適當的方法來告訴學生這樣做的壞處。

（5）針對因盲從而離家出走的學生。

這類學生思想比較單純，容易相信別人，辨別能力比較差，他們往往良莠不分，做出很多蠢事來。對於這類學生，批評也是無益，因為事情已經發生，過分的批評只會使他們產生反感。所以，老師最應該做的還是提高他們辨別是非的能力，以免類似的事情再次發生。

總之，不管學生是因為什麼原因而離家出走，老師都應該像葛老師一樣堅持一個原則：用愛寫歌，用情育人，用感人的師愛去照亮學生的心，讓他們早日解除心理負擔，打消出走的念頭。

12. 細微入手，細節培養──糾正馬虎學生的教導藝術

馬虎學生的個性特點

馬虎的學生做事總是很草率、疏忽大意，上學時忘帶課本、鉛筆盒等東西；上課東張西望、不注意聽老師講課；讀課文時不專心，容易將很熟悉的字讀錯；寫作業時慌慌張張，常出現丟字、丟題的現象；放學時匆匆忙忙，沒有收拾好書包就回家，結果把作業落在教室裡；考試時，不該錯的題卻答錯了，不該看錯的題目卻看錯了，不該丟題卻少答了一道題等等。

但馬虎的學生一般都很聰明，只是欠缺細心的習慣。

夏青峰，小學數學老師，他常說：「細節成就精彩！細節彰顯魅力！細節決定成敗！讓我們一同關注教學細節，改進自身的教學行為，在營造有效課堂的過程中不斷提升自身的專業水平。」

夏老師不僅在教學上講究細節，在教育做事馬虎的學生時也是從細微處入手，培養他們良好的學習習慣。

小博是夏老師班裡的一名學生，他聰明活潑，長得虎頭虎腦，兩隻大眼睛忽閃忽閃的，非常可愛。他上課回答問題非常積極，表達能力也比較強。夏老師很喜歡這個聰明又愛學習的學生，因此上課經常讓他回答問題，小博每次回答得也都不錯。

按說，以小博的表現，學習成績應該很不錯，可不知為什麼，幾次數學小測驗下來，他的成績都只是剛剛及格。夏老師很納悶，憑小博的能力足可以拿八九十分，怎麼才考這麼點分數呢？因此，他將小博叫到了辦公室。

「小博，這幾次考試你的成績都不太理想，想過為什麼嗎？」夏老師問道。

12. 細微入手，細節培養——糾正馬虎學生的教導藝術

「嗨，其實我都會，就是馬虎，下次考試我一定認真，保證考個好成績。」小博滿不在乎地回答。

「好，老師相信你，下次看你的表現！」夏老師心想也許他是真的沒有發揮好，只要能掌握所學的知識，成績並不是很重要，因此也沒有過於深究。

過了幾天，班裡進行單元測試，結果小博的成績又是剛及格，夏老師開始認識到問題的嚴重性。

他仔細查看了小博的試卷，結果發現在扣掉的幾十分當中，有 2／3 是因為馬虎、粗心而丟掉的分數，比如小數點點錯位置，抄錯數字，少寫單位，少答一道題，都是一些不該錯卻做錯了的題。

不能再讓他繼續馬虎下去了，否則將是一輩子的壞習慣，夏老師心想。

從小博的試卷中可以看出，他聰明卻不認真，不是少寫個小數點，就是多寫個數字，做題很粗心。

有些老師比較在意學生聰明不聰明，但對學生的馬虎問題卻不怎麼放在心上，總覺得「馬虎沒什麼，只要下次注意就行了」。但其實這是一個很嚴重的問題，經常馬虎，不僅會讓學生在考試時容易丟分，也會讓他們養成做任何事都不認真的習慣。

學生的馬虎其實有很多原因，比如性格問題，急性子的學生就愛馬虎；態度問題，對學習不認真就容易馬虎；熟練問題，對知識半生不熟最容易馬虎；理解問題，沒理解到馬虎的危害，等等。總的來說，學生馬虎的原因一般分為以下幾種：

（1）知識本身的因素。

學生在學習中，並非對所有的知識都會出現馬虎現象，而是對那些既相似又不同的知識容易馬虎。如數字「6」與「9」，漢字中的「已」和「己」，等等。

由於知識本身就存在著易於混淆、不好區別的因素，這就給學生的學習造成了一些困難。尤其是低年級的學生，他們通常觀察事物不仔細，往往只注意刺激較強的部分，而忽視較弱的部分。

　　另外，學生對注意的分配能力較差，經常顧此失彼。因此，如果學生本身就不認真，粗枝大葉，假如老師再缺少提示，他們就容易由於馬虎而出現錯誤。

　　（2）學習態度、習慣因素。

　　學生學習馬虎的現象更多的是來自於他們的學習態度，如果學生學習認真，老師教學得法，是能夠避免或減少馬虎現象的。

　　這些學生普遍對學習不感興趣，上課不注意聽講，課後敷衍作業，應付老師的檢查，這就不可避免地出現學習上的失誤。

　　（3）個性特點因素。

　　學生在學習上馬虎，還與他們的個性品質有關。所謂個性品質，指學生的性格、品質、能力、興趣、動機等。從學生的性格和氣質來看，通常特別傾向膽汁質、多血質氣質類型的學生在學習過程中更容易出現馬虎的現象。

　　膽汁質氣質類型的學生情緒興奮性高，發生快，帶有爆發性質。因此，這類學生精力充沛、熱情、直率、積極。但是由於他們性格急躁、粗暴，做事急於求成，所以在學習上就容易出現不細心、馬虎的現象。

　　多血質氣質類型的學生靈活，反應敏捷而外向，但由於情緒體驗得不夠深刻而易變。這種學生活潑好動、熱情、有朝氣，不管是做習題，還是考試，總比別人快。但由於他們情緒的易變性，這種「快」就表現得很匆忙，因此，也容易出現馬虎的現象。

　　（4）教育教學因素。

　　據調查表明，學生容易馬虎的知識是他們理解不透、記憶不實的一些模糊知識。由於一些老師在教學時比較抽象、枯燥或沒有抓住知識的重點、難

12. 細微入手，細節培養——糾正馬虎學生的教導藝術

點，對易混淆的知識比較不夠，就造成了學生在寫作業和考試時出現馬虎的現象。

比如，如果語文老師在教漢字的時候，不能讓學生理解「形」與「義」之間的聯繫，而讓學生死記硬背，則可能會使學生感知模糊，理解不透，導致記憶不清。

此外，學生在學習上的馬虎還與心理定勢有關，有些老師對學生的馬虎現象缺少應有的重視，平時對學生缺乏引導和嚴格要求，出現馬虎的現象後又不及時訂正和教育，致使學生沒有約束。久而久之，學生便形成了粗枝大葉、不求甚解的馬虎習慣。

夏老師發現，小博試卷分數丟失大部分都是由於馬虎造成的，便將小博請到了辦公室。他沒有責怪小博，而是問了一個問題：「小博，你知道『馬虎』這個詞是怎麼來的嗎？」

「不知道。」小博心不在焉地回答。

「想知道嗎？」夏老師微笑著問。

「嗯，想！」小博好奇地望著夏老師。

「傳說在宋朝，京城開封有一個畫家，此人畫畫很不認真，粗心得很。有一天，他畫老虎，剛畫完一個虎頭，就聽一個人說，請給我畫一匹馬，於是他就在虎頭下畫了個馬身子。那人說：『你畫的是馬還是老虎？』這位畫家說：『管他呢，馬馬虎虎吧。』那位請他畫馬的人生氣地說：『這麼湊合哪行，我不要了。』於是生氣地轉身走了。

「可畫家卻不在意，還把這張畫掛在自己家的牆上了。他的大兒子問：『您畫的是什麼？』他漫不經心地回答：『是老虎。』二兒子問他：『您畫的是什麼？』他卻隨口說：『是馬。』兒子們沒見過真老虎、真馬，於是信以為真，並牢牢地記在腦子裡。

「有一天，大兒子到城外打獵，遇見一匹好馬，誤以為是老虎，上去一箭就把牠射死了，畫家只好給馬的主人賠償損失。他的二兒子在野外碰上了

老虎，可卻以為是馬，迎過去要騎牠，結果被老虎咬死了。畫家痛心極了，痛恨自己辦事不認真，太馬虎，生氣地把那幅虎頭馬身的畫給燒了。為了讓後人吸取教訓，他沉痛地寫了一首詩：『馬虎圖，馬虎圖，似馬又似虎。長子依圖射死了馬，次子依圖餵了虎。草堂焚毀馬虎圖，奉勸諸君莫學吾。』這詩雖然算不上好詩，但這教訓實在是太深刻了，從此，『馬虎』這個詞就流傳開了。」

講完故事，夏老師看了看聽得很認真的小博，問道，「聽完故事，你有什麼感受？」

「沒想到，馬虎竟然這麼可怕！」小博感嘆道。

「是啊，馬虎不僅是一種態度，也是一種習慣，如果不及時糾正不但會影響學業成績，還會在將來的工作中造成不必要的損失。」夏老師見故事對小博有了一定的影響，便順勢說道：「有個孩子從小便有馬虎的壞習慣，後來長大了成為一名建築師。一次，他在計算工地用料時，在磚的數量後面多寫了一個「0」，結果工地的磚多運去9倍，蓋完樓又用汽車往回運。僅這一項就損失了國家財產上萬元。你說馬虎可不可怕？」

「嗯，確實可怕。老師，我以後一定改掉馬虎的毛病。」小博低著頭羞愧地說道。

「好，咱們從現在就開始改，我相信你會做到的。」說著，夏老師拿出了小博剛剛考完的單元試卷，交給小博，讓他把試卷中因馬虎做錯的題目訂正過來，再找出馬虎的原因，並記錄下來。

訂正完錯題後，夏老師讓小博準備一本「記錯本」，隨時把作業和考試中的錯題記在本子上，有時間就拿出來翻一翻。

後來，夏老師又和小博的父母取得了聯繫，讓他們在家裡也要矯正小博馬虎的毛病，不要總是幫孩子檢查作業，應當讓小博學會自己檢查作業，這樣才能讓他認識到馬虎的危害，克服馬虎的毛病。

此外，夏老師透過觀察發現，小博在做練習或考試時，不喜歡用草稿本，不論數字多大都用口算。因此，他便要求小博再準備一個草稿本，寫作業或

方法總比問題多：名師轉變棘手學生的施教藝術

12. 細微入手，細節培養——糾正馬虎學生的教導藝術

考試時先把草稿本放在桌面上，兩位或兩位數以上的四則計算儘量在草稿本上算，不要口算。

在輔導的過程中，夏老師還發現小博的知識掌握得不扎實，對有的概念模稜兩可。他指出了小博的這些缺點，提醒他要重視對基礎知識的學習，要他在平時加強複習和練習，打牢基礎，因為馬虎與不熟練、含混不清也有關係。

一個學期過後，小博基本上改掉了馬虎的毛病，養成了做事認真、仔細的好習慣，每次做完作業或試卷，他都會認真地檢查幾遍。因此學習成績很快就提高了上來，成為班裡的優秀學生。

學習「馬虎、粗心」，是學生中存在的一個普遍現象，常常令老師感到束手無策。更重要的是，這將會給學生今後的學習、生活帶來不必要的麻煩。那麼，老師應如何防止和糾正學生馬虎的毛病呢？

（1）提高教學藝術，加強學生對知識的理解和記憶。

要想使學生對知識理解得深入，對容易混淆的知識正確區別，老師就必須提高教學藝術，這樣自然就會減少或防止馬虎的現象。

比如，有一位語文老師在教學中寫漢字「恭」時，為了使學生對這個字留下深刻的印象，先故意將「恭」字的下面少寫一點，要求學生注意觀察，判斷此字是否有誤，然後再用紅筆在此字下面添上鮮紅的一點。這種色彩對比的運用，形成了強烈的視覺刺激，使學生在首次感知中就獲得準確、生動、鮮明的印象，以後學生遇到了這一類型的字，錯誤就可能避免了。

而對於學生容易混淆和馬虎的知識，老師在指導、訓練、糾正時應注意用對比的方法加以區別。例如，漢字「茶」與「荼」，老師讓學生區別這兩個字時，就應把相同的部分掩蓋起來，把不同的部分突出出來，即容易被學生忽視的多一橫少一橫的那部分突出出來，這樣就便於學生的記憶了。

（2）培養學生認真、嚴謹、細心的學習態度。

學生已形成的學習上馬虎的習慣，只要老師重視起來，並採取正確的教學方法，是能夠克服的。

有位老師為了幫助學生克服學習上不求甚解、馬馬虎虎的習慣，他就刻意列舉大量的事例來教育學生。

比如，給學生講工程師在設計樓房圖紙時，如果在計算數學上點錯了一個小數點，就會給工程帶來很大的影響，甚至給國家帶來重大的經濟損失；做外貿工作的人員，如果對工作馬馬虎虎、疏忽大意，就可能使公司吃虧上當，等等。

這些生動的事例，使學生認識到馬虎的危害，從而使他們自覺地克服了馬虎的習慣。

為了矯正學生馬虎的習慣，老師平時要對學生的學習態度嚴格要求，並要付諸切實可行的措施加以訓練。

（3）老師要培養自己嚴謹的治學態度。

「其身正，不令而行；其身不正，雖令不從」。老師要求學生學習不能馬虎時，首先自己應當有嚴謹、認真的治學態度。如果老師要求學生是一個樣，而自己做的又是一個樣——做事馬馬虎虎，板書和批改作業丟三落四，那麼學生也不能心悅誠服地接受幫助和教育。

所以，老師應給學生做出榜樣，用自己嚴肅認真的治學態度來影響學生，使他們受到榜樣的影響。

（4）揚長避短。

當學生對新鮮事物產生新奇感，有強烈的熱情時；當學生對同學的一些事情表示要予以熱情幫助時……老師要及時對他們進行正確引導，提示他們如何才能把事情細膩入微地做好，如果馬虎會造成什麼損失。

這樣做的目的在於使學生養成在做任何事時，都認真細心，思考在前的好習慣。

（5）教育學生事事都要有計劃性。

老師可以利用晨會、週會或個別教育的時間，教育學生不管做什麼事，都應有一個周密的計劃，先做什麼、後做什麼、事前要做哪些準備、如何開始等。也可以教會學生在做事之前在一小紙條上，寫上自己要用的物品及時間安排。

（6）放手讓學生獨立。

經過幫助和引導後，應讓學生獨立完成某一件事。儘管在這中間學生可能會碰到這樣那樣的困難，但對於學生來說，自己的教訓是最好的教訓，自己親身體驗的經驗是最好的經驗。

對馬虎學生的教育策略要點

馬虎在學生中是一種很常見的現象，有很多學生對此都不太重視。他們覺得這並非什麼大問題，只要下次認真一點就是了。但我們知道，當馬虎成為了一種習慣時，每次做事都會不自覺地丟三落四，而這對於學生來說是極為不利的。因此，老師應該想辦法改變學生的這一不良習慣。

而學生馬虎的原因是多種多樣的，老師在對他們進行教育時，不能「一刀切」，而應該針對不同的情況，用不同的方法去教育學生。只有這樣，才能稱之為「因生施教」。

那麼，老師在對馬虎的學生進行教育時，都有哪些策略要點呢？

（1）針對因學習態度有問題而馬虎的學生。

這類學生在課堂上往往是遇事、遇問題不假思索，還沒有把問題徹底弄清楚就搶著回答，結果很容易出錯；或者是老師剛一發下作業，他們就會匆匆忙忙地趕著做，要搶先把作業第一個交上去，這樣做的目的，無非就是想得到老師的表揚。

對這類學生，老師必須謹慎對待，既不能打擊他們學習的積極性，還要端正他們的學習態度，明確學習目的。

（2）針對因注意力不集中而馬虎的學生。

對於注意力不夠集中，做事總是丟三落四的學生，老師可以採取一些專項的訓練，比如，要求學生從小事做起，把自己的物品擺放整齊，做一些卡通拼圖練習、繪畫練習，等等。

如果學生能在日常生活中從小事做起，認認真真地對待每一件事，力爭把每一件事情都做好，那麼堅持一段時間，他們遇事急躁、丟三落四的毛病就能得到很大的改善。

(3) 針對因自身性格急躁而馬虎的學生。

對於急性子的學生，老師要對他們嚴格要求。凡是他們寫錯的題或是書寫不認真的字跡，都要堅決讓他們重寫甚至要他們寫出錯誤的原因所在。

而且在做題之前，老師還要反覆強調讓他們審題，讓他們三思而後行，要求他們做完題後要進行檢查、驗算。

另外，還可以讓這些學生對別人的作業挑錯，提高他們糾錯的能力，這樣也能逐漸提高他們的注意力。

馬虎的實質就是對細節上的不關注。而作為一種習慣，它不是獨立存在的，所以一定要讓學生在學習和生活中養成良好的習慣。

葉聖陶先生曾說過：「教育就是培養習慣。」只要我們每位老師遇事動動腦，勤思考，就一定能有效地遏制馬虎，培養學生一絲不苟的學習習慣。

13. 真心關愛，使其敞開心靈——糾正過於內向學生的教導藝術

13. 真心關愛，使其敞開心靈——糾正過於內向學生的教導藝術

▋內向學生的個性特點

　　內向的學生一般比較沉默寡言，不愛說話，在課堂上很少舉手發言；他們喜歡單獨活動、興趣單一、不願意表現自己、常對集體的事採取「事不關己，高高掛起」的態度，以「觀望者」的身分置身於集體之外；除了親密的朋友之外，內向的學生不易與他人隨便接觸，對於新事物或陌生人，經常採取拒絕的態度；遇到不順心的事情時，比較容易顯示不愉快的心情；他們待人含蓄、沉思、嚴肅、敏感，喜好幻想，但缺乏自信；情緒活動比較穩定，喜歡有秩序的生活。

　　陳滿茂是一位英語教師，透過多年的教學經驗，她掌握了一套自己獨特的教育內向學生的方法。

　　有一年，陳老師接手的是一年級新生，為了讓大家互相有個了解，她決定讓學生站到講臺上進行自我介紹。內容很簡單，無非是「大家好，我叫某某，希望以後能和大家成為好朋友」之類的話。

　　前面幾位同學站到講臺上落落大方地進行了自我介紹，贏得了一陣陣掌聲，可是當輪到新月同學時，她滿臉通紅，半天沒有站起來。

　　「新月，該你了。」陳老師提醒道。

　　但新月只是低著頭，沒有任何回應。於是，陳老師走到新月的身邊，扶著她的肩膀，溫和地說道：「新月，別害怕，你看其他同學說得多好，你不想贏得掌聲，和大家做朋友嗎？」但這下新月把頭垂得更低了，根本沒有站起來的意思。

13. 真心關愛，使其敞開心靈——糾正過於內向學生的教導藝術

沒想到這個同學竟然如此內向，唉，看來要冷場了，陳老師心想。但為了不讓新月難堪，她笑著對大家說：「同學們，新月可能是有點不好意思，咱們等她一會兒，先讓其他同學做自我介紹好嗎？」

「好！」同學們大聲地喊著。於是自我介紹又接著往下進行，可直到下課新月也沒有站起來進行自我介紹。

又是一堂英語課來臨，課堂上，陳老師提問了一個很簡單的問題，很多同學都大膽地舉起了手。

她望了全班同學一眼，看到新月把頭垂得低低的，好像很怕叫到自己似的。為了改變她的內向性格，讓她更快地融入到群體中來，雖然明知道她不願意回答問題，陳老師仍是把這個「難題」扔給了新月，「新月，你來回答一下好嗎？」

聽到叫自己的名字，新月明顯地震顫了一下，她慢吞吞地站了起來，只見她嘴動了動，卻聽不到一點聲音。

「新月，大聲點，不要害怕，回答錯了沒關係。」陳老師鼓勵道。但她的聲音仍然小得讓人無法聽到。

陳老師乾脆走到她的身邊，這次雖然聽到了她的聲音，但卻像蚊子哼哼，如果閉上眼睛，根本不會想到這聲音發自新月的口中。陳老師很無奈，只好讓她坐下了。

課後，陳老師開始悄悄觀察新月的活動，結果發現她在課後也特別不合群，下課後總是坐在自己的座位上，也不和其他的同學一起玩，有的同學去找她，她也不理。

新月怎麼會如此內向？長此下去，不但成績無法提高，而且對她的成長也會不好，長大了如何能適應社會的需求呢？該怎樣去引導她呢？陳老師開始苦苦思索。

從新月的表現可以看出她是一個極其內向的學生，不喜歡和他人交往，害怕在眾人面前展示自己，怕被別人關注，總是待在自己的小世界裡。要想打開新月心靈的窗口，必須找到造成這種性格的原因。

所以，在思考了幾天後，陳老師決定進行家訪。她首先和新月的媽媽取得了聯繫。經過了解，她發現新月在家裡就不愛說話，不敢主動去做事情。

新月的媽媽告訴她，他們也有意培養孩子膽大一些，讓新月去做一些力所能及的事情，但新月卻總不願意去做。有一次，新月想要一個新鋼筆，媽媽給她錢，讓她自己去買，她卻偏要媽媽去，媽媽不去，她竟然寧可不用也不去。

和新月的媽媽交談後，陳老師還發現新月的父母平時上班都很忙，新月從小就是被爺爺、奶奶在家裡帶大的。爺爺、奶奶認為在外面玩耍不安全，總是把新月留在家裡玩，不讓她和社區內的小朋友接觸，也不讓小朋友到家裡來，怕把家裡弄髒了，新月想做什麼事情，爺爺、奶奶就幫她做了，就是出門也是爺爺、奶奶陪伴左右。

而新月的父母上班忙，下班很累了，也疏於和她交流，不了解她的內心世界，別人見她的家長不讓她和其他人在一起玩，也不主動來找她。久而久之，她的朋友越來越少，就養成不愛說話，見人就害怕，做什麼事情都不自信的內向性格。

其實，學生的性格並非完全是天生的，有很大一部分是後天形成的，新月就是這樣的。家庭環境、父母性格、教育方式和人際關係都會對學生產生潛移默化的影響。

如果老師發現有些學生性格過於內向，應當想辦法及時予以調整。因為學生在高中以前的可塑性很強，世界觀、價值觀都還沒有完全形成，年齡越小就越容易調整過來。否則，年齡越大，調整也會越困難。

那麼，學生內向的性格是由什麼原因造成的呢？

（1）由於自我意識敏感而產生對人的「緊張症」、「恐懼症」。

13. 真心關愛，使其敞開心靈——糾正過於內向學生的教導藝術

如有的中學生與異性接觸時，過分強烈地意識到對方是異性，造成情緒緊張過度，陷入尷尬局面。

（2）家庭背景往往是造成內向性格的主要因素。

性格內向學生的父母常屬於較為冷漠的人，他們深信如果要使孩子有高度的服從性，身為父母必須與子女保持一定的距離。

一位內向性格的學生說：「小時候，爸媽從來不鼓勵我的好奇心，他們對我的問題不是嗤之以鼻，就是叫我少管閒事，做好分內的事。」家長不鼓勵子女去結交朋友，或參加任何課餘活動，他們認為這類活動會使兒女「分心」，對正常的學習失去興趣，所以在踏入社會之前，學生的生活圈子只限於學校及家裡。

在缺乏與人溝通的環境裡成長的學生，對於一般社交技巧可以說是一無所知的，當他無意之中得罪了一些人，而這些人對他所表現出來的反感，就促使他從此不敢再嘗試與別人溝通，完全退縮到自己的個人世界。

（3）與經歷有關。

性格是人在生活實踐中，在同環境的相互作用中形成的。人的生活環境，具體地講，就是人的家庭、學校、工作等，人與環境關係發展的過程便是經歷，經歷也是性格形成的條件。

明白了新月性格的形成原因，陳老師就知道下一步該怎麼辦了。

（1）性格協調。

為了讓新月的性格能逐漸改變，陳老師想了一個辦法，那就是給她安排一位性格外向的同桌，課上、課下幫助她，和她一起學習，一起玩耍，讓同桌的外向性格去影響她。

課堂上，陳老師讓同桌主動和新月討論學習的內容，當她遇到什麼難題時，同桌也很熱心地主動幫助她。

下課後，同桌主動找她說話，還邀她一起去操場上玩，不去也非得拽上不可。一開始，兩個人只是玩一些踢毽子、跳繩的遊戲，玩過一段時間之後，

同桌見她不再害怕和人交往，就把她拉到自己的朋友圈子裡，給她介紹更多的朋友，有男生，也有女生。

不僅如此，放學回家後，陳老師還安排和新月同住一個社區的同學和新月一起寫作業、一起玩。

此外，陳老師還與新月的家長溝通，讓家長也大膽放手，鼓勵新月主動去和別人交朋友，還可以把同學邀請到家裡來做客，讓新月在交朋友、和朋友一起玩的過程中找到快樂。

（2）鼓勵表揚。

性格內向的學生都比較膽小，不善於表達自己，因此很多老師會忽略他們的一些想法。因而他們會覺得自己在老師的心目中一點也不重要。時間久了，他們就會變得特別不自信，做什麼事情都需要別人在旁邊指揮，找不到做事情的快樂。

新月就是如此，陳老師透過觀察，發現一個問題：上課時老師提的問題特別簡單，一些基礎比新月還差的同學都知道該怎麼做，把手高高地舉了起來，可新月就是不願舉手，甚至有一次，全班只有她一個人沒有舉手，是她不會嗎？

顯然不是，因為這個問題太簡單了，對於她來說絕對不是難題。陳老師想，應該就這個問題和她好好談談了。

有一天放學後，陳老師把新月請到自己的辦公室，並請她坐下，拉著她的手笑著說：「新月，今天老師提的問題簡單，你看，比你差的同學都舉手了，老師相信你一定會，可是你為什麼不舉手呢？」

她半天沒有吭聲。

陳老師又摸著她的頭，笑著說：「新月，你很聰明，也很漂亮，可老師總發現你上課時不願意舉手回答問題，能告訴老師為什麼嗎？老師現在就是你的媽媽了，有什麼話不能給媽媽講講呢？」

新月聽了，半天才紅著臉說：「我不敢，我害怕說錯了！」

13. 真心關愛，使其敞開心靈——糾正過於內向學生的教導藝術

「是嗎？可是這個問題那麼簡單呀，怎麼會說錯呢？再說，即使說錯了又怎麼樣呢？」

「我以前就不愛舉手回答問題。」新月小聲說。

「新月，你放心，老師不會因為你回答錯了而批評你的，老師喜歡那些上課積極思考的學生，即使答錯了，老師也喜歡。來，讓老師看看新月棒不棒，行不行，老師相信你，加油！」和新月談完話後，陳老師又親自把她送出了辦公室。

再上課時，陳老師又提了個問題。她發現新月還是沒有舉手，但她故意把新月叫了起來，讓她來回答。

新月回答得完全正確，但聲音很低。陳老師忙說：「新月說得很好，但聲音太低，同學們想不想再聽一聽新月的答案呀？」說完，陳老師忙向幾個學生使了使眼色，他們馬上明白了老師的意思，非常配合地大聲說：「想！」

「好，我們再聽一聽新月的答案吧，她的答案可是完全正確的喲！」

在陳老師和同學們的鼓勵下，新月提高了聲音，把答案又說了一遍。

當她說完後，那幾個同學又帶頭給她鼓了掌，大聲誇獎道：「新月你真棒！」

新月不好意思地坐下了。

下課後，陳老師又把她請到了辦公室，笑著對她說：「感覺怎麼樣？老師都說你行，你看，你這節表現得不是很好嗎？繼續加油！」然後又豎起大拇指說：「棒！棒！棒！新月你真棒！」

這一次新月更不好意思了，但從那以後，她上課時回答問題的次數越來越多，聲音也越來越高。而在課後，新月有時還主動幫助老師發作業，幫助同學們值日呢！

後來，陳老師只要發現新月有一點點的進步時，都會當著全班同學的面對她大加讚揚。而且陳老師還讓新月的家長也採用這樣的方法。

經過一段時間的表揚與鼓勵，新月後來做事越來越有自信，成績越來越好，笑容也越來越燦爛。

而在陳老師的班裡，曾經還有一個名叫小翔的男生，他在班上總是沉默不語，一副落落寡合的樣子。

在不動聲色的細心觀察中，陳老師發現他有時竟一個人偷偷哭泣。經過了解陳老師才知道，原來小翔是因為父母離異而背上了沉重的心理包袱。於是陳老師便常常找他談心交流，鼓勵他勇敢地面對現實。

在一個秋高氣爽的下午，陳老師帶著學生沿著河堤向廣場走去，她有意識地安排性格開朗的同學與小翔走在一起，一路上說說笑笑，享受著戶外的陽光。來到廣場後，同學們又進行了英語對話和隨意編排的「小品」表演……

在陳老師不露痕跡的巧妙組織下，小翔不知不覺地融入了同學們的快樂中。從心裡流露出的笑容，竟讓他像變了一個人似的。

從那以後，陳老師發現小翔變得大方了，開朗了，活躍了，學習成績也由過去的三十多名上升到班上的前十名。

最近，在班上組織的「每日英語報導」活動中，一篇英語短文竟然從小翔的口中脫口而出。太意外了！小翔的出色「表演」著實讓同學們目瞪口呆，當同學們反應過來後，紛紛報以熱烈的掌聲。

在班群體中，內向型的學生往往不喜歡表現自己，常對群體的事採用「事不關己，高高掛起」的方式，以「觀望者」的身分加入群體。有一些老師有這樣的感覺：這一類「中間沉默層」缺乏關心群體的觀念，其實，這是對內向型學生錯誤的評價。

假如老師多走進這群學生的內心世界，就會發現他們同樣需要在群體中得到別人的關愛和注意，同樣潛伏著自我表現的慾望和實現自我價值的精神追求，也同樣具有一顆為群體服務的熱心。

只不過這種慾望和需求被老師漠視或被自卑壓抑了、掩蓋了，以致顯出對群體漠不關心的表象。但是，這種慾望和需求是一股積壓的溶漿，若老師

13. 真心關愛，使其敞開心靈——糾正過於內向學生的教導藝術

循循善誘，多給學生機會，讓這股積壓的溶漿噴出來，這些學生產生的能量完全可推動班群體朝著更高處發展。

而良好的班群體又會給這些學生以強有力的影響，學生和群體也就在良性互動中不斷得以提升和發展。

因此，老師可透過一些行之有效的手段，充分挖掘內向型學生關心熱愛群體的主觀能動性，讓這部分學生在成為自己的主人的同時也成為群體的主人。

（1）多提供一些機會，發揮內向型學生的才能。

內向型的學生往往有著較豐富的知識，較細膩的情感，較深刻的內心世界。作為老師，要獨具慧眼，仔細觀察，一旦發現他們具有某一方面的特長，便創造條件，給他們提供表現的舞臺，讓內向型學生的潛在才能得到充分發揮，使他們消除自卑感，樹立自信心，激發進取心。

（2）多運用一些激勵，調動內向型學生的積極性。

激勵是一種有效的教育手段，它像興奮劑一樣，能激發學生的內在動機，增強他們的勇氣和力量。內向型的學生由於不善表現自己，往往對自己認識不足，形成自卑心理。

老師尤其要注意這些內向型的學生，要透過有效的激勵手段引導他們正確認識自己，增強進取心。當他們取得哪怕是一點微小的成績時，老師都要及時予以肯定和表揚，讓他們在激勵中獲得成功的喜悅，他們就會向積極方向發展，從而不至於游離於群體之外。

（3）多增設一些崗位，培養內向型學生的責任感。

內向型的學生往往缺乏責任感，針對他們對集體的事情漠不關心的現象，可讓他們做些實際工作，承擔一份職責，既能把他們的內在潛力挖掘出來，又能培養他們的責任感。

美國管理學家杜拉克認為:「工作是一個人的擴展,它是一個人用來確定自己、衡量自我價值的一種方法。」當內向的學生從「崗位服務」中看到了自身的價值,他們各方面的表現也就會積極了。

(4) 多組織一些活動,強化內向型學生的主人翁意識。

團體活動易創設一種健康向上的積極氛圍,在團體活動中,學生可以直接感受到群體的存在,感受到群體榮譽的重要,從而在情感上與群體融為一體,努力做群體中的一分子。

在良好的群體氛圍中,他們會無拘無束地敞開心扉,不知不覺地融入到群體的暖流中,他們能在不同的團體活動中找到自身的潛力和價值,每個人的能力也都能在團體活動中得以充分發揮。

對內向學生的教育策略要點

當提起性格內向的學生時,老師往往會覺得他們只是不愛說話、不愛出風頭、不愛表現自己而已。但從嚴格意義上講,性格過於內向者是不能適應當今日益社會化的學習和生活環境的。因此,老師應該對性格內向的學生刻意加以引導,使他們擁有一個健康的心態,積極與人交往,順利完成學業。

那麼,老師在對性格內向的學生進行教育時,有什麼策略要點呢?

(1) 對天生性格內向的學生。

有些學生性格內向是天生的,這類學生往往自我認識不足,嚴重缺乏自信心,在班級中處處膽怯畏縮,有嚴重的「無過便是德」的思想,他們生怕自己關心群體的行為受到別人的嘲笑。

對於這類學生,老師應開闢與學生溝通的渠道,為他們創造表達思想情感的機會和與老師溝通交流的條件。

比如,老師可多與他們進行個別交談,主動走進他們的內心世界,以真誠的態度、親切的話語達到心與心的交流,情與情的相融;或設立小信箱,透過書信或便條架起與內向型學生溝通的橋梁,指導和幫助他們消除心理障

礙，讓他們增強自我的價值感，產生自信心，意識到自己也是群體中的重要一分子，也應該為群體盡一份力，從而在群體中找到自己的位置。

此外，老師還可以透過增設一些崗位的方法，培養內向學生的責任感。如增設「當日班長」、「紀律巡查員」、「環境小尖兵」等。內向型的學生一旦從「崗位服務」中看到自身的價值，就會表現得越來越積極。

（2）對因家庭原因造成性格內向的學生。

有些學生是因為家庭的原因造成的內向性格，如父母離異、家庭貧困或缺少父母關愛等因素都會影響學生的性格。

對於這類學生，老師首先要給予關心和關愛，用愛去溫暖他們孤獨的心，從而走進他們的內心世界，了解他們內向、不愛說話的原因。然後再從家庭入手，改善學生與其父母的親子關係，促使其父母加強與孩子的交流，主動關心孩子，了解孩子的處事、交往以及人格特徵。

只有老師與學生家長相互配合，才能真正改善這類學生的內向性格，讓他們真正快樂起來，走進班群體。

（3）對因自卑而內向的學生。

有些學生性格內向是因為學習成績差而產生自卑心理。對於這樣的學生，老師在課堂上要多給他們機會，先讓他們回答一些簡單的問題，回答對了帶頭鼓掌，回答錯了也不要責備，而應多給予鼓勵。這種獨特的激勵評價會成為他們前進的動力。

總之，對於內向型的學生，老師要多關愛、多幫助，多為他們創造條件，使每個內向型的學生都滿懷希望。

誰擁有了自信，誰就成功了一半。為了學生的將來，請每位老師都以積極的心態來對待性格內向的學生吧！請每位老師都把肯定與鼓勵慷慨大方地送給這些內向的學生，讓他們健康活潑地成長！

14. 以情「攻心」，事半功倍——糾正脾氣暴躁學生的教導藝術

▌脾氣暴躁學生的個性特點

　　脾氣暴躁的學生比較容易衝動，他們在遇到問題時，往往不夠冷靜、沉不住氣，做出讓常人無法理解的舉動。

　　這類學生很容易被激怒，聽到一句不順耳的話就會火冒三丈，唇槍舌劍加以還擊，甚至拳腳相加；受到一點刺激便大發雷霆，大聲怒吼斥責別人，臉漲得通紅。當他們發脾氣時，對老師的批評常常不服氣，有時還會和老師大吼大叫。

　　李庚南，數學老師，其在幾十年的教學生涯中，遇到過各種脾氣暴躁、衝動型的學生。對這類學生進行教育時，李老師認為不能簡單粗暴地批評或是懲罰，而是要用心溝通，給學生說話的機會，找到原因，才能針對實際情況，採取相應措施慢慢化解學生的暴躁性格。

　　有一年，李老師所在的班級轉來一位新生，名叫小軍。他長得非常可愛，一雙大而明亮的眼睛閃爍著智慧的光芒，小臉白白淨淨的，常常面帶微笑，每次見到老師都用清脆而響亮的聲音打招呼。

　　小軍不但長相討人喜歡，在學習上的表現也讓老師很滿意。他上課發言積極，課外知識豐富，愛提創新性問題。為此，李老師總是不吝鼓勵與掌聲。但時間不長，發生了幾件事情，讓李老師推翻了自己以前的想法，對小軍有了進一步的認識。

　　有一次，上課鈴響了，同學們迅速走進教室，奔向自己的位置。就在這時，小軍的同學小建，不小心把小軍的鉛筆盒碰掉了。但小建既沒有道歉，也沒有幫小軍撿起來，而是一屁股坐回了自己的座位。

　　小軍很生氣，衝小建喊道：「喂，你把我的鉛筆盒碰掉了！」

14. 以情「攻心」，事半功倍——糾正脾氣暴躁學生的教導藝術

「又不是故意的，你撿起來不就得了嗎？」小建滿不在乎地回答。

「我讓你撿起來！」

「我不撿！」

「你撿不撿？」

「我不撿！」

就這樣，他倆激烈的爭吵起來。突然，小軍把小建的桌子使勁一掀，就聽「轟隆」一聲，桌子倒在地上，課本撒滿了一地。只見小軍的小臉漲得通紅，眉頭深鎖，雙拳緊握，眼裡含著淚珠。

李老師看到這種情況，就走過去輕輕地拍了拍他的肩，但仍無法穩定小軍的情緒，小軍坐在位置上瑟瑟地發著抖。

還有一次語文課上，因為被老師批評了幾句，小軍很不服氣，坐在位子上大發牢騷，再次表現出氣憤萬分的樣子，兩眼敵對地怒視著老師，緊緊地握著拳頭，似乎在盡力克制，一副差點就要衝上前揍老師的樣子，嘴裡還不停地說著「我沒錯」。

透過這兩件小事，李老師發現小軍是個脾氣暴躁的學生，為一點小事就衝動發火。

掀桌子、握拳頭、和老師頂嘴……小軍確實是一個脾氣暴躁的學生，他很容易被一點小事點燃怒火。李老師透過分析找到了小軍脾氣暴躁的原因：

（1）生理、心理原因。

處於發育期的學生，經常會表現出缺乏耐性、脾氣暴躁、以自我為中心的過激行為。專家認為，處於這一階段的學生，大腦前額葉皮層的發育也正處於大量神經連接的「改造」中，而心理反應也受變化的影響，情緒變化激烈，自控能力差，容易受到挫折。

（2）家庭原因。

因為小軍是家裡孫子輩中唯一的男孩，所以從小備受家人寵愛，事事隨性。他5歲時父母離異後，就判由父親撫養，由於爺爺奶奶也離異，小軍就一直跟著奶奶生活，父親總是忙於工作，很少和他交流，母親則週期性地來看他。由於長時間缺乏家長的管教，小軍從小就養成了任性妄為的性格。

（3）成績原因。

雖然小軍頭腦聰慧，但學習習慣很差，總是拖欠作業，是同學們眼中的壞學生，而由於他本人心高氣傲，就伴隨著自卑感產生了強烈的挫折感。

以上原因加在一起就造成了小軍暴躁易怒的性格。

有些老師認為，像小軍這種脾氣暴躁的學生會隨著年齡的增長而不斷提高控制感情的能力，但事實上，由於一些原因，很多學生不但不能提高控制感情的能力，反而脾氣會越來越暴躁。

那麼，是什麼原因讓這些學生的脾氣越來越暴躁呢？

（1）家人的溺愛。

父親、母親或爺爺、奶奶過於疼愛孩子，總怕孩子受委屈，為了博取孩子的歡心，對他們有求必應，而從不考慮這種要求是否適當。這樣就逐漸使孩子滋生了一種以自我為中心的意識。

以自我為中心的孩子，無論做什麼事，都是以自己的意志為轉移，隨心所欲，為所欲為。有時，父母覺得孩子的要求過於無理，本不想答應，但孩子一發脾氣，父母就立刻給予滿足。這是一種最糟糕的做法，因為孩子從這樣的事情中知道，發脾氣是滿足願望和要求的最有效的手段，於是就變得更容易發脾氣了，造成了惡性循環。

（2）家庭教育缺乏一貫性和一致性。

今天禁止的事，明天便鼓勵去做；父親認為是好事，母親說是壞事；爺爺同意的事情，奶奶偏要阻攔。這就是家庭教育缺乏一貫性和一致性，這會增加孩子的受挫感，從而導致煩躁和暴躁。

（3）父母對孩子的要求過於嚴格。

14. 以情「攻心」，事半功倍——糾正脾氣暴躁學生的教導藝術

孩子稍有過錯或沒有按要求去做，或做得不好，父母就嚴加訓斥甚至把孩子狠狠地揍一頓。這種做法會造成兩種不良後果：其一，使孩子感到不滿和壓抑，這種不滿和壓抑會在以後的某種場合中表現出來；其二，父母的舉動，為孩子提供了一個效仿的榜樣，一旦遇到類似情境，他們也會表現出同樣的暴躁和攻擊性行為。

此外，疾病與生理條件也是引發學生壞脾氣的原因之一。神經衰弱的學生特別容易興奮、發脾氣，處於疾病和疲勞狀態中的學生也常常有煩躁不安、易發火的表現。

有些老師認為，學生脾氣暴躁是天生的，只是一種性格而已，沒什麼大不了。其實，脾氣過於暴躁是一種心理不健康的表現，如果不及時矯正，會影響學生的健康成長。因此，針對小軍的實際情況，李老師採取了以下的矯正方法：

（1）學校、家庭聯手教育，師生緊密合作。

教育家蘇霍姆林斯基曾說：「據我看來，沒有比母親和父親如何教育兒童更為重要的任務了。」因此，為了對小軍有一個更全面的了解，李老師多次進行家訪，跟小軍的父母促膝談心，建議他的父母和孩子多交流溝通，以心換心，了解他的精神需求；不要只關注孩子的成績，更要注意控制他的情緒；要教孩子分清是非，偏袒孩子也是對孩子的一種傷害。

而在班上，李老師針對小軍對自然科學感興趣的特點，請三位有同樣愛好的同學與他組成四人小組，一起學習，一起生活，共同分享快樂，同時也培養他的自制力。漸漸地，他能與同學們和平相處了。

（2）巧用激勵讚賞，加深情感體驗。

李老師利用小軍上課積極發言且很有質量的優點，適時地對他進行表揚；課餘時間，還注意觀察他的言行舉止。

有一次英語課上，小軍的橡皮擦被鄰座的同學用筆在上面亂寫了一通，但那個同學又死不承認。於是，小軍火冒三丈，準備動手。

這時，英語老師來了高明的一招，「小軍，聽說你最近進步很大，懂事了，如果真的這樣，你先不與他爭，下課找老師看看應該怎麼辦。」

就這樣，一場「戰火」平息了。

課間，李老師找到了小軍，拍著他的肩說：「看來我們的小軍真的長大了，你學會了克制自己，老師真替你高興。」

聽到老師的表揚，小軍笑了，臉上洋溢著春風。

（3）呵護學生的信心，創設成功的機會。

李老師了解到小軍是個自尊心很強的學生，有著遠大的志向，他要求上進但又有惰性，數學基礎欠佳。於是李老師就和他一起制定提高數學成績的計劃，並引導他一步步實施。

此外，在學校舉辦合唱比賽期間，李老師又鼓勵他當主持人，給他鍛鍊的機會。經過一段時間的努力，小軍的自信心越來越高。

漸漸地，小軍變了，他從一個暴躁、自負的孩子，成長為遇事動腦、冷靜思考，與同學們快樂合作、和諧共處、深受同學們歡迎的人，而學習成績也有了極大的提高。

當學生暴躁發脾氣時，老師一定要有一個良好的處理態度，不能採用急躁、說教的方式，要給學生留有表達空間。

在某校，有一個叫大偉的學生，人高馬大、脾氣火爆，經常和老師對著幹。

一次，一個老師發現大偉的桌子被白色修正液弄得亂七八糟，就問他：「是你畫的嗎？」沒想到這一問竟問出「火」來了。

大偉像點著的爆竹一樣，立刻蹦起來：「不是！你憑什麼說是我畫的？」

於是，老師就把他叫到了辦公室。可大偉一進屋就拍著桌子嚷：「你調查了嗎？你看見了嗎？」

14. 以情「攻心」，事半功倍——糾正脾氣暴躁學生的教導藝術

老師被大偉氣得直發抖，當時就想發作，但腦子裡又蹦出一個聲音告訴他：冷靜，別衝動！

因此，老師站在一旁，看著大偉發洩。等大偉發洩夠了，老師搬來了一把椅子請他坐下，還給他倒了杯水，這才問道：「今天火氣這麼大，是不是有什麼不順心的事？」

老師的問話，讓大偉有些意外，一時竟不知該怎麼回答。停了一會兒，他嘟囔著，「我承認是我畫的，但也有別人畫的，我畫的我擦了還不行嗎？」

就這樣，這次的「風暴」化解了。

後來有一次，大偉生病了，這位老師就去看他。讓老師意外的是，原來大偉的父母從早到晚擺攤子賺錢，沒有時間照顧大偉，大偉每天自己洗衣服做飯，這在同齡人中很少見。

老師不由得誇讚道：「沒想到你能把自己照顧得這麼好，會做這麼多家務事，真了不起！」聽老師這麼說，大偉不好意思地笑了。

老師坦誠說明自己是為他不寫作業的事來的，大偉顯得有些不安，但並沒有發火。老師接著說道：「我知道你很要強，不甘心落在別人後面，也願意交作業，但又做不到，能告訴老師這是為什麼嗎？」

大偉沉默了一會兒，說：「因為我笨。」

「是什麼使你覺得自己笨呢？」

「以前的老師說的，因為我讀課文讀不好。」說這話時，大偉的臉上掛著委屈。

「這一定讓你很傷心，其實你心裡並不承認自己笨，是嗎？」老師用平和的口氣接著問。

大偉的嘴角有點抽動，眼圈發紅，說：「是。」接著他向老師講述了造成他傷痛的那段往事。

後來，這位老師經常找大偉交流，大偉每次都給他講述以前的傷心事。隨著時間的推移，大偉開始變了，變得遇事冷靜，人也隨和了很多。後來再與同學們發生衝突時，他竟能做到打不還手，罵不還口。

大偉的變化，說明在學生出現暴躁情緒時，老師要學會傾聽，以使他們安靜下來，講述他們的煩惱和疑惑。當學生把心裡話說出來，負面情緒就宣洩掉了。學生脾氣暴躁並非都是天生的，很多都是有特定原因的，老師要先了解原因，再找出解決辦法。

如果學生發火，老師一怒之下也大發雷霆，採用一些暴力手段來懲罰學生，這樣不但不會改變學生的暴躁性格，而且還會產生很嚴重的後果。

那麼，老師具體應該怎樣面對脾氣火爆、衝動的學生呢？一方面，要使他們懂得暴躁的危害及其形成的原因，使他們了解這種不良的個性品質是可以透過教育和自我教育得到改變的；另一方面，要教育學生學會控制自己的情緒，儘量迴避容易引起自己憤怒的情境，學會容忍，學會寬容。具體方法如下：

（1）教學生自我控制情緒。

其實過激情緒的產生很正常，每個人都有火氣，但是要看如何控制自己的情緒。老師可以給暴躁的學生介紹幾種方法，幫助他們控制自己的情緒。

比如，可以採取「躲避」、「轉移」、「釋放」的方法。當自己的暴躁憤怒要發作時，可以用演奏樂器、看電視、聽音樂的辦法，把自己的注意力從憤怒中引開。如果暫時無法平靜，可以把手放在口袋裡，避免用武力來發洩自己的情緒。

還可以採取釋放的方法，把自己的怨氣找人傾訴，如同學、老師、家長，甚至可以關上門大喊大叫，不讓這種情緒積壓在心裡，這些方法都可以試一試，一種不行，就換另一種。

（2）教學生自我調節。

14. 以情「攻心」，事半功倍——糾正脾氣暴躁學生的教導藝術

控制情緒只是應付壞情緒來時的方法，但是要真正改變學生的暴躁性格，還要從理智上防止、克服暴躁易怒的不良情緒。老師首先要讓學生明白，為了區區的小事發脾氣、怒罵打人是不尊重他人的表現，發怒不能解決問題，反而還會造成不良的後果。

但是光靠說，學生未必能懂，老師可以在心理輔導課上以「當我要發火時怎麼辦」為主題，展開討論，借助同學們的討論帶給脾氣暴躁的學生一些啟示。

(3) 多表揚，引發良好行為。

雖然這類學生脾氣暴躁，但是不是他們身上其他方面都不好呢？

當然不是。每個學生都有自己的優點、長處，老師要善於挖掘他們的「亮點」，把握教育時機，只要看到他們的優點，就可以適度地表揚、鼓勵，學生就會產生上進心。

美國前總統林肯曾說：「每一個人都喜歡別人的讚美。」因此，老師可以對脾氣暴躁的學生進行細心地觀察，對於他們的點滴進步和微小的成績都要及時、熱情地給予表揚、鼓勵，使他們產生一種愉悅感。

(4) 尊重學生的興趣，創設機會，讓學生在喜愛的活動中受到陶冶。

脾氣暴躁的學生往往精力旺盛，老師可以多創設機會讓他們參加自己喜愛的活動，還可以和他們一起制定一些鍛鍊計劃等。

(5) 運用「角色換位法」建立良好的人際關係。

當脾氣暴躁的學生和別人發生矛盾後，老師可以引導他們換位思考，設身處地、將心比心地為他人著想，體驗自己魯莽給別人帶來的痛苦。

(6) 家庭輔導配合。

對這類學生，老師可進行家訪。在家訪中，老師首先要求學生的父母在對待孩子的問題上保持一致的觀點，即使對某一問題產生了分歧，有了不同的意見，也不要讓他們察覺到父母在為自己吵架，否則會使孩子無所適從，也會潛移默化地影響他的一言一行。其次，讓學生的父母多給孩子一些尊重

和鼓勵,多看到孩子的亮點,使孩子明白自己該改正的地方和自己做得不好的地方,讓他們明確努力的方向。

(7) 寬容對待。

衝動型的學生在發脾氣時是不顧一切的,他們經常有意或無意地違反紀律,頂撞老師。而面對學生的頂撞,老師難免發火,一旦控制不住自己,與之發生衝突,就會弄巧成拙,一片愛生之心付之東流,教育效果只會事倍功半。

所以,對於這類學生,老師應以寬容、忍讓的態度來對待。蘇霍姆林斯基說過:「有時寬容引起的道德震撼比懲罰更強烈。」

寬容絕不是不講原則的包庇和遷就,也不是姑息、放縱,而是老師用心靈去感化、教育學生的一種有效方式。學生畢竟年齡小,心理不成熟,正處於接受教育的階段,沒有必要也不可能用成人的標準去要求他們。

正因為學生還不成熟,所以才需要老師用寬廣的胸懷、無限的愛心去循循善誘、百教不厭地教育他們。

總之,對於脾氣暴躁的學生需要老師用一顆愛心去寬容他們,用一顆恆心鍥而不捨地抓住每一件小事對他們進行教育。

對脾氣暴躁學生的教育策略要點

《孫子兵法》有一策略:「攻城為下,攻心為上」。其實,這一策略也是對學生進行心理健康教育的核心思想。教育脾氣暴躁型的學生,只可智取,不能硬攻。

這就要求老師首先要了解學生的心理。不了解學生的心理,如何去攻呢?

所以老師要研究學生,要摸清學生的真實想法,知己知彼,百戰百勝。

其次,要把握學生的心理變化。這類學生的心靈是敏感而脆弱的,同時,也十分多變,在行為上表現出不均衡性。學生在成長的過程中,在不同的年

14. 以情「攻心」，事半功倍——糾正脾氣暴躁學生的教導藝術

齡階段有不同的心理特點，影響學生心理狀態的因素也有很多。只有抓準學生的心理變化，才能採取正確的教育方法，教育才能事半功倍。

當學生的暴躁脾氣發作時，老師可視他們有無攻擊行為而定，如行為不過分可不加干預，如有攻擊性行為則應制止，但不必馬上批評，只要求他自控，要求他觀察自己發怒時的表現，這樣往往能使他的憤怒中止。

過後，老師應分析原因，如果是挫折引起的憤怒，應教導學生如何面對挫折；如果是由於壓抑引起的發洩，應儘量促成學生與對立的一方溝通，以消除誤會或改善關係。

學生脾氣暴躁有各種原因，只要老師注意因勢利導，努力透過日常生活中的小事對他們進行個性矯正，耐心細膩地用心溝通，採用情感攻勢，相信學生暴躁的不良傾向是可以逐步得到克服的。

15. 以強代弱，激發其「弱科」的興趣──糾正偏科學生的教導藝術

▌偏科學生的特點

　　偏科，是指學生在學習過程中重視對某些學科（或某一學科）的學習，不重視甚至放棄某些學科（或某一學科）的學習的現象。

　　偏科的學生在學習態度上的表現一般為：對不感興趣的科目，感到厭煩，因此用在上面的時間很少，聽講不好，作業糊弄；而在感興趣的科目上下的工夫則很多，這樣就造成不同科目成績上的巨大差異。還有的學生因為某個科目總是學不好，久而久之就對這個科目產生了恐懼心理和排斥心理，成績變得越來越差。

　　現在有少數學生存在偏科現象，在如何教育偏科學生這個問題上，陳元慶老師很有發言權。

　　一次，陳老師接手高一年級的一個班，這個班有一個名叫小偉的男同學，他身材高大魁梧，很喜歡打籃球，而且打得還不錯。小偉不但籃球打得好，學習也可以，是個非常聰明的學生。他的高中入學考試成績在高一年級中排在第十幾名，其中化學成績九十多分，因此，作為一名化學老師，陳老師很喜歡小偉，上課經常讓他回答問題。

　　然而，讓陳老師意想不到的是，在幾天後的一次化學小測試中，小偉只考了七十多分。這是怎麼回事呢？陳老師感到很疑惑，以他過往的表現，不應該只得這麼一點點分數啊？也許是剛開始不太適應高中的學習生活吧，過一段時間可能就會好了。因此，陳老師並沒有過於深究這次小測試的成績。

　　又過了一段時間，學校進行期中考試，而這次小偉的成績更讓陳老師吃驚，化學成績竟然沒有及格，而數學、物理卻是班裡的第一，其他科目也是中上等水平。他開始仔細觀察小偉的學習情況，結果發現小偉在自習課時很

15. 以強代弱，激發其「弱科」的興趣——糾正偏科學生的教導藝術

少做化學習題，即便是做，也是完成作業而已，而且基本上不與同學溝通，只悶著頭自己做。

看到這些情況，陳老師便把小偉叫到了辦公室，詢問情況：「小偉，這次考試，你其他科目考得都不錯，但唯獨化學沒有及格，這是怎麼回事，你考慮過嗎？」

「老師，我也不知道為什麼，上高中後我的化學成績一直就不好，我也很努力，但成績就是提高不起來，我現在已經失去學好化學的信心了。」小偉低著頭，一副垂頭喪氣的樣子。

「不要灰心，雖然現在你已造成了偏科問題，但只要我們找出其中的原因，並『對症下藥』，相信你這個『瘸腿先生』很快就會『四肢健全』了，你說是嗎？呵呵！」看到小偉如此消沉，陳老師逗趣地說道。

「呵呵……嗯。」小偉被陳老師的話逗樂了，不好意思地撓了撓頭。

從案例中可以看出，雖然小偉初中時化學成績不錯，但上高中後，化學課已成為他的「拖腿」課，他已形成嚴重的偏科問題。

從他的表現看，他不喜歡化學，更不願意積極參與，雖然每次化學作業都能完成，但實際上只是應付老師的檢查，從來沒有認真做過。

他智力正常，甚至相當聰明，化學學得不好完全是非智力因素導致的。在學習中他不能正確對待各門學科的學習關係，把主要精力集中在喜歡的數學和物理上，忽視甚至放棄對化學的學習。久而久之，他的學科成績就出現較大差異，形成「強科」與「弱科」之分。

怎樣讓小偉的化學成績得到提高，使他能夠均衡發展呢？陳老師認為雖然這與他自身因素有關，但並非全部原因，所以一定要徹底了解各種因素，才可以做到因生施教。透過觀察和了解，陳老師找出了三方面的原因：

（1）自身原因。

由於小偉從小受到眾人的誇獎與稱讚，上學以來一直是一帆風順，高中入學考時以高分考入高中，且化學成績也有九十幾分，使他形成了極強的自信。

　　進入高中以後，化學學習對學生的自主能力、合作能力和探究能力要求較高，而他仍堅守初中化學學習的那一套成功經驗，結果是課聽得似懂非懂，題做得不知對錯，分數考得難以接受。

　　而長期以來形成的自信甚至是自負使他不願多與同學們討論，不願多與老師溝通。埋頭苦幹了一個月後，在期中考試中，他的化學再遇「滑鐵盧」，這讓他喪失了學好化學的信心與興趣，轉而到數學、物理中去找尋自信了。

　　(2) 家庭原因。

　　小偉的父親是鄉鎮公務員，母親是鄉鎮公司技術主管，家住鄉鎮。雖然他的父母教育程度較高，對他的學習也相當關注，但由於工作繁忙，對小偉缺乏深入的了解與具體的幫助。加之小偉從小表現聰慧，總成績也一直較好，家長除了了解一些基本情況外，對他不表揚也不批評，也不提什麼學習上的要求，並認為這樣比較符合自然規律。由於這樣逐步放任他，最終造成了他偏科的事實。

　　(3) 學校原因。

　　長期以來，在中國一些初中學校過分強調重點高中的升學率，而重點高中錄取學生時，最看重的是總分，且學生只在初三一年學習化學，高中入學考的試卷難度難免偏低，從而造成相當多的學生在化學成績上拉不開差距。

　　當學生升入高中後，往往缺乏自主、合作、探究的能力，甚至心裡牴觸自主、合作、探究的學習方式，不能主動適應高中化學新課程的要求，較易產生對化學的畏難情緒，還可能會對老師頗有微詞，認為高中化學老師的教學方式沒有初中化學老師的有效。

　　以上種種原因造成了小偉逐漸走向偏科的現象。那麼，一般情況下，學生學習偏科是什麼原因造成的呢？

15. 以強代弱，激發其「弱科」的興趣——糾正偏科學生的教導藝術

（1）老師的問題。

學生學習偏科，受老師的影響較大，學生偏愛某一學科往往是由於喜愛該科任教老師所致。偏愛某一學科，就能提高該科學習成績；而好的學習成績，又強化了學生對該科的喜愛，形成良性循環。

反之，如果學生不喜歡某個老師，也往往不喜歡某個老師所教的學科，久而久之，他們的學習成績就會下降，從而喪失學好這一學科的信心，導致惡性循環。

造成學生對任課老師「不喜歡」的原因有很多種。如有的老師上課提問時，點到的總是自己喜歡的幾個學生，對一些學習成績不太好、上課又不愛表現的學生往往比較忽視。

更有甚者，教了某些學生3年，一次也沒有與他們交流過，連他們的名字都叫不出來。老師與學生的溝通過少，往往會造成學生對老師的偏見。

還有的老師教學方法比較陳舊，上課時照本宣科，激不起學生的學習興趣。更為典型的是，如果老師與學生在課堂上發生過正面衝突，若老師對學生進行體罰、侮辱學生的人格等，學生就會對老師產生消極對抗的情緒。

一旦學生對老師產生不好的印象，往往會不喜歡上這位老師的課，久而久之，就會對這門課失去興趣，從而出現偏科現象。

（2）家庭影響。

家庭特殊的文化氛圍和家長的某些愛好以及家長的職業差異也會誘發學生偏科。如家長愛好文娛，家庭藝術氛圍濃，則學生往往偏愛音樂；家長愛好體育，喜歡活動，則學生偏愛上體育課。

（3）學生的原因。

①學生自身的智力和非智力因素。

根據美國發展心理學家加德納的多元智力理論，人的智力應是多元的，每個人至少存在著7種智力，即言語—語言智力、邏輯—數理智力、視覺—

空間智力、音樂—節奏智力、身體—動覺智力、交往—交流智力、自知—自省智力。

加德納認為這7種智力在現實生活中錯綜複雜地、有機地以不同方式、不同程序組合在一起，使得每一個人的智力各具特點。

加德納還認為每個人的每種智力發展是不一樣的，有的人言語—語言智力發展快，表現在學習上偏愛語文；有的人邏輯—數理智力發展好，學習上偏愛數學；音樂—節奏智力高的人，多數偏重音樂學習；身體—動覺智力好的人，多數偏愛上體育課。由此可見學生偏重對什麼學科的學習，跟不同的智力發展有一定的關係。

②興趣所致。

學生偏科往往也是由興趣差異造成的。興趣是學習的動力，學生重視感興趣的學科，輕視或不學討厭的學科。

學生對某門學科興趣較濃，就產生學習的動力，便能主動積極地去學這門課；反之，對某門學科興趣低或沒有興趣，學生自然不願把工夫下在這門課上。有一些老師反映健康教育課、工藝課不好上，原因是學生對這兩門課沒有興趣，而它們又不是考試科目，學生自然懶得去學習，有的索性棄之不學。

③主課與副課之分。

在中學階段，一些學生將中學課程分為所謂的「主課」和「副課」，凡升學考試和大學入學考的必考課目為「主課」，其餘則統統為「副課」。他們重視「主課」，輕視甚至忽視「副課」，更為嚴重的是一些家長還積極支持孩子們的這種「偏科」學習。

④有畏難情緒。

由於某一學科不好學、難學，最後索性棄之。比如有些學生說選擇文科，是因為讀國中時，就不愛學物理和化學，因為難學，每次考試不及格，以後也懶得去學它，還不如把時間花在其他學科上。

15. 以強代弱，激發其「弱科」的興趣——糾正偏科學生的教導藝術

在完全了解了小偉偏科的原因後，陳老師開始對他實行糾正措施：

（1）不斷鼓勵，使其重新建立信心。

從與小偉的多次交談中，陳老師感覺到了他在化學學習上的困難，而最大的因素便是心理障礙。因此，每次談話時，陳老師都鼓勵他：首先不能放棄；其次要充分相信自己，既然能把數學、物理學得出類拔萃，化學也一定能學好！

在後來的學習中，陳老師一方面幫小偉找出化學學習方法中的不足之處並加以改進；另一方面，鼓勵他在課堂上積極思考、回答問題。每當取得一點成績的時候，陳老師就及時予以表揚，從心理方面給予激發。

（2）大膽任命小偉為化學課代表，增強其責任感。

在小偉學好化學的信心回歸後，為了增強其學好化學的決心，陳老師任命他為化學課代表，以保障他能將較多的自由學習時間用在學化學上。隨著責任感的增強，小偉對化學的投入多了，成績也逐漸提高，對化學學習的興趣也濃厚起來了。

（3）改進實驗教學，強化學習動機。

在小偉擔任化學課代表一段時間後，陳老師發現他每次課前到辦公室拿作業本時總要問一句是否有實驗。一開始陳老師沒有在意，後來在其他老師的提醒下，陳老師才注意到了沒有實驗時小偉失望的神態。

因此，在課堂教學中，陳老師更加注重開發實驗資源，一些演示實驗也盡可能改為邊講邊做，盡可能地讓學生多看、多想、多說、多做，以增加學生的體驗。

對於演示實驗的用具，過去是陳老師自己拿到教室，現在也改成了讓小偉拿。就這樣，師生一邊走在去教室的路上，一邊討論著化學學習的樂趣。

（4）抓住機會，展示其特長。

高中化學計算題的教學常需進行多解巧解與變式訓練。在課堂教學中，陳老師會根據學生的不同層次，先安排學生完成較基本的解法，再鼓勵學生

思考是否還有其他解法？各種解法的依據（原理）是什麼？哪種解法更巧妙？哪種解法更適合自己？如果變化條件又怎麼解？如何變化條件使之有不同解？

每當此時，小偉往往能發揮其理解能力強的優勢，領先一步做出令同學們和陳老師心服口服的解答。聽到來自同學們的掌聲或驚訝聲，小偉的信心更強了。

（5）適時提出更高的要求。

一個多月後，陳老師與小偉進行了一次談話，在充分肯定他取得的每一點進步的同時，針對其化學成績基本穩定在班級中上段水準的情況，對其提出更高的要求：能否把化學成績繼續提高到與數學、物理同樣的水平？並指出他過去的教訓就是學習目標不夠明確，不能把對總分的要求合理地分解到各個學科中，因而造成了偏科的毛病。

小偉當時很激動也很緊張，不願當場做出答覆。陳老師也早有心理準備，讓他過兩天再給予回答。就在第二天，小偉在送作業本的時候對陳老師說：「我相信透過繼續努力，一定能做到！」

果然，經過不斷地努力，在期中後的第一次考試中，小偉取得了化學成績中上、總成績前十的好名次。又經過一個月的努力，在期末考試中，小偉的數學、物理、化學成績均名列班級前茅。薄弱學科的提高和優勢學科的保持，使小偉最終的總分排名達到了班級第一、年級第二。

小偉在取得自身成功的同時，也以實際行動提醒了其他同學：有了薄弱學科並不可怕，可怕的是長期容忍薄弱學科的存在；消滅了薄弱學科，其競爭力才夠強！

相比化學學習興趣和成績的提高，小偉精神狀態的改變更令人欣慰。現在，他不僅認真掌握好自己各科的學習，還經常現身說法幫助其他偏科的同學；他不僅認真完成老師指派的各項工作，還善於發動大家為班群體出謀劃策；他不僅籃球打得很棒，田徑場上的身影也越發矯健了……

15. 以強代弱，激發其「弱科」的興趣——糾正偏科學生的教導藝術

學習「偏科」對學生的發展很不利。一是會在知識上產生缺陷，在學科方面出現「瘸腿」現象。偏科會讓學生在某一領域「低人一等」，這樣不僅會讓學生情緒低落，還會影響他們將來的求學或深造。這就要求學生必須各科均衡發展，也只有保證了這種發展勢頭，才能提高他們的綜合素質。

二是影響其他學科的學習，因為各門學科是相互聯繫的，缺少任何一門都會不協調。所以，當發現學生有偏科現象時，老師應及時予以糾正，以防他們的偏科現象越來越嚴重。那麼，老師究竟應該怎樣幫助學生糾正偏科問題呢？

（1）向學生闡明偏科的危害，培養他們正確的學習動機。

針對偏科的學生，老師要講清其危害，還要讓學生認識到各學科之間是相互聯繫、相互滲透的。

（2）激發學生學習「弱科」的興趣。

激發學生對「弱科」的興趣，就是讓學生對不喜歡的學科產生濃厚的興趣。老師在激發學生的學習興趣時可採用以下一些方法：

①用目標激發興趣。

把學習目標分解，定下階段性的小目標，剛開始把要求放低一點，這樣學生一旦實現目標便能生發出再接再厲的勇氣，興趣就會越來越濃厚。

②用優勢引導興趣。

儘量發現學生某方面的優勢，以此為「興奮點」來培養他們的興趣，讓他們享受成功的快樂，樹立信心。比如，有一個學生不愛學語文，但老師發現該生書寫工整、娟秀，老師就以此為「興奮點」激發其學習語文的興趣。

③用興趣遷移興趣。

如果學生對「弱科」沒有興趣，而對這項活動有興趣，老師可利用他們對某項活動的興趣，把他們的興趣遷移到對「弱科」的學習上來。

（3）鍛鍊學習意志。

偏科生對「弱科」的學習既缺乏興趣，又有畏難情緒，遇到困難往往知難而退，所以培養他們的學習意志，養成他們勤學不懈的品質，應是糾正偏科的著力點。老師必須幫助他們樹立學習「弱科」的信心，增強他們克服和排除學習困難的毅力，否則，學生一遇困難就氣餒，或「三天打魚，兩天曬網」，還是學不好「弱科」。

（4）培養學習「弱科」的能力。

加強學生對「弱科」的學習，除了激發他們的興趣、鍛鍊他們的學習意志外，還要把側重點放在培養他們的能力上。

比如，數學是一個學生的「弱科」，那麼，老師應該幫助學生提高觀察能力、概括能力、理解能力、運算能力以及解決問題的能力。

當然，「冰凍三尺，非一日之寒」，培養能力是一個較長的過程，這要求老師要善於發現學生能力上的不足，對他們進行強化與補救訓練。

（5）促使學生的素質全面發展。

老師需要投入大量的時間幫助偏科的學生，但與此同時，千萬不能「矯枉過正」，否則可能會出現「弱科變強科，強科反而變弱科」的現象，學生還是不能全面地學習。

因此，糾正學習偏科的落腳點一定要放在促進學生的素質全面發展上，在抓「弱科」學習的同時，不僅不應限制他們對所擅長科目的學習，還應幫助他們充分發揮自己的「強科」優勢，既要補「弱科」之短，又要揚「強科」之長，這樣才能有利於學生全面地提高。

（6）加強學法指導。

學法指導，也就是真正把學生作為學習的主體，透過設立學習目標管理卡，讓學生制訂總目標和分段目標，使自己有努力的方向和前進的動力，更主要的是要能自我把握，力求各科均衡發展。

偏科學生普遍對「弱科」缺乏信心，望而生畏，少讀或乾脆不讀。

15. 以強代弱，激發其「弱科」的興趣——糾正偏科學生的教導藝術

面對這種現象，老師需要鼓勵學生重新樹立起對學習的信心，幫他們確立切合實際的總目標和分目標，使他們具有勇於挑戰，越是困難越向前的鬥志。

此外，老師應深入了解，掌握學生的知識缺漏情況，才能做到對症下藥。

▎對偏科學生的教育策略要點

偏科在學生當中是普遍存在的現象，令很多老師都頭痛不已。老師用了不少辦法，但都收效甚微。實際上，每個學生的個性特點不同，學習環境不同，學習方法不同，產生偏科的原因也各不相同。只有對症下藥，因生施教，才能有效地防止和根治偏科現象。

那麼，老師在對偏科的學生進行教育時，有哪些策略要點呢？

（1）針對假性偏科的學生。

假性偏科，即一科突出，其他平平。

對這類學生，老師要肯定他們的優勢科目，幫他們樹立信心，讓學生認識到自己有學好其他科目的能力，進而逐漸提高對其他科目的興趣，並逐漸加強對其他科目的學習。

（2）針對方面性偏科的學生。

方面性的偏科，即文科或理科突出，另一方面較弱。

這就要老師針對學生較弱的科目，改善他們的學習方法，加強他們的學習興趣。

比如，對於文科，首先從語文入手，讓學生有充分的時間閱讀，培養對語文的興趣，進而喜歡寫作。讀的多了，知識面就寬，寫作時才有話可說；對於數學不好的學生，老師要把補充基礎作為重點，讓他們牢牢掌握基礎知識，在確保他們對簡單的題目完全掌握後，再逐步提高難度。

（3）針對一科較弱，其他都較強的學生。

解決相對容易。這一問題但老師要注意，不能盲目地對學生的弱勢學科進行補習，過多的補習可能會加強學生對該科的厭煩情緒。

老師可以針對學生的弱勢科目制訂可行的計劃，不要急於求成，可用半年或一年的時間來使學生的「弱科」成績逐步提高。

應該說，偏科的情況一旦形成，糾正起來是比較困難的，要想糾正偏科現象，一定要對症下藥，因生施教。

只要老師能激發出偏科學生學習「弱科」的興趣，再加上師生足夠的耐心，在短時間內大幅度地提高學生的學習成績也並非是不可能的。

16.尋找能令他積極的興奮點──糾正情緒消極學生的教導藝術

16. 尋找能令他積極的興奮點——糾正情緒消極學生的教導藝術

▌情緒消極學生的個性特點

情緒是指人的自然需要能否得到滿足而產生的一種反應。人的情緒表現出情境性、易變性和偶然性的特徵，是短時的體驗，即這種體驗會隨著外界條件的變化而迅速改變或消失。如喜、怒、哀、樂、輕鬆愉快、焦慮緊張等都是人的情緒的具體表現形式。而對人產生消極影響的情緒，則被稱為消極情緒。

情緒消極的學生一般都不相信自己的行為和能力，缺乏自尊心和自信心，久而久之，他們在心理上就形成了「低人一等」的消極心理。在課堂上，他們往往表現為缺乏熱情和興趣，自制、自控能力差，行為難以堅持，懶惰渙散等。

對於情緒消極的學生，中學教師張樂坤老師認為要多鼓勵他們發亮的地方，使他們找到自信，擺脫消極的情緒。

有一次，開學剛兩個多月，張老師就發現班裡的小東同學情緒有點不對勁：上課注意力不集中，一會兒望向窗外，一會兒低頭無意識地玩弄鋼筆，一副無精打采的樣子。有時讓他回答問題，他也是答非所問。如果別人答錯，他就故意起鬨，擾亂課堂秩序。如果老師說他兩句，他也不頂嘴，等老師說完就一屁股坐下，一副無所謂的樣子，情緒非常低落。

在班裡，小東是一個很突出的人物，說他突出，並不是指他的學習有多麼頂尖，而是說他的外形和體育成績相當出色。小東的身材高大挺拔，五官稜角分明，用現在流行的說法就是「酷斃了」。也許是身形上占優勢的原因，小東的體育成績也非常出色，特別是打籃球，傳球、運球、投籃，樣樣拿手，在全校絕對排在第一。

16. 尋找能令他積極的興奮點——糾正情緒消極學生的教導藝術

另外，小東的組織能力也很強，這可能與他出色的外形和高超的球技有關係。女生們著迷於他的外形，男生們羨慕他的球技，總之，只要是他組織的活動，大家都積極響應。

雖然小東有諸多的優點，但他的學習成績卻不太好，自入學以來每次考試都處於中下段，有時很簡單的問題他都會答錯，而這也讓他時時呈現出沮喪的神情。看到小東消極的情緒，張老師決定抽時間找他了解一下情況。

課堂上注意力不集中、缺乏聽課的興趣和熱情、有牴觸情緒，這說明小東的情緒非常消極，而這與他的學習成績是有一定關係的。

透過交談，張老師發現小東是一個自尊心很強的學生，小學、國中時的成績都不錯，特別是數學成績很突出，一直是數學老師的寵兒。

前兩天，年級成立了數學小組，小東興致勃勃地報了名，並對自己進入數學小組充滿了信心。然而出乎意料的是，他以五分之差未能入選。這個結果對小東的打擊很大，他沒想到自己一向引以為傲的數學竟然連入選的資格都沒有，心裡一時難以接受，由此產生自己「完了」的心理，進而情緒也一落千丈，甚至懷疑老師將因此改變對他的態度。於是就有了上課不注意聽講、故意起鬨的消極行為。

現在的校園裡，像小東這樣受消極情緒左右的學生不是少數，而是帶有普遍性的。那麼是什麼原因讓他們產生消極情緒的呢？

（1）家庭環境的影響。

如果父母在教育孩子們時，態度是友好的、寧靜的、自信的，那麼孩子們的情緒也會比較平靜；如果父母在教育孩子們時，態度是粗暴的、專橫的、無禮的，那麼孩子們的情緒也會很不穩定，易躁、易怒、易消極，而且會以同樣的方式與他人交往。

（2）老師不當的教育方式。

在幼兒時期，由於學生對老師充滿了崇拜和敬畏，因此很容易與老師處好關係，但隨著年齡的增長，他們的獨立性越來越強，評價能力也有了提高，師生間就容易發生一些衝突，從而導致學生產生消極的情緒。

比如，學生上課不認真聽講、不按時完成作業、學習成績差、不遵守課堂紀律等，有些老師就經常用「你怎麼這麼笨啊」、「完不成作業別回家」、「這孩子太惡劣了」之類的話來教訓學生，有的甚至採用體罰的方式。而這些不當的評語、指責和懲罰方式很容易引起學生不滿或逆反的情緒，甚至會產生恐懼和厭學的心理，從而導致消極情緒的產生。

（3）與同學們的關係惡劣。

學生平時相處最多的就是同學，而同學間的交往是學生實現社會化的一種重要手段。但現實生活中，由於各種原因，有一些學生不能和同學們進行正常的交往。比如，有些學生爭強好勝，因此不受同學們歡迎，或是常被同學們忽視；有些學生由於缺乏交往的常識和技巧，被同學們孤立。

人際交往的失敗往往使學生感到沮喪、孤獨、忌妒、焦慮，以至情緒越來越消極。

（4）自身性格原因。

有些學生自尊心比較強，喜歡爭強好勝，因為這個原因他們可能在學習的道路上一直很順暢，比如，成績一直名列前茅、受老師的偏愛、被家長引以為傲等，所以他們沒有遇到過什麼挫折，而一旦他們遇到不順自己心意的事情時，就會垮了下來，甚至完全否定自己，意志消沉、情緒消極，做出一些讓人無法理解的事情。事例中的小東就屬於這種情況，因為難以接受自己未被選入數學小組的事情而一蹶不振。

學生消極的情緒對他們的生活和身心健康都有著嚴重的影響，所以老師一定要採取措施加以防範或疏導，否則很有可能給學生的自我意識、意志品質造成隱患，比如，自我評價能力較低或偏高；以自我為中心；自制力弱；抗挫折能力低。而這些也是學生產生消極情緒的直接原因，所以老師一定要正確對待情緒消極的學生。

16. 尋找能令他積極的興奮點——糾正情緒消極學生的教導藝術

　　小東從小在學習、生活等方面都非常順利，沒有遇到過什麼挫折。一帆風順的成長經歷使他不能面對現實，即升入高中後，許多同學都曾是國中時的佼佼者，此時他的優勢已不存在了。而小東卻並沒有進行適時的調整，一遇到挫折就認為自己一切都完了。針對這種狀況，張老師採取了以下方式來改變他的消極情緒：

　　（1）幫助他分析產生消極情緒的原因。

　　張老師告訴小東，他之所以情緒比較消極，就在於其不合理的信念——即認為「我必須進入數學小組，我不能失敗」引起的，而一旦實際情況與這一信念不相符合，就產生了自責、焦慮、自卑、猜疑等情緒，而這些情緒會使他越來越消極。

　　接著，張老師又向小東指明了其產生不合理信念的根本原因是由於其自我期望值過高。

　　小東對張老師的分析聽得非常認真，並且不住地點頭。最後，張老師用假設最壞可能性的方法，幫助他從「全完了」的不合理的思維方式中走出來，使他認識到最壞的結果不過是沒能如願地進入數學小組，這個結果其實並不像想像的那麼可怕，那麼令人無法接受。因為未能入選數學小組的並非他一個人，何況名額有限，以後還會有機會的。

　　聽完張老師的分析，小東感動地說道：「從來沒有一個老師像您這樣認真地為我做輔導，而且還是情緒方面的輔導，謝謝您，張老師！」

　　（2）幫助小東學會正確地對待挫折，提高承受挫折的能力。

　　這主要包括以下三個步驟：

　　①對挫折做好充分的心理準備。

　　張老師對小東講道：「在人的一生中，挫折是不可避免的，人們所說的萬事如意、心想事成，只是一種美好願望，現實生活中是很難實現的。我們每個人都必須了解到這一點，要有充分的心理準備，這樣才不會一遇到挫折就束手無策。」

張老師的這番話，目的在於要讓小東對挫折有充分的心理準備。

②引導其正視挫折。

張老師告訴小東，「當挫折不可避免地降臨到自己頭上時，不要驚慌失措、悲觀絕望，要保持鎮靜、理智，坦然正視，冷靜思考，找到原因制定對策。同時透過努力，調整策略，將壞事轉化為好事。比如，司馬遷受腐刑卻寫出了《史記》等。對於你們年輕的學生來說，遭受適度的挫折未必就是壞事，它可以讓你們從中得到鍛鍊。」

透過這樣的談話，小東學會了正視挫折。

③肯定自己，減輕心理壓力。

張老師和小東聊天時，向他講解了這次進入數學小組的同學的情況，從而使他認識到真正進入數學小組的只是極少數的同學，還有大部分同學沒有進入。同時，張老師還告訴他，他的體育成績非常出色，同學們都很羨慕，而且他以前的學習不錯，這說明他是有學習能力的。從而讓他肯定自己，認識到自己的優勢，並為今後的目標而努力。

（3）意志訓練。

小東的意志力比較薄弱，經不起一點挫折和失敗。為此，張老師給他制定了一些「心理訓練作業」。例如，每天堅持20分鐘的體育運動，承擔一定分量的家務勞動等，讓他在實踐中認識到：不順利和困難是必然的、經常的，一帆風順倒是偶然的、少見的。

（4）給予關心和激勵。

小東的消極情緒，一個是與其自身好強的性格有關，另外就是來自心中的積怨，這些積怨很大程度上是因為缺乏他人有效的說理疏導，缺乏足夠的情感激勵和關心，所以張老師首先對他施以足夠的愛心。

實踐證明，對學生冷漠無情，根本不愛學生的老師，是不可能轉化問題學生的。心靈的創傷只能用心靈來溫暖，對於像小東這樣情緒消極的學生，

16. 尋找能令他積極的興奮點——糾正情緒消極學生的教導藝術

必須用充分的愛心，用火熱的心腸去溫暖他的心，與他在心靈上搭起一座感情的橋梁，最後才能感化他，消除他內心的堅冰。

其次，給予激勵。為了打消小東對老師和同學們的疑心，張老師和數學老師以及與他關係比較好的幾個同學進行了聯繫。首先讓數學老師找小東談了話，對他的長處給予了充分地肯定，並激勵他繼續努力，爭取下次成功。另外，幾個要好的同學也經常跟他一起聊天，討論問題，使他感受到老師和同學們的關心，消除疑心。而當他的情緒處於低潮時，張老師就表揚他籃球打得好，讓他在積極的心理體驗中，尋找情感上的興奮點，從而消除消極情緒，奮發向上。

經過一年的心理矯正，小東的情緒已經基本穩定，對上課的興趣越來越濃，經常舉手回答問題，成績也已逐步提升上來。他不但進入了數學小組，而且成績還進入了班級的前十名，與老師和同學們的關係也很融洽，已恢復了以往的狀態。

時下，「鬱悶」、「無聊」、「無奈」、「活著真累」等諸如此類本屬於成人心理感受的消極詞彙已成為學生流行的口頭禪，而這也充分反映出當今學生的心態有多麼消極。因此，老師在教學當中，一定要加強和學生的情感交流，以避免學生產生消極的情緒。

首先，老師要為學生營造一個寬鬆、舒心的學習環境，儘量減少或避免消極情緒的產生。

其次，變封閉式管理為開放式管理，開展豐富多彩的集體活動，讓學生有充分釋放感和能量的機會。這將大量減少消極情緒的產生，學生將更具激情與活力，學習效率也會提高。

另外，學校應設置「心理求助信箱」和「心理諮詢室」，時時關注學生的心理，給他們以更多的實際幫助，這對消除他們的消極情緒是非常有效的。

而一旦老師發現有學生形成消極的情緒時，就應該努力把握消極情緒的化解藝術，變消極因素為積極因素，化不利條件為有利條件。

那麼，老師應如何消除學生的消極情緒呢？

（1）透過溝通化解學生的情緒。

①在交流中了解學生。

老師對自己所教育的學生，首先要了解每一個學生的具體情況，因為每一個學生的具體情況都不同。這是開展教育工作的大前提，只有了解了學生，才能有效地開展工作，做到有的放矢，一把鑰匙開一把鎖。

②在溝通中求得信任。

俗話說：「精誠所至，金石為開。」老師只有真心誠意地求得學生的信賴，學生才會直抒己見，暢吐積怨，老師也才能聽其言，觀其行，知其情。

比如，老師在溝通中要做到言而有信，言出必行，保護學生的自尊，尊重學生人格，創設一個讓學生一吐心聲的空間，從而獲得學生的信賴，及時了解學生的想法動向，做好他們的心理教育工作。

③在平等中求融洽。

老師由於年齡、職位上的差異，往往會使學生產生畏懼的心理而敬而遠之。因此，在與學生交往時，老師應放下架子與他們交朋友，和他們平等相處，尊重他們，了解他們，使他們獲得愉快的、輕鬆的情緒體驗。

這樣，他們就會大膽地反映意見，宣洩內心的情感，師生間那種格格不入、互相對立的消極情緒也會自然而然地得以消除。

④以溝通求理解。

老師教育學生時，要想達到忠言不逆耳，良藥不苦口的效果，必須相互間多接觸、多理解。只有當學生對老師的工作思想、工作方法有一個正確的認識後，才能消除對老師的誤解，增進對老師的諒解，自覺地接受老師的規勸、批評和導向。

（2）從自身做起，用實際行動感化學生。

16. 尋找能令他積極的興奮點——糾正情緒消極學生的教導藝術

老師的一言一行，一舉一動，都會影響、感染學生。所以老師應該事事、時時、處處都做學生的表率，虛心恭謹，真誠坦率，用自己的模範行為和實際行動去感化、教育學生，化解學生的怨氣。具體方法如下：

①真正做到為人師表。

在學習生活中，學生往往對老師有效仿的傾向，老師的言行在學生心中起著潛移默化的作用。

②正確對待失誤。

人無完人，孰能無過？老師當然也不例外。有時老師難免因缺乏調查研究、理性思考，發生處事不公的失誤，使學生產生怨氣，所以老師要正確對待自己工作中的失誤。

一方面要真誠坦率，不諱言自己工作中的缺點、錯誤；另一方面要敢於向學生道歉。當老師虛心恭謹地向學生致歉，並予以糾正自己的錯誤時，不但不會損害自己的形象，降低自己的威信，反而能體現出老師的豁達大度，讓學生產生欽佩的心理，而這對消除學生的誤解，化解他們的怨氣是有很大幫助的。

③正確對待困難。

有時，班級常規管理分數不高，學生的學習成績有所下降，一些老師不是檢查自己的工作是否得法，而是一味地埋怨、責怪學生，把責任推給他們，這就容易使他們產生失望的心理。

因此，老師在困難面前，不能驚慌失態，悲觀失望，而應用自己的智慧和力量去幫助、引導學生，以自己的自信以及克服困難的樂觀情緒去感染學生，激發學生克服困難的勇氣，帶領學生在克服困難中前進。

（3）在關心和鼓勵中化解情緒。

學生的消極情緒很多都來自心中的積怨，這些積怨很大程度上是因為缺乏經常性的說理疏導，缺乏足夠的情感鼓勵而形成的。有一些老師總是「嚴」

字有餘,「愛」字不足,訓誡多於照顧,要求苟刻而缺乏對學生的關心,以至學生在生活中的憂慮、在學習上的煩惱匯聚在一起,產生「心理疙瘩」。

「感人心者,莫先乎情」,要解決這一問題,老師既要向學生講明道理,又要多方面地施以精神鼓勵,使他們體驗到學校的溫暖、老師的關心,從而產生積極情緒。這就要求老師做到:

①關心和愛護學生。

關心和愛護學生是教育學生的基本前提,老師應深入實際,細心觀察了解學生的需求。在生活上對他們噓寒問暖;在學習上,不只滿足於完成教學任務,而應注意不同層次學生的不同心理需求,要注意讓學生的表現欲得以充分顯露。

②幫助學生樹立信心。

學生的情緒處於低潮時,老師應注重發現學生的「亮點」,對他們的點滴成績,微小進步給予認可並表揚,使情緒消極的學生逐漸找到自信,化解低落情緒。

③教育學生要有耐心。

所謂的表現不良的學生,他們理解能力低,意識弱,心理狀態複雜多變,有對抗心理。他們表現反覆,大錯不犯,小錯不斷,老師多次對他們教育都未能徹底讓他們改變。

對於這些學生,老師要堅持耐心、細心地做正面教育,反覆地啟發他們。這樣就會激發出學生內在的積極心理,使大量的消極情緒在學生的自我調適、自我化解中得到消除,從而達到教育的目的。

人非草木,只要老師對學生有耐心,就一定會化解學生的消極情緒。

(4) 讓學生學會自我化解情緒法。

①宣洩法。

16. 尋找能令他積極的興奮點——糾正情緒消極學生的教導藝術

當消極情緒發作時，人體內潛藏著一股能量，需要借助情緒的發洩來加以釋放，否則積聚起來，將有害身心，而且情緒壓抑得越久，危險就越大。

宣洩的辦法有很多，比如，可以透過向親人、朋友充分傾訴心中不平事來宣洩；可以透過哭泣來宣洩；可以透過繪畫、表演等創造性活動宣洩；可以透過打球、遊戲、擊沙袋等體育運動宣洩；可以透過寫信、寫日記宣洩；還可以透過到空曠地放聲大喊、高聲歌唱等方式去宣洩，只要消極情緒宣洩合理而及時，負面影響往往就會很快消失。

老師在教學生宣洩法時要告訴他們：消極情緒應該宣洩，但宣洩必須合情合理，不分青紅皂白、不分時間地點場合、不分方式方法的肆意宣洩，甚至採取違反道德和法制的行為來宣洩都是錯誤的。在宣洩時，既不能傷害自己，也不能傷害別人；既不能破壞公共財物，也不能損害社會群體利益。

②理智調控法。

老師可教學生以理性理解來控制個人情緒，遇事冷靜，三思而後行。當學生與人發生爭執時，老師可教他們用「心理換位法」，這樣怨恨對方的情緒就會很快消除。

③辯證分析法。

感覺好的事物常有不好的一面，感覺不好的事物，也常有好的一面。老師要教學生學會一分為二地看問題，要多從光明、積極的一面去觀察現實生活中的事物。

④自我安慰法。

當學生追求某項事物而得不到時，為了減少內心的失望，不妨找個冠冕堂皇的理由來安慰自己一下，以減輕受挫的失望、痛苦的情緒。

常見的自我安慰法有「酸葡萄心理調節法」，即自己得不到的東西就解釋為是不好的，以及「甜檸檬心理調節法」，即用各種理由強調自己所有的東西都是好的，從而沖淡內心的不安和痛苦。

這些方法偶爾用一下作為緩解情緒的權宜之計，對於幫助學生在極大的挫折面前接受現實，接受自己，避免精神崩潰不無益處。但切忌用得過多，因為這樣就會成為一個人的主要防衛手段，將成為一種病態，會妨礙學生去追求真正需要的東西。

⑤轉移法。

如心情不佳時，看電影、聽音樂、下棋、散步以及讀書等都可以改變心境，平衡情緒。

⑥放鬆法。

所謂放鬆法，即按一套規定的程序，以機體引起隨意反應去改善機體的另一些的隨意反應，用心理過程來影響生理過程，從而達到鬆弛入靜的效果，使緊張和焦慮的情緒消除。常用的放鬆法有深呼吸法、形象放鬆法、肌肉放鬆法等。

教育心理學理論證明：能有效引導學生走出消極情緒的陰影，定能挖掘出他們更大的學習潛能。

對情緒消極學生的教育策略要點

有些學生很容易因為某些不如意的事情而產生消極情緒，面對這些學生，老師應該實施哪些教育策略呢？

（1）對因人際交往差而產生消極情緒的學生。

這類學生缺乏人際交往的能力，想法不成熟，主要原因如下：

一是適應能力低。他們渴望有朋友，但又往往消極被動地等待別人來找自己。

二是看人理想化。他們對朋友要求高，容不得朋友有缺點，對老師也如此。

三是情緒不穩定。昨天還是朋友，相見恨晚，今天就成陌路互不理睬。

16. 尋找能令他積極的興奮點——糾正情緒消極學生的教導藝術

還有一部分是由於自己性格上的原因，如性格孤僻、內向，這種學生一般比較敏感、多疑，因此在交友過程中會遇到挫折，以至產生消極情緒。

對於這類學生，老師要教給他們交往的藝術和技巧，比如，心胸要寬闊，要學會微笑、學會讚美他人、學會傾聽，和他人要坦誠相待等。這類學生一般在短時間內很難消除他們的消極情緒，所以老師一定要有耐心。

（2）對因學習成績差而產生消極情緒的學生。

現在的學生學習負擔重，競爭壓力大。特別是那些重點學校的學生，由於過去是班上學習成績的佼佼者，一旦進入新的競爭環境，很多學生就會成為成績普通者，甚至變為落後者，這對於那些從小在讚美聲中長大，養成「天之驕子」的「順境型」人格特點的學生來說，無疑是一個重大的打擊，很容易導致他們自卑消極情緒的產生。

對於這樣的學生，老師要在學習上多給予關心和幫助，對他們的一點點進步都要給予鼓勵，使他們一點點地找回自信，這也是消除其消極情緒最根本的辦法。

（3）對因生理、心理變化而產生消極情緒的學生。

隨著年齡的增長，學生在生理上也會迅速發育，尤其是第二性徵的發育趨於成熟，但他們的性心理又相對幼稚，二者的矛盾使他們常常困惑不已，生出不安、焦慮情緒。強烈的性衝動和性慾望常使他們難以自控，往往採用手淫的方法加以滿足，但過後又會產生罪惡感、自我譴責和悔恨心理，處於緊張和恐懼的情緒狀態之中，造成巨大的心理壓力。

對於這類學生，學校應多開展性生理教育課，讓學生對性有一個正確的認識和了解。當他們發現這只是正常的生理反應後，情緒就會慢慢穩定下來。

綜上所述，作為一名教育工作者，要善於利用多種方法，尋找學生的亮點，並利用這些亮點讓學生找到情感上的新「興奮點」，慢慢化解自身的消極情緒，使身心得以健康發展。

17. 感化其心，約束其行——糾正網路成癮學生的教導藝術

▌網路成癮學生的特點

　　網路成癮的學生在使用網路過程中過度沉醉於網路中儲存、虛擬的交互式經驗和資訊，長期和現實社會脫離，從而引發生理機能、社會功能、心理功能受損的一種過度行為。

　　網路成癮的學生表現為，上課精神恍惚、無精打采，家庭作業很少完成，課堂回答問題答非所問，嚴重時甚至會出現頭昏眼花、雙手顫抖、緊張焦慮、疲乏無力等症狀。一旦網癮發作便難以忍受，會不顧一切、不擇手段地去上網，同時陷入虛擬網路中的情境，對現實生活缺乏興趣，對任何事物抱無所謂的態度，極度影響學生身心健康成長。

　　黃靜華是中學的德育老師，對於網路成癮的學生，她是這樣認為的：「我們的學生並非生活在世外桃源，各種病蟲常常會侵蝕他們稚嫩的心靈。而遭受病蟲害侵蝕的心靈又特別的脆弱，對待它要極為小心，要小心得像對待玫瑰花上顫動欲滴的露珠那樣。」黃老師不但是這樣說的，也是這樣做的。

　　「黃老師，救救我的孩子吧！小勇他……」電話裡傳來了小勇母親傷心的嗚咽聲，黃老師明白，一定又是小勇到網咖通宵上網去了。

　　小勇一直就很喜歡上網，但剛開始時他只是玩玩小遊戲，而且上網時間也不長，因此家長和老師對此並沒有在意。但最近一段時間，他上課總是走神，經常趴在桌子上睡覺，一副無精打采的樣子，而且作業也很少完成，動不動就逃學，成績一落千丈，這就引起了黃老師的關注。

　　透過家訪，黃老師了解到，小勇迷戀上了一種名叫「魔力」的網路遊戲，140級的遊戲，幾個月他就打到了一百多級，算是高手了。

17. 感化其心，約束其行——糾正網路成癮學生的教導藝術

看他如此迷戀網路遊戲，父母就批評他。剛開始小勇還能聽得進去，後來就變得有恃無恐，在家裡，除了吃飯睡覺就是上網，有時一天上網十幾個小時。為此，他的父母先是控制他上網的時間，再後來一氣之下將上網的寬頻斷掉。但這樣並沒有阻止小勇對網路的迷戀，反而令事情變得越來越糟。他開始經常逃學，在網咖裡一玩就是好幾天。

因此，聽到小勇母親的哭訴後，黃老師第一時間想到的就是小勇又去通宵上網了。於是，她騎上自行車，到小勇常去的一些網咖尋找，最後終於找到了小勇。

當看到小勇的那一瞬間，黃老師感到了一種揪心的疼痛。那是怎樣的一種目光啊？空洞、迷茫，兩隻眼睛深陷下去，滿臉憔悴。

看到老師站在自己面前，小勇有些吃驚，但隨即便表現出了一副不在乎的樣子。「小勇，你還沒吃飯吧？」黃老師關心地問道。

聽到老師的問話，小勇長長地吁了一口氣，他以為老師會訓斥自己一頓呢！與此同時他的心裡又湧上一絲暖意，低著頭小聲地回答道：「嗯，沒有。」

「走，咱們去吃飯。」黃老師拉著一臉疲憊的小勇來到一家小吃店。吃完飯後，黃老師又把他送回了家，並囑咐他的父母千萬不要打罵孩子。

這次找小勇的經歷對黃老師的感觸很大，她開始思索學生網路成癮這個問題，並思索著如何把小勇從網路遊戲中拉回到現實生活來，讓他重新開始學習生涯。

為了玩網路遊戲，小勇竟然選擇逃學，甚至通宵達旦地泡在網咖，這明顯是網路成癮的症狀。

應該說，小勇迷戀上網路和他的家庭是有一定關聯的。他的父親因為工作忙，常常不在家，而母親除了催促孩子寫作業、看書之外，很少和他溝通、交流。當他們發現小勇玩網路遊戲後，只是對他進行批評，甚至是打罵，再加上小勇成績滑落，令他產生自卑感，於是他便將精神完全寄託於虛擬的網路世界中。

其實，造成學生網路成癮的原因主要是心理上的，具體來說可分為以下幾方面：

（1）強烈的交友願望與心理閉鎖性矛盾下的交友心理。

交往是個體社會化與心理健康發展的必要條件，學生階段是個體交往需要非常強烈的時期。

而與此同時，學生的自我意識、獨立慾望、自尊心也明顯增強，內心世界不願輕易向他人坦露，在心理發展上呈現出「閉鎖性」的特點。

除非找到「知心朋友」，否則，他們寧願「痛苦」也不願敞開心扉，而網路則可以填補這項空白。學生可以透過互發電子郵件或聊天、線上遊戲等手段進行交往，可以向對方隱瞞真實身分、年齡甚至性別等，使交往雙方避開了在現實中面對面的壓力，從而可以暢所欲言，既宣洩他們因心理閉鎖而產生的「煩惱」，也滿足了他們交友的心理需要。

（2）求知慾、探究精神與認識水平矛盾影響下的探究心理。

學生時期有強烈的求知慾和探究精神，加之互聯網上資訊無所不包，比如，體育新聞、娛樂動向、學習資訊等。同時由於學生認知發展的不成熟性和不穩定性，面對大量的網路資訊，如果他們不能分清這些資訊的真假，不加選擇、處理和篩選就貿然接受，很容易走入誤區。總之，互聯網上內容和資訊資源的豐富，可以滿足學生對各種資訊的需求。

（3）理想與現實矛盾影響下的幻想、無奈以及玩樂心理。

許多學生在網路遊戲中把自己想像成具有超強本領的非凡人物去完成「偉大」的使命，從而獲得心理成就感；也有的學生因為學業壓力太大，對學習產生了厭煩心理，對老師、家長們的要求感到無奈而在網路上「遊蕩」、麻醉自己；還有的學生過早地接受了社會的不良影響，彷彿看穿了人間世態，表現出一副玩世不恭的心態，整天只想玩樂而不想做別的事情，於是網路遊戲成了他們的最佳選擇，而且網路遊戲效果之佳、資源之豐富、獲取之方便，還可實現「聯機」遊戲，使許多學生樂此不疲，甚至達到痴迷的程度。

17. 感化其心，約束其行——糾正網路成癮學生的教導藝術

（4）性心理與自制力矛盾影響下的性好奇心理。

學生正處於性意識從萌芽到日漸明確和成熟的階段，他們對性的理解具有模糊性，時常被「性意識」和「性衝動」所困擾，再加上獲得正確性知識和性教育的渠道不通暢，使得學生往往對性充滿了強烈的好奇心。

在網路上有許多涉及性內容甚至是色情內容，並且對瀏覽對象不做任何限制，這使自制力還不成熟的學生在有意無意地接觸到這些資訊時，即便知道瀏覽這些並不利於身心健康，也還是沉迷於此，以達到性心理的滿足和自我體驗。

為了挽救小勇，同時也為了防止其他學生沉迷於網路，黃老師制訂了一系列教育方案。她先在班上開展「網路雙刃劍」的辯論會，接著又進行班級網路繪畫大賽、打字比賽、網路作文比賽、網路查找資料等多種活動，目的就是讓學生了解網路的益處，創設一種良性的網路班級氛圍。但這一切好像對小勇並沒有造成什麼作用，他依舊想逃課就逃課，想玩通宵就玩通宵，對班級裡的活動視而不見。

小勇的種種表現，黃老師都看在眼裡，難道是自己的教育方法不對頭嗎？她不禁陷入深思之中。這段時間一直在團體教育上下工夫，但對小勇卻沒造成任何作用，這說明自己的教育切入點沒找準。考慮再三，黃老師決定改變教育方式，直接針對小勇做改善，以電腦作為教育的切入點。

她把小勇叫到辦公室，告訴他，以後想打遊戲可以到辦公室，順便教教自己怎麼用電腦。小勇高興地答應了。

此後，黃老師常藉著「學電腦」的名義把小勇留在辦公室，有時她還陪小勇一塊兒到網咖「混」，目的就是為了和他靠近，以便對他提出更高的要求。

漸漸的，小勇的遊戲地點和時間都有了變化，從網咖到辦公室，再到黃老師的家裡；而他上網的時間也在逐漸縮短。

為了徹底收住小勇的心，黃老師又想了一招。她向小勇「求助」：「學校的走廊有點黑，老師晚上一個人走害怕，你能不能一邊做作業，一邊等等

我？」於是，在每天結伴回家的路上，黃老師都要和小勇談談心。就這樣，小勇的學習習慣一天天好了起來，很少再去網咖玩遊戲。

而這一等也就等到了畢業。高中入學考的時候，小勇考上了一所重點高中，還當上了班長。

在一篇作文裡，小勇把這一年多的談話稱為「最特別的回憶」：「黃老師，是您把我引領上了正確的道路，是您讓我體會了師生間的真情。在我以後的人生道路上，您和我每一次的談話都將銘記在我的心中。」

互聯網的出現徹底改變了人們傳統的生活方式，對現代社會，特別是對學生的發展產生了巨大的衝擊。

互聯網資訊量大、更新速度快、開放程度高，這些特點有利於培養學生的學習觀念、效率觀念、平等觀念和全球意識。透過互聯網可以快速地獲取知識，增加對未知領域的了解，這極大地開闊了學生的視野。

全球共享、豐富多彩的網路資源，以及不斷發展的資訊技術，能夠促進學生的學習能力和創造能力，同時，也可以進一步拓展學生的教育平臺。借助網路上的虛擬空間，可以展開廣泛的交流，互聯網提供的多元化的發展機會，還可以促進對學生個性的培養。

然而，互聯網不僅有有利的一面，也存在著非常危險的另一面。它給很多學生帶來了困擾，比如，網路容易使少數自控力較差的學生上癮，間接和符號化的交往形式在一定程度上削弱了學生同他人面對面的交往機會和願望，網路高技術容易使有的學生對網路技術產生過度崇拜等。

學生網迷是網路中的弱勢群體，他們對網路中的優秀部分和糟粕部分缺少正確的判斷，對網路缺少自制力，很容易沉迷於網路。因此，老師應盡最大能力幫助他們減少對網路的依賴。具體方法如下：

（1）多與家長聯繫，正確對待學生的上網問題。

17. 感化其心，約束其行──糾正網路成癮學生的教導藝術

現在很多家庭都有電腦，但懂電腦的家長卻很少，有些家長甚至根本沒有接觸過電腦，更別說是上網了，因此家長要想對孩子上網進行有效的監督，首先自己必須懂電腦。

老師要告訴家長多與孩子們進行交流，了解他們主要瀏覽的網站，多關心他們在網路上究竟做了些什麼；要教育孩子們充分利用網路資源，有效地幫助自己的學業，要謹慎上網，拒絕色情內容、少玩網路遊戲；讓家長做好孩子們網路的引路人，正確引導他們上網。

此外，老師要學會正確對待學生的上網問題。千萬不要「談網色變」，更不要發現學生沉迷於網路時，就大聲訓斥，而要多與學生做想法交流，及時了解學生在做些什麼，想些什麼，這樣才能對症下藥。

（2）建立校園網，充分利用校園綠色網路。

首先，要加強資訊技術教育。

有些學校建有校園網，老師可以充分利用校園綠色網路系統，引導學生正確地運用網路。

負責管理學校機房的老師應幫助學生了解網路、利用網路資源，同時，還要對學校網路系統進行有效的監控，比如：運用防色情、防遊戲軟體，硬碟鎖定或專人管理等方法，有效地控制學生訪問色情網站，遊戲網站。要讓他們建立「自我保護意識」這面天然的鎧甲，要在學生剛接觸網路或對網路尚未成癮的時候就對他們進行網路防範教育，要用生活的事實告訴學生：沉迷於網路對自我的發展是不利的。

此外，老師還要建立現代教育觀念，對學生開展網路心理教育。

沉迷於網路的學生，他們的個性、價值觀、情商都受到了不同程度的影響。因此，老師必須轉變傳統的教育觀念和模式，應當引導學生「網民」向積極的方面轉化，而不只是一味地說服、說教，要以學生的發展為本，以他們的心理生活為中心。

大多數學生之所以上網成癮，是由於他們自我發育不成熟、人格不健全造成的。玩遊戲、聊天、上色情網站就是他們在現實生活中被壓抑的攻擊和禁忌的幻想，可以用「象徵方式」得到釋放和滿足的有效手段。在這種「虛擬的象徵現實」中，他們可以實現對權力、財富、性幻想的滿足，並逐步代替現實中的有效行為。

　　老師要根據學生上網的心理特點，利用校園網路資源，積極開展網路教育。例如，不僅要運用校園網中的心理輔導板塊，對學生進行補救性網路心理教育和過程性網路心理教育，還要對他們進行準備性網路心理教育。

　　開展網路心理教育應立足於培養學生的心理自主性、行為自律性與主體發展性，塑造與完善學生「網民」現代化的、真善美和諧統一的「網路社會人格」，培養學生對網路世界和現實的正確認識，既讓他們能自我管理，塑造健康的人格，又讓他們能夠充分利用網路，卻不沉迷於網路。

▋對網路成癮學生的教育策略要點

　　學生之所以網路成癮，是由各種原因造成的，老師應針對不同原因對他們實行不同的教育策略，具體要點如下：

　　（1）對因學習成績差而自暴自棄，到網路上尋找成功感的學生。

　　現在有的家長和老師對學生的期望過於單一，學習的好壞成為學生成就感的唯一來源。因此，一旦學習失敗，學生就會產生很強的挫敗感。而在網路上，他們很容易體驗成功：闖過任何一關，都可以得到「回報」，這種成就感是他們在現實生活中很難體驗到的。

　　因此，對於這一類學生，老師首先要做的就是公平對待他們，不要以成績論好壞。要發現這些學生的長處，比如，有的可能有音樂天賦、有的可能有繪畫天賦、有的可能在體育方面有特長，老師要多鼓勵他們參與相關的活動，使他們體驗到成功感，只有在真實的生活中有所成就，這些學生才能慢慢遠離網路遊戲。

　　（2）對因家庭關係不和諧造成的網路成癮的學生。

17. 感化其心，約束其行——糾正網路成癮學生的教導藝術

　　隨著離婚率、犯罪率升高等社會問題的增多，社會上的「問題家庭」也在增多。在問題家庭中成長的學生通常感到在家裡得不到溫暖，但是在網路上，他們提出的任何一點兒小小的請求都會得到不少人的幫助。現實生活和虛擬社會在人文關懷方面的反差，很容易讓這些學生「躲」進網路。

　　教育這一類學生時，老師要從家庭入手，多與學生的家長聯繫、溝通。只有先弄清楚學生的家庭狀況，才能對症下藥。

　　（3）對因無法與父母進行良好的溝通而到網路發洩的學生。

　　學生在確立人生觀、世界觀最關鍵的時期最需要來自他們父母的正確指導，但有一些父母更習慣於那種「家長命令式」的教育方法，而忽視了青少年的叛逆心理。

　　這種方式一方面容易給比較調皮的學生帶來挫敗感，造成他們偏要和父母對著幹的局面：你們不讓我打遊戲，我偏要這麼做；另一方面，也容易給本來就信心不足的學生帶來傷害：我真糟糕，沒有人喜歡我，我只有到網路上去找朋友。

　　老師對這類學生的教育工作同樣是重點從家庭方面著手，督導他們的家長多抽時間，耐心地與孩子們交流、溝通，以了解孩子們的想法。

　　此外，老師還要給予這類學生更多的關注，比如，可以給他們一些任務，讓他們了解到自己是班群體中的一員，充分感受來自群體的關愛。

　　（4）對因家裡太嬌生慣養，一遇到挫折就逃避到網路世界的學生。

　　學生進入青春期之後，成人意識會越來越強烈，覺得自己已經是一個大人了，什麼事都可以自己處理，不需要別人幫助。但事實往往相反，他們從小受嬌寵慣了，經常無法解決現實生活中遇到的困難，一點小小的挫折就可能會令他們無法接受，具體表現為情緒波動比較大，控制情緒能力不強。

　　無法解決實際問題、受挫後情緒不穩定，就使得這些學生不自覺地去尋找一個能充分自我滿足的世界，而網路恰好為他們提供了這一條件。在網路

世界裡，他們可以用虛擬形式解決任何問題，可以完全逃避現實，他們的情緒也可以得到充分的宣洩。

對於這類學生，老師一方面要與他們的家長溝通，讓他們多給予孩子們關愛，但關愛的方法要適當，不能一味地寵溺，該批評時就要批評；另一方面，老師還要培養學生的意志力。這就要求老師應想方設法地為學生製造快樂的源泉，在快樂的氛圍內鍛鍊學生的意志力，提高學生抗拒網路的忍耐力。

事實說明，學生迷戀網路是具備一定的心理基礎的，是長時間積累而成的，只是老師沒有及時發現而已。

正處於青春期的學生意志力比較薄弱，網路成癮症容易反覆發作，隨時可能舊戲重演，這就需要老師付出巨大的愛心與耐心，長時間地跟蹤教育，這樣才有可能治癒學生那滿是創傷的心。萬萬不可半途而廢，否則只會前功盡棄。

18.磨出他們的耐心與毅力——糾正性格急躁學生的教導藝術

18. 磨出他們的耐心與毅力——糾正性格急躁學生的教導藝術

▌性格急躁學生的個性特點

　　脾氣急躁的學生一碰到不稱心、不如意的事情就會馬上情緒激動，如熱鍋上的螞蟻，連幾分鐘也不能等待。當他們想達到某個目的時，不做好準備就開始行動，結果由於無計劃，急於求成，心理不穩定，最終無法達到目的。

　　而當他們做第一件事因急躁失敗了，往往又更加急躁地去做第二件事，常常造成「忙中生亂」、「殃及他人」和「欲速則不達」的不良結果。只有把事情辦成或者即使辦不成，但因有不可踰越的障礙而只能如此時，他們的心情才會徹底放鬆，把緊繃的神經鬆弛下來。

　　鞠傳妮，小學教師，在潛心研究教學的同時，鞠老師時刻關注著學生的心理健康問題。對於脾氣急躁的學生，她認為老師一定要有足夠的耐心和毅力，因為這不是一朝一夕能夠改變得了的。

　　新學期開始，為了幫助班裡學習差的學生早日把成績提高上來，鞠老師決定實行「一對一幫困法」，就是從班裡選出幾個成績好的學生，讓他們和成績差的學生結成對，一對一地對他們實行幫助。

　　當鞠老師將這個消息告訴大家的時候，大家表現得都很積極，紛紛舉手說：「老師，我去！」「老師，選我！」

　　看著同學們高昂的情緒，鞠老師也很高興，從中選出了幾名成績不錯的生，其中包括班長雪梅。然後又讓學習困難的學生自選「小老師」，但讓鞠老師驚訝的是，沒有一個學生選雪梅來做自己的老師。這是怎麼回事呢？雪梅的成績在年級可是響噹噹的，一直名列前三名，應該說是班裡學習成績最好的學生，但為什麼成績如此好的她，人緣卻如此差呢？

18. 磨出他們的耐心與毅力——糾正性格急躁學生的教導藝術

帶著疑惑，鞠老師開始暗中觀察雪梅的各種舉動，結果發現這完全是由她的脾氣性格造成的。雪梅屬於脾氣很急躁的人，也就是「急性子」，事情稍不合自己的心意就急躁起來。

有一次，有個同學向她問問題，剛開始她看上去很高興，認真地為這名同學講解習題。

但她講了一遍後，同學沒有聽懂，就又問了一遍。這一下雪梅可就失去了耐性，她煩躁地說：「哎呀，你怎麼還不明白？不就是這樣嗎？怎麼就那麼笨呢？」然後，她開始很不耐煩地講第二遍。

這讓問問題的同學心裡很難受，也很尷尬，所以當她講完第二遍後，同學就假裝聽懂，停止了詢問。

雪梅不光給同學講題時容易急躁，在平時做事情時也是如此，不是把同學的杯子弄碎了，就是把別人的東西弄丟了；有時騎車急匆匆的，下車就走，經常忘了鎖，到現在已經丟了兩輛車；跟同學爭論問題沒有結果，就不耐煩地說：「算了，我不跟你吵了，急死人了，反正也說不明白！」跟同學一起走路，如果同學遇到什麼事停了下來，她也不耐煩地催促，「能不能快點，怎麼這麼磨蹭啊？」

就這樣，朋友們一個個都離她而去，儘管她很熱心，但誰也不願請她幫忙。

後來，鞠老師在跟雪梅的媽媽聊天時了解到，雪梅不光在學校急躁，在家也一樣。自己想要的東西，如果不能馬上得到就會又哭又鬧。有時媽媽讓她到超市買點東西，她從來不把話聽完，就嚷著「知道了，知道了」，然後快速地跑了出去。結果到了超市傻眼了，原來沒聽清楚媽媽說買哪個牌子的，於是只好又回家問媽媽，可走到半路又回來了，原來是忘記帶錢了。父母一直為她這個急躁的毛病而著急，不知道什麼時候她才能穩重下來。

雪梅之所以不受同學歡迎就是因為她性格太急躁。太急躁也能影響人際關係嗎？事實確實如此。

急躁的人往往沒有耐性，就像雪梅，沒有耐心給同學講習題，她總覺得自己講解一遍，別人就應該馬上明白她的意思。但要知道，每個人接受知識的能力是不一樣的，雪梅可能頭腦比較聰明，無論什麼知識老師講一遍她就能懂，因此她理所當然地也要求別人具有這種接受知識的能力，而一旦別人不具備這種能力，她就立刻失去了耐心，語氣和表情就顯出了不耐煩。每個人都是有自尊的，誰受得了別人給自己臉色看呢？時間長了，大家自然不願意再向她問問題，甚至連朋友也都離開了她。

有少數學生做事就像雪梅一樣很急躁，究其原因，主要有以下幾點：

（1）本身氣質類型決定。

急躁的產生與氣質類型有關，膽汁質的人易急躁。膽汁質的人充滿著勝利的理想和進取心，試圖超越所有人，學習或工作比較勤奮，自覺性強，總是覺得時間非常緊迫，表現急躁。這類人往往智力較高，能力較強，成績較好。

（2）家長過於溺愛。

家長的溺愛使孩子們缺乏獨立性，養成了依賴心理，而依賴心理是急躁個性形成的土壤。有的家長事無巨細地代替孩子們去做，事事姑息遷就，使孩子們養成依賴家長的不良習慣。孩子們一旦離開家長的懷抱，就不知所措，如果在學習和生活方面遇到不稱心的事情時，就容易急躁。

（3）學生缺乏認識和對待困難與挫折的能力。

有些學生的興趣愛好很容易更換。當他對一件事情感興趣時，常常賦予極大的熱情，可是，由於知識的欠缺或是其他原因，結果往往因為不得要領而導致失敗，興趣隨之減弱。不久又對另一事物產生興趣，但因為同樣的原因，結果也是失敗。

如此一而再再而三地反覆，加之學生又缺乏對付困難和挫折的能力，結果導致他們遇事總會煩躁不安。天長日久，急躁的個性就得以形成。

（4）不安靜的學習生活環境。

18. 磨出他們的耐心與毅力——糾正性格急躁學生的教導藝術

目前,學生的學習負擔普遍偏重,身心承受著相當大的壓力。如果有相對安靜的學習環境,他們還可以靜下心來全力學習。如果他們的學習環境常常處在嘮叨、酗酒、賭博、吵架、打鬧或是勁歌狂舞中,那麼,他們是難以學習的。

如果學生長期處在這種環境中,就會看見書本便煩躁不安,在焦躁中度過學習的時光,從而養成急躁的個性。

另外,個性急躁還與學生的後天生活環境有關。例如,在家排行老大的學生易急躁,因為父母對他們的要求過於嚴格,什麼事都要快、要好,要給弟妹做出榜樣,久而久之就形成了急躁的性格。

有時,急躁還與學生對生活、學習或工作的日程安排有關。一般來說,做事缺乏計劃性和計劃性過強的人容易產生急躁心理。做事缺乏計劃性的人,東一榔頭,西一棒槌,什麼都沒少做,但什麼都沒做好,這勢必導致他們手忙腳亂,著急上火;計劃性過強的人,做起事來則顯得十分機械,總有一種過分的緊迫感,一旦前一個計劃還沒有及時完成,馬上就會焦急起來,這樣勢必影響下一個計劃的執行,導致他們辦事匆匆忙忙,焦躁不安。

雪梅在班裡成績頂尖,為人又比較熱情,喜歡幫助人,所以鞠老師一直認為她是一個各方面都比較優秀的學生,不需要老師過多的關注,但卻沒想到,她因為性格急躁,在班裡「得罪」了很多同學,身處「孤家寡人」的地位。

這樣長久下去,勢必會對她的心理產生很大的影響。因此,鞠老師決定幫助雪梅彌補她的性格缺陷,讓她真正成為各方面都優秀的學生。為此,鞠老師特意詢問了有關心理專家,然後採取了以下措施:

(1) 教雪梅學會遇事冷靜。

每當在採取一項行動之前,鞠老師都會耐心地囑咐雪梅一定要做好事前準備,心情平靜地進入活動之中。為了能讓她做到這一點,在行動之前,鞠老師告訴她可先自我提出一些問題。比如,「對這項工作,我已經有把握了嗎」、「準備工作周密了嗎」、「這項工作將會遇到哪些困難,我已經有了

恰當的對策了嗎」，這樣多提出幾個問題，多潑幾瓢冷水，有助於讓她因急躁而發熱的頭腦冷靜下來。

（2）加強雪梅計劃性的訓練。

鞠老師告訴雪梅，在完成一項任務前，必須先訂個計劃。比如，期末考試要到了，可以把每天用幾個小時複習，都複習哪些科目安排一下，做到心中有數。這樣，複習起來就不會剛拿起數學課本又想起今天的單字還沒背，剛背兩個單字又想起明天有小測驗，最後什麼都沒做好。

雖然雪梅的學習不錯，但在這方面也常犯急躁的毛病。所以，讓她做事常做計劃，有助於她養成良好的做事習慣。

另外，鞠老師還教給了雪梅一些自我訓練的方法：

①自我暗示法。

可以在自己屋裡或課桌上貼一些「沉著」、「冷靜」之類的紙條，以隨時提醒自己。

②模糊計劃法。

也就是說，做事時，一方面要有計劃，另一方面，計劃又不可過於完備。這樣可使自己的行動既有計劃性，又有自由度，克服了無計劃的手忙腳亂和計劃性過強而缺乏靈活性的弱點。

做計劃時要力求從整體上來把握，不要拘泥於一些細節。在執行計劃時，可根據具體情況增加或減少一些內容，這樣就能使生活、學習顯得有條不紊。

③修身養性法。

修身養性法，即透過修身養性來調節情緒，增強自身忍耐性和涵養。這是改善和緩解急躁個性的有效方法。

具體的方法有很多，如下棋、書畫、釣魚、做小型手工藝品等，可修養耐心和韌勁；加強自身思想修養，以一顆愛心去對待別人，增加自己的相容性；

方法總比問題多：名師轉變棘手學生的施教藝術

18. 磨出他們的耐心與毅力——糾正性格急躁學生的教導藝術

強迫自己去學釣魚，在靜靜地等待中「消磨」自己的急性子，久而久之就會養成不急躁的習慣。

④靜默法。

坐在一個安靜、隔音效果好的房間的舒適椅子上，集中注意一個單調的聲音。如鐘的滴答聲，或注意一個意念、做一些簡單刻板的動作，比如用大拇指與其他手指重複接觸等，從而達到入靜，精神鬆弛，隨意控制自己的心理活動的境界。

經過半年多的矯正，雪梅的急躁性格有所緩和，不再動不動就向同學發火了，人際關係有了明顯的改善。但鞠老師卻並沒有就此打住，而是在此後又多次找她談話，教她針對不同的情況採取不同的措施，每當她有所進步時鞠老師都給予積極的鼓勵和肯定。

透過逐步開導，雪梅變得平和了，待人接物也穩妥了，朋友也慢慢地多了起來。

在過去應試教育的體制下，有些老師往往只關注學生的成績和分數，認為只要成績好，各方面都萬事大吉，學習好的學生就是各方面都不錯的學生，讓老師放心的學生。

事實上，有不少成績不錯的學生都有性格方面的缺陷，比如，脾氣暴躁、急躁，或自負、自卑，這往往會影響他們的人際交往和以後的成長。如這個案例中的雪梅，學習成績在年級排在前三名，是老師眼中的「天之驕子」。對於這樣的學生，老師都是引以為傲的，是作為榜樣來向別人示範的，誰會想到她在人際交往中會如此失敗呢？如果鞠老師不是實行「一對一幫困」活動，也許永遠不能發現她的性格如此急躁，以至於把同學們都「得罪」光了。

所以，老師不要一味地只關注學習成績，更要關注學生的個性特點，特別是一些老師眼中的「驕子」，更應觀察他們的不足，以便及早發現，及時矯正。

通常情況下，急躁的學生常有如下表現：不論做什麼事，興頭來了馬上動手，既沒認真準備，又無周密計劃，而且一開始就急於見成效，遇到困難

時更是煩躁不安；在等候消息時，心情特別急切，坐立不安；處理矛盾和問題時，易魯莽和衝動；盲目行動，往往事與願違。在學習上則表現為好高鶩遠，急於求成，有時很想把成績搞好，但又缺乏扎實的努力，經過一段時間後成績沒上去，就急得不知從何做起；特別是經過努力以後，如果成效不大，就耐不住性子，結果形成越急越上不去、越上不去越急的惡性循環。

其實，急躁的產生與學生對問題的認識程度有關，當他們認識到問題很緊迫、很重要時，往往就會產生急躁心理。急躁性格對學生的各方面都會產生很大的危害：

（1）急躁會使學生心神不安，甚至會出現情緒上的紊亂狀態。

（2）急躁容易使學生灰心喪氣。

一個人在急於求成的情緒支配下，做事往往操之過急，不等深思熟慮，也不等準備工作做完便馬上開始工作，這樣當然很難取得圓滿的結果。當事情遭遇挫折時，往往不能冷靜地分析原因，而是帶著更加急躁的情緒，不冷靜地進行下一步的活動，結果仍然沒有滿意的結果。時間長了，就會使學生喪失對自己的信心。

（3）急躁容易使學生動怒。

生活中，愛發脾氣的學生往往都是性子很急的人。憤怒容易使人失去控制，比如，有些學生在盛怒之下會失去理智，做出傷害自己或他人的行為，而這在很大程度上都是由於急躁情緒的推波助瀾所致。

因此，老師應該訓練學生學會自我控制急躁情緒，具體方法如下：

①以冷制急法。

一是在重大行動前耐心地做好周密準備，以便心情平靜地學習；二是時刻保持清醒；三是對不利情況冷靜分析，採取恰當的對策，改變和消除不利情境，切忌「快刀斬亂麻」，不顧一切蠻幹一通，把事情辦得更糟。

②行為條理法。

18.磨出他們的耐心與毅力——糾正性格急躁學生的教導藝術

容易急躁的學生，應具有持久不懈地克服急躁情緒的心理準備，從點滴入手，培養寧靜和穩定的心境，建立一套新的行為規則，督促自己過有秩序的生活，進行有秩序的學習，培養行為的計劃性、條理性，使生活充滿節奏感。

③磨練養成法。

採取一些措施，把急性子磨慢，可以經常做些需要很大耐心和韌勁才能做好的事。比如，練習、臨摹繪畫，解亂繩結、下棋、解魔術方塊，等等，只要持之以恆，一般都能收到較好的效果。

④預期時間法。

確立合理的、適度的預期時間。有的人沒達到預期目標就急躁起來，看看收效不明顯就發急，這些都是預期時間設定得不恰當的緣故。而這些急躁情緒又都會妨礙自己做持續努力，最終會影響目標的實現。那種企圖透過「短促突擊」立見成效，經過一陣子的克服就來一個180度大轉彎的想法，是很不現實的。

⑤自我放鬆法。

當急躁情緒已經產生時，及時進行心理上的自我放鬆，暗示自己「這件事根本就不值得著急」、「著急會把事情辦壞的」，等等，使衝動和急躁的心情平靜下來，再從容不迫地進行工作。急躁心情有可能不斷出現，需要不斷地進行心理上的自我放鬆，直到急躁情緒被克服為止。

▌對性格急躁學生的教育策略要點

學生急躁個性形成的原因是很多的，對此，老師應根據不同的原因予以教育和糾正：

（1）對因家庭原因造成的性格急躁的學生。

①督促家長培養孩子們的獨立性。

中國著名兒童心理學家黃翼曾指出：世俗父母，常不知青年應該獨立，輒以子女脫離掌握為自己的損失……長欲其依依膝下，誠恐其羽成飛去，此種愛大有害於子女，實為最自私自利之愛。

因此，老師要與急躁學生的家長多溝通，告訴他們：作為家長，只要孩子們能做的事情就不要包辦代替，多鼓勵孩子們做有益的事情，並且不要怕孩子們失敗，以此幫助孩子們形成獨立處事的能力。

只有這樣，不如意、不稱心的事情才不至於打垮孩子們，還可以使孩子們在不如意、不稱心的事情中提高分析問題、解決問題的能力。

②讓家長為孩子們營造良好的學習氛圍。

老師應告訴家長，在孩子們學習時，要儘量為他們創造一個安靜的學習環境，不要給他們產生急躁情緒的條件。家長應注重自身的精神文明修養，為孩子們克服急躁的個性做出榜樣。

③讓家長培養孩子們辦事的計劃性、條理性。

老師可以讓家長監督孩子們，比如：孩子的衣物，讓他們自己分類收拾；家裡的東西，在哪兒拿的，用完後就放到哪兒去；讓他們學會制訂學習計劃和作息時間表，並督促每天按計劃按時間進行……

只有讓學生在生活上和學習上做到有條不紊，才能提高做事和學習的效率，消除由於不必要的忙亂而產生的焦躁情緒。

（2）對天生性格急躁的學生。

①及時正確引導學生。

當學生因失敗而處於心情緊張和異常激動狀態時，老師首先應該使學生平靜下來，幫助他們找出失敗的原因，樹立自信心，使他們確定並堅持自己的興趣愛好，從而使心理情緒保持正常狀態。

②給學生分析急躁的後果，提高他們克服急躁情緒的自覺性。

18. 磨出他們的耐心與毅力——糾正性格急躁學生的教導藝術

老師一旦發現學生有急躁情緒時，應馬上提醒或勸慰他們，告訴他們心急吃不了熱豆腐，給他們講些由於急躁而產生不良後果的事例，啟發他們增強克服急躁情緒的自覺性，從而糾正他們急躁的個性。

③透過具體活動磨練學生的韌性。

在學生學習之餘，老師可有意識地讓學生練字、畫畫或陪學生下棋等，在一筆一畫的練習中，在細膩觀察的描摹中，在步步思考的揣摩中，磨練學生的韌性。

總之，老師應轉變舊的教育觀念，不能只一味地向學生傳授知識，而應該培養學生健全的人格。

學生急躁的個性不是一天兩天形成的，它是長時間積累下來的結果，而糾正學生急躁的個性也不是一朝一夕就可以取得成效的事，因此需要老師有足夠的耐心和毅力，不斷地努力，才能徹底改變學生的急躁個性。

19. 重燃他的「興趣之火」──糾正厭學學生的教導藝術

▋厭學學生的個性特點

　　厭學的學生最大的特點就是厭惡學習。他們上課不聽講，有時還會擾亂課堂秩序，精神常常不振，愛打瞌睡，不完成作業；經常遲到、早退、曠課、逃學，對老師、家長們提出的學習要求，持有牴觸情緒；在學習上缺乏求知慾、好奇心，只是在外在的壓力下機械、被動、應付式地學習。

　　王艾華是中學語文老師，在三十多年的教育生涯當中，她遇到過各種各樣的厭學學生，但無論是什麼原因造成的厭學，無論這個學生的學習成績有多麼差，王老師從來沒有產生過放棄的念頭，她用自己那顆火熱的心，一次次重新點燃起厭學學生對學習的「興趣之火」。

　　在王老師的班級有一個名叫小劍的男同學，這名同學給王老師的第一印象就是性格很開朗，每次碰到老師都會用響亮的聲音熱情地打招呼，平常也總是笑瞇瞇的，和同學的關係處得也不錯，學習上也很認真，常到辦公室問老師問題，成績在班裡處於中上段。

　　但在高二第一學期期中考試後不久，王老師突然發現小劍的精神變得萎靡不振，英語老師也向她反映說小劍對英語的積極性不如以前了。王老師便找小劍談話，了解情況。

　　「小劍，我發現你現在上課總是沒有精神，怎麼回事啊？是不是有什麼心事，可以告訴老師嗎？」王老師親切地詢問。

　　「不知道為什麼，這段時間我晚上總是睡不著。」小劍垂頭喪氣地回答。

　　「是不是學習太累了？雖然學習很重要，但也要注意休息，不要累壞了身體！」王老師叮囑道。

　　「哦，我知道了，老師。」小劍答應著。

19. 重燃他的「興趣之火」——糾正厭學學生的教導藝術

第二天上午，小劍的媽媽打來電話，說要幫小劍請幾天假，帶他到醫院去看病。這時，王老師意識到小劍的問題可能不是那麼簡單。過了三天，王老師打電話到小劍家詢問情況。電話是小劍的媽媽接的，並說兒子已經從醫院回來了，他的爸爸一會兒會到王老師的辦公室去。

過了十幾分鐘，小劍的爸爸來到王老師的辦公室。

「小劍怎麼了？身體有什麼問題嗎？」王老師急切地問道。

小劍的爸爸看上去臉色很不好，沉默了幾秒鐘，心情沉重地講道：「這孩子想棄學，現在很害怕看到書本，害怕到學校，一到校門口就渾身不自在。這孩子在家裡耍小孩脾氣，一點也沒有高中生的樣子……」

聽了小劍爸爸的敘述，王老師的心不由得一沉，這個學生不會是得了厭學症吧？於是下班後，她馬上趕到小劍家。

當王老師看到小劍的時候，他正蜷縮在一張椅子上，瑟瑟發抖，兩眼迷惘、空洞、無神。

看到這種情況，王老師的心情十分沉重。她試著上前和他談話，但小劍的聲音極其輕微，而且還在顫抖。

這一刻，王老師只覺得心被什麼東西揪住似的，很難過，很自責。如果自己能多關注他，早發現問題，事情絕不會發展成這個樣子。自己一直覺得小劍開朗熱情，不可能會有什麼心理問題，看來自己對學生了解得還是不夠啊！

看著面前毫無生氣的小劍，王老師的心裡升騰起一股強烈的慾望，絕對不能讓他棄學，無論如何都要讓他重返學校！

從小劍的表現可以看出，他有嚴重的厭學心理，甚至已發展成為厭學症。

厭學症是現代學生的一種典型的心理障礙，如不及時治癒的話，後果相當嚴重。

為什麼小劍會從一個開朗熱情的學生轉變成為厭學棄學的學生呢？它的原因是多方面的：

(1) 自己的實際能力與自我期望產生較大差距。

小劍對自己的期望很高，他希望自己能夠在班級嶄露頭角，高人一等，但實際上，由於他的英語成績和數學成績不好，所以一直都在班級中保持第二十五名左右的名次，而這種實際水平，與他自身的期望有很大差距。

正是這種好高騖遠，不切實際的想法導致他的心理不平衡，思想不集中，白天煩躁不安，晚上失眠。

(2) 付出與收穫的落差，引起自卑心理。

小劍的學習態度比較認真，在英語和數學薄弱方面花的時間比較多，幾乎一個晚自修全部在學數學和英語，但是卻沒有達到預想的效果。

由於付出與所想像的收穫差距很大，導致對自己喪失信心，甚至走向另一個極端，認為自己很「笨」，無端地自認為是班級的「垃圾」，一有「風吹草動」就認為老師看不起他，同學也看不起他，造成強烈的自卑心理，想要逃避。

(3) 因耐挫折力差，導致喪失信心。

很多學生是獨生子女，從小受到父輩、祖輩過多的關心愛護，隨著生活水平的不斷提高，他們的生活條件變得越來越優越，基本上是生活在一種衣來伸手、飯來張口的安逸的環境當中，遇到挫折和經歷磨煉的機會越來越少。

一旦他們在生活中遇到一點風浪，或考試成績差、或與同學們關係不和、或遭到老師的批評等，都會對他們的心理造成很大的影響。

小劍就是在這樣優越的家庭環境下成長的，同時他在小學、初中時期的成績一直非常優秀，是老師心目中的好學生，自我感覺非常好。據其父母講，在上高中以前，小劍的學習和生活都是一帆風順的，而到了高中他的學習成績漸漸跟不上了，於是心理上就承受不了。

(4) 基本的歸屬需要得不到滿足。

19. 重燃他的「興趣之火」——糾正厭學學生的教導藝術

小劍雖然長得人高馬大，但實際上心理還是不夠成熟，在很多方面都表現出小孩子的脾氣。在群體中沒有能和他真正交心的朋友，他內心的空虛和失落無法得到慰藉，無法滿足心理歸屬的饑渴。

（5）家庭因素。

每個家長都希望自己的子女分數高點，想方設法為自己的子女安排補習班，盡自己的力量為子女創造一切有利的條件。這種關愛會帶給學生很大的壓力。同時小劍家族裡的孩子都考上了重點大學，這種比較無形中又成為他巨大的心理壓力。

（6）老師的因素。

王老師在小劍出現心理問題前，沒能及時觀察到他的情緒變化，更沒能預測到可能的後果，在發現異常後又沒能及時與他溝通，沒能將問題解決在萌芽狀態。

種種原因就造成了小劍的厭學心理。

在當今這個競爭激烈的社會，厭學心理已成為學生當中，特別是中學生群體中的一個普遍的心理問題，而產生這種現象的原因一般分為主觀因素和客觀因素：

（1）主觀因素。

①由於很多學生自身比較懶惰，怕苦怕累，以致對學習毫無興趣，一看到書本就頭痛，這一點是引起學生厭學的一個重要原因。

②由於學習方法不當，導致許多學生基礎知識差，成績跟不上，而家長們都「望子成龍」，對孩子們的希望過高、要求過嚴。這種巨大的心理壓力和精神負擔使學生難以承受，久而久之便對學習產生厭煩情緒。

（2）客觀因素。

①社會環境因素。

现代社会雖然講究素質教育，但在現行的考試體制下，老師還得注重分數，學生的「能力」幾乎都量化到分數上。分數競爭激烈，學生對自我價值認識不足，自信心就缺乏，常處於焦慮、擔憂、挫折等不平衡的心理狀態下，引發不同程度的心理問題。

此外，社會娛樂場合過多，網咖電玩城、溜冰場、KTV等，學生經受不起這些因素的誘惑而分心，從而導致厭學。

②家庭因素。

部分家長忽視自身作為子女「第一任家庭教師」的角色，在教育子女的問題上，他們多是糊塗理解，看法偏頗，簡單粗暴，放任自流。還有的父母不管教或不善於管教子女，強制或逼迫子女學習，從而造成子女的逆反心理，讓子女失去了對學習的興趣。

③學校因素。

學校的教育方式不當，比如，學校只重視升學率，使學生的身心負擔過重等。另一方面是老師的教學觀念陳舊，教學方式不當，搞題海戰術，課堂枯燥無味等。當然，師生關係的好壞也會影響學生的學習。

看到小劍委靡的精神狀態，王老師很是心痛。過了幾天，她再次來到小劍家，詢問他的身體狀況。此時，小劍的心情比前幾天已有所好轉，看到王老師到來，比較興奮，忙說好多了。

趁此機會，王老師敞開心扉告訴小劍他在自己心目中的印象：學習上是一位認真、很有上進心的學生，人品上是一位熱愛班級、尊敬老師的好學生，他在其他老師心目中的印象也非常好。

小劍聽後，有些詫異老師對自己的態度，但非常高興。同時王老師也實事求是地分析了小劍各門學科的優勢和劣勢、現在在班級中的實際水平及可能預期的結果。與此同時，小劍所在班級的任課老師，如英語老師、數學老師也打來電話問他的身體情況，讓他充分感受到老師對他的關心。

19. 重燃他的「興趣之火」──糾正厭學學生的教導藝術

就這樣，兩個星期後，小劍重新返回了學校，走進了教室。但王老師明白，這並不意味著小劍已經完全走出棄學厭學的心理陰影，她還需要做更多的努力。

首先，構建心靈的橋梁，幫助小劍樹立正確的自我意象。

自知才能自信，自信才能自強。小劍因為自己數學、英語成績較差，而且與自己的期望值有差距，從而自暴自棄，完全否定自己，認為自己什麼都不如別人，從而喪失對學習的信心和追求進步的勇氣。

於是王老師就經常跟他談心，對他進行心理疏導，並引導他學會對自己進行客觀、全面的評價。

王老師告訴他，每個人身上都有這樣或那樣的缺點，關鍵是要學會面對現實，立足現實，從而進一步超越現實。此外，王老師還引導他制定切實可行的階段目標。

在一次談話中，王老師把卡內基的一句話送給他：「發現你自己，你就是你。記住，地球上沒有和你一樣的人……」

小劍聽了後沉思了很久，然後露出了燦爛的笑容。

透過多次談心，小劍已經能夠充分接納自我，並樹立正確的自我意象了。

與此同時，王老師還在班級開展走出「心靈獨木橋」的主題班會。在班會課上，她讓學生自由地談論在學習生活中給自己造成的困惑、苦悶、委屈。同時王老師還告訴學生，如何在失敗面前克服心理障礙，調節自我，增強自信。

透過此次主題班會，小劍明白了升學的心理壓力不是他個人才有的心理障礙，其他同學或多或少都有，這讓他有種同病相憐的感覺，甚至讓他覺得其實相比較而言，自己的壓力並不是最大的，從而減輕了他的心理負擔，人也似乎輕鬆了許多。

其次，為小劍找心理支點，增強他的學習動力。

王老師認為：給學生一個支點，他們就能征服困難。這裡說的支點指的是心理支點，有支點，才有可能產生動力；有支點，才有可能產生希望。

　　她發現小劍的文科綜合素質較強，在班級經常是名列前茅。有一次他因請長假沒上過一節歷史課，完全靠自己自學，只是中途到辦公室問過王老師幾個問題，結果考試的時候他考了 80 分。

　　王老師利用這個契機表揚了他，說他思路很正確，條理很清楚，反應很靈敏，叫他繼續努力。小劍聽了後很高興，上課的積極性明顯高漲，學習的勁頭相當足，同時王老師也讓他對薄弱的學科多用一點心，他也很樂意地接受了。

　　再者，積極發現小劍的內在優點，實現其自我價值。

　　一天，王老師在跟小劍的爸爸交談時，他爸爸對王老師說：「我孩子自小生活就比較優越，因此比較自私，在家很懶，從不做事，這對他耐挫折力有很大影響。」

　　王老師有些驚訝地說：「他在班級裡表現很好！凡是我在場的幾次大掃除中，他表現得非常積極！而且班級分發書本，最積極的就是他。」

　　這件事情給王老師一個啟示，小劍其實是想引起別人的注意和重視。因此，在一次班級缺水，小劍一個人去打水時，王老師就大大地表揚了他，並批評其他男同學做事不主動。

　　女同學們也都「唧唧喳喳」地說，就數小劍最勤快了，得到女同學們的好評，小劍顯得相當得意。

　　此外，王老師還給他安排了電腦保管員的任務。自從給小劍安排了這個任務後，他做事更加認真，總是在老師上課之前，主動問老師需要不需要電腦。

　　漸漸地，小劍的性格開朗了許多，不僅跟女同學相處得很好，而且也經常跟男同學聚在一塊。

19. 重燃他的「興趣之火」——糾正厭學學生的教導藝術

就這樣，在短暫而又漫長的半年裡，在家長的配合下，在任課老師的關心幫助下，小劍漸漸地從痛苦中走出來，並逐步成長，基本恢復了以前的信心。在第二學期的期中考試時，他在年級中的排名進步了 40 名。

在這個知識爆炸的時代，作為一名學生，首要的任務便是學習，但現在的部分學生都對學習抱著無所謂或厭惡的態度。據調查，在現在的學生群體中，有 85% 的學生有厭學的現象或曾經厭學過，厭學已經成為一個不容迴避的校園問題。

學生厭學現象的成因是錯綜複雜的，很多還是來自於學校。每一個老師都想教出好成績，都想超過其他老師，這無疑是老師有責任心的一種表現。

但少數的老師，不在提高自身水平上下工夫，而是靠威嚴、靠懲罰、靠硬逼來提高學生的成績。比如，一些老師安排作業，根本不講實效，只想以多取勝，他們覺得反正安排了總比不安排好；還有一些老師則無限制地增加考試次數，考完了就排出名次，批評挖苦低分的學生，或讓他們的家長簽字。

於是，學生只好整天忙於完成作業，忙於應付考試。他們上課不敢放鬆，回家沒有空閒。教育的規律全然得不到體現，學習的樂趣自然也蕩然無存。

所以，老師是幫助學生改變厭學情緒的關鍵因素。

那麼老師究竟應該怎樣解決學生的厭學心理呢？

首先，老師要激發學生的學習興趣。

老師要更新教育理念，營造輕鬆愉快的學習氛圍；想方設法地激起學生的學習興趣。

教育學家第斯多惠說：「教學的藝術不僅在於傳授本領，還在於激勵、喚醒、鼓舞，主要就是要激發學生的興趣。」

因此，老師應多讓產生厭學情緒的學生在學習中有獲得成績的機會。給他們一個可以達到的目標，誘導他們「跳一跳，就能摘到桃」。只要他們獲得了一點成功，老師就可以對他們進行鼓勵，使他們能嘗到學習的樂趣，體會到學習中的快樂，成功的喜悅。

其次，尋找厭學學生的優點，樹立他們的學習信心。

法國教育家盧梭曾經說過：「讚揚學生微小的進步，要比嘲笑其顯著的惡跡高明得多。」對產生厭學情緒的學生，老師要時刻捕捉他們的優點，及時肯定、表揚他們，滿足他們的自尊和正常的心理需要，以創造轉化契機。當然，老師在表揚厭學的學生時要注意方式、方法，以樹立正確的輿論導向和良好的學風。

再次，讓厭學的學生享受成功的喜悅。

隨著年齡的增長，學生的「表現慾望」和「成功需求」也越來越強。因此，對有厭學情緒的學生不能提過高的要求，要從他們的愛好和特長入手，選取一個一經努力即可實現的目標為突破點，幫助、指導他們獲得成功，使他們體會到成功後的充實和快樂，進而再對他們提出新的內容和要求。

這樣幾經循環，既可以提高學生的學習興趣，消除他們的厭學情緒，又可以使他們掌握豐富的知識和技能。

最後，要注意減輕學生的負擔。在「應試教育」向「素質教育」轉軌的今天，作為老師，要狠練教學的基本功、提高教學質量、提高教學效率，切實地減輕學生的學習負擔，使他們避免重複、無為的勞作，讓他們輕鬆、愉快地學習。

對厭學學生的教育策略要點

學生產生厭學心理，與家庭環境、學校教育，以及自身性格有很大的關係。所以，在教育這些學生時，老師要根據成因，有針對性地實施教育方法，只有這樣，才稱得上是因生施教。

那麼，老師在教育厭學的學生時，都有哪些策略要點呢？

（1）對因性格內向而厭學的學生。

這類學生不會主動與人交流，親密的夥伴較少，有困難不會求助他人，以致由不敢問到不願問，最後形成不會思考、不願思考的被動學習狀態。

19. 重燃他的「興趣之火」——糾正厭學學生的教導藝術

老師可以針對這些學生提供補習，採用分層次留作業的方法。比如，一開始時可以把家庭作業留的數量少一些，難度小一些，並安排學習好、性格開朗的學生當「小老師」，去輔導這些厭學的學生。

這樣一來，厭學的學生不但每天能完成作業，獲得心理上的滿足，體驗到學習的快樂，找回自信心，還能讓他們交到好朋友，讓他們的性格變得開朗、活潑。

當這些學生越來越自信時，老師再適當地調整作業的數量和難度，直至達到正常的要求。

（2）對因成績不好而厭學的學生。

由於學習不好，這類學生常遭家長的打罵，時間長了就會對學習越來越反感，以致到了厭學的程度。

這類學生厭學的大部分原因是因為家庭環境造成的，所以老師首先要解決的就是了解清楚他們的家庭狀況，告訴他們的父母要以恰當的方式和孩子們進行溝通、交流，不要因為孩子們的學業成績達不到自己預期的要求，就一味地打罵，這樣只會導致孩子們更加消極地對待學習。

在勸導家長轉變教育方式的同時，老師也要給予厭學的學生充分的積極的關注，不僅要關心他們的學習，也要關心他們的生活和思想，多與他們交談，隨時了解他們的心理動向，以轉變他們對學習的看法和態度，緩解他們的厭學情緒。

（3）對因家長過於嬌慣而厭學的學生。

有些家長比較嬌慣孩子，由於這些孩子從小到大的生活都是一帆風順的，沒有經受過挫折教育，因此在學習上一遇到困難就退縮、逃避，不知所措，最後就選擇了逃學。

對這樣的學生，老師不要過多地指責，可以多觀察，找出他們的特長或感興趣的事，與他們多交流感興趣的話題，儘量讓他們感受到老師的真情善意，讓他們從心理上接受老師，喜歡老師，從而消除他們的逆反心理。然後

再鼓勵他們發揮特長，參加各種各樣的團體活動。與班群體在一起的時間多了，他們的心裡自然而然地就對班群體產生了親近感和認同感。

（4）對因方法不當造成成績不好而厭學的學生。

這類學生不是不愛學習，事實上他們學習非常刻苦、認真，但成績卻總是上不去。對於這樣的學生，老師要多關注他們的學習方法，如果學習方法不對頭，就要幫他們找到適合他們的學習方法，以緩解他們厭學的心理。

（5）對成績好也厭學的學生。

事實上，並非只有學習差的學生才厭學，很多學習好的學生有時也厭學。這種學生一般是在某一階段的學習成績很好，甚至是優等生，但進入另一個學習環境或升入更高一級後，成績就突然跌落下來，或不像以前那樣名次排在最前面。他們一時無法接受這種反差，於是開始厭學。

對這樣的學生，老師更要多加注意，千萬不要因為他們學習還不錯而掉以輕心。因為這類學生的心理承受能力很差，一旦老師發現他們有心理問題可能為時已晚，甚至有可能已造成嚴重的厭學症。所以，對於這樣的學生，老師要經常與他們談心，了解他們內心的想法，從心理上進行疏導，讓他們面對現實，並做好計劃，一步一步地實現目標。

造成學生厭學的原因很多，解決厭學的途徑也多種多樣，但老師的目的只有一個，那就是讓學生重新愛上學習，愛上學校這個大環境。所以，老師對厭學的學生一定要有耐心，針對不同情況採用不同方法，才有可能解決他們厭學的問題。

20. 思想引導，樹立其客觀認知能力──糾正忌妒心理過強學生的教導藝術

20. 思想引導，樹立其客觀認知能力——糾正忌妒心理過強學生的教導藝術

▌有忌妒心理學生的個性特點

忌妒是在與別人相比較中產生的一種狹隘的、自私的心理現象。有忌妒心理的學生承受能力較差，經不起挫折，他們容不得甚至反對別人超過自己，對勝過自己的同學輕則蔑視，重則仇視，有的學生甚至不擇手段地攻擊、報復對方。

此外，有忌妒心理的學生心胸還比較狹隘，嚴重地以自我為中心；爭強好勝，樣樣不服輸，看見別人好就生氣；對他人充滿敵意，一點小事都會耿耿於懷，懷恨在心。

廉麗麗老師認為，學生有一定的忌妒心理是很正常的，老師要首先給予理解和尊重，只有在這個基礎上進行思想溝通，才能將學生忌妒的心理轉化為前進的動力。

新學期開學已有一個月，班裡開始舉行班幹部投票選舉。廉老師收齊選票後，發現近一半的選票上都寫著這樣的話：蘭蘭太自私，不同意她擔任班長。

廉老師感到有些奇怪，蘭蘭學習非常優秀，在開學初的一個月擔任臨時班長期間，她工作主動積極，以身作則，且表現出一致公認的組織能力。是什麼事情使她在同學們心目中的印象如此之差勁呢？

於是，廉老師到同學中間了解情況，這些同學都說是由於聽芳芳這麼說才跟著寫的。

芳芳也是班裡一名學習很優秀的同學，成績和蘭蘭不相上下。兩人常把對方當做競爭對手，彼此關注對方的成績，你追我趕，還帶動了班級的「比

20. 思想引導，樹立其客觀認知能力——糾正忌妒心理過強學生的教導藝術

學趕幫超」活動。而且兩人還住在一個宿舍，平時看起來也沒什麼矛盾，芳芳怎麼會做出這樣的事情呢？帶著疑惑，廉老師把芳芳叫到辦公室詢問具體情況。

「芳芳，我聽同學們說選票上的話是你講出來的，對嗎？」

「嗯，是我說的。」芳芳對此直言不諱。

「為什麼說蘭蘭自私呢？你跟老師具體聊聊。」

「上次在做宿舍文化活動時，我們一起掛綵絹，作為宿舍室長我當然要負責這件事，所以我要求大家從宿舍的東邊掛起，但蘭蘭卻自作主張從自己的床頭開始掛。我說她太自私，她卻說『人不為己，天誅地滅』。這不是自私嗎？」芳芳理直氣壯地說道。

「哦，是這樣。好，你先回去吧。」廉老師並沒有對此事做出任何評價。

後來，廉老師又向蘭蘭求證此事，蘭蘭淡淡地笑著說道：「是有這回事，但我當時也只是因為生氣隨便說的一句氣話。」

芳芳就因為蘭蘭的一句氣話而到處宣揚她自私，這是因為她認知片面而出現的偏激言行呢，還是另有原因？廉老師靜下心來分析後，認為是芳芳的忌妒心理促使其做出了這種舉動。

就因為蘭蘭隨便說了一句「人不為己，天誅地滅」，而認定其是自私自利的人，顯然這個根據是站不住腳的。芳芳學習成績優異，國中階段曾一直擔任班長職務，曾被評為模範學生。

由此可見，她應該有比較高的認知評價能力，若用理性分析，她應該會對蘭蘭做出比較客觀的評價的。所以，她絕對不是因為認知片面而出現的偏激言行。

那麼，唯一的解釋就是芳芳存在著忌妒心理。她忌妒蘭蘭能當臨時班長，而自己卻不能，因為她認為自己並不比蘭蘭差，所以，她故意借題發揮，進行蓄意中傷，損害蘭蘭的名譽，來維護自己的虛榮心。

其實，每個人都會有一定的忌妒心理，學生當然也不例外。只不過和一般的忌妒相比，學生的忌妒心理有明顯的特徵：

（1）層次的相同性。

即所忌妒的人往往處在同一層次上，或是同一班級同一年級，或是年齡、學識、先天條件都差不多，接受同樣的教育，面臨共同的奮鬥目標，只是當別人占了優勢，自己處於劣勢時，便產生忌妒心理。

（2）認識的片面性。

即有些學生不能正視別人的優點和長處，更看不到自己的差距，往往用自己的長處與別人的短處相比，而且自視清高，驕縱任性，目空一切，很少自我反省。

（3）心態的畸形性。

即有些學生看到別人成功比看到自己失敗還要難受，只想戰勝他人，欣賞對方的失敗。在此心態的支配下，他們為取得老師的信任而打擊毀謗他人；對同學的求教漠然置之；有好資料、好書籍獨自占有，概不外傳；考試不擇手段舞弊，甚至毀掉、偷走比自己強的同學的學習資料、學習用品等。

（4）言行的公開性。

學生都比較單純直率，有話藏不住，而且措辭不掌握分寸，一旦忌妒心理產生，就會尋找機會發洩，或冷嘲熱諷，或公開詆毀，而形成的隔閡也很難消除。

然而，忌妒心理的產生並非是天生的，它是在後天一定的條件下逐步形成的。心理學家艾瑞克森認為：在學生成長的過程中，青春期是一個自我認定的時期，他們正是從這個時期開始發現自己的內心世界的。在此期間，他們喜歡同周圍的人進行比較，開始注意對自己的評價和對別人的評價。

與此同時，他們的自尊心也明顯增強。但由於其身心發展的不成熟，他們最容易犯的毛病就是：自我評價過高，自尊心過強。如果引導不力，他們就會走入妄自尊大、唯我獨尊的境地，人也會變得虛榮起來。這種唯我獨尊、

20. 思想引導，樹立其客觀認知能力——糾正忌妒心理過強學生的教導藝術

追求虛榮的心理很容易與尊重別人的心理產生衝突。平時當兩個人差不多時，這種心理衝突尚不明顯，而隨著時間的推移，當他人有了長足的進步時，這種唯我獨尊的心理就會急劇膨脹，與尊重別人的心理形成尖銳的衝突，其忌妒心理自然也就產生了。

學生忌妒心理的產生有多種來源，一般分為兩類：客觀誘因和心理誘因。

（1）客觀誘因。

①社會心理因素。

社會激烈的競爭，行業單位的攀比，成人病態心理的傳染……這些無不潛移默化地影響著學生。

②家庭心理因素。

家庭教育的失誤導致許多學生從小就養成唯我獨尊的心理，為滿足個人慾望不惜剝奪家人的需要，不高興同伴比自己強。而有一些家長用各種手段，片面地鼓勵孩子個人突出，壓倒別人，特別是當孩子已露出忌妒心理的苗頭時，家長又常誤當做競爭意識加以肯定，使孩子的忌妒心理惡性發展。

③個人心理因素。

學生在學習上，會因競爭遇到挫折而產生忌妒心理；在人際交往上，會因友誼的轉移或喪失而產生忌妒心理；在社會讚許上，會因他人受到表揚、個人受到批評而產生忌妒心理；在消費上，會因盲目的攀比而產生忌妒心理；在生理條件上，個人的容貌或身材不佳，也會對生理條件優越的人產生忌妒心理。

此外，學生忌妒心理的產生，跟幼年時期形成的虛榮心理有很大的關係。學生的爭強好勝等個性特點，也會發展成為嫉賢妒能的不良心理。

④學校心理因素。

各方面條件與自己相似或不如自己的同學居於優越地位；自己所厭惡或輕視的同學居於優越地位；比自己更高明又時常給自己帶來競爭壓力的同學；

老師、家長或班幹部處理問題不公，或感情上有所偏愛，都可能激化矛盾，使一些學生因怨恨而產生忌妒之心。

（2）心理誘因。

在上述客觀誘因的作用下，許多學生形成了一些不健康的心理品質：

①日益強化的自我中心意識。

這種學生的心中只有自己，從小就把個人私利放在壓倒一切的位置。

②自我否定意識，也就是自卑心理。

自卑是一種畸形變態的自尊。學生越是覺得自己不如別人，就越是極力維護自己。於是便可能不惜採取貶損別人的手段來補償自己失衡的心理——「我不如你，也不讓你占上風。」

③缺乏心理自我調節能力。

學生因處於成長期，經歷淺薄，遇事往往存有偏執心理，尤其是忌妒心理較強的學生不能很好地調控自己的情緒。

根據分析，廉老師找到了芳芳說蘭蘭自私的原因，於是，她再次把芳芳叫到了辦公室。芳芳來到辦公室，當她看到桌子上攤開的同學們的選票後，低著頭不敢正視廉老師的眼神。廉老師猜想她此時內心一定正在進行著激烈的掙扎。所以，她並沒有直接挑明芳芳此時的心理狀態，而是希望透過引導讓她進行自我反省。況且，事情的起因也還未完全明朗。於是，廉老師開始與她進行溝通：「芳芳，你說蘭蘭太自私，你可以向老師解釋一下什麼叫自私嗎？」

「就是私心太重，什麼事情都是以自己為中心，根本不顧別人，甚至損人利己……」

「蘭蘭是不是這樣的人呢？在班級中她有沒有做什麼損人利己的事情？」

芳芳沉默地搖了搖頭。

20. 思想引導，樹立其客觀認知能力——糾正忌妒心理過強學生的教導藝術

「蘭蘭先從自己的床頭開始掛綵絹是否干擾了別人或群體的活動？」

芳芳再次搖搖頭。

「那麼，這是不是自私？」

芳芳又搖了搖頭。

「那你僅憑蘭蘭一句話，就斷定她自私？而且還要冠之以『太』這個字，還要在同學間廣為宣揚。」

芳芳低著頭，緊咬著嘴唇，眼裡閃著淚花，哽咽著說道：「老師，是我錯了……」

「進入學校後，在跟蘭蘭相處的過程中，你感覺愉快嗎？」

芳芳突然抬起頭，不服地說道：「我在國中一直是班長，可進入高中以後，老師您只讓我擔任了宿舍室長。我想不通為什麼您只想到讓蘭蘭一個人當臨時班長，我懷疑這裡面有什麼名堂。我看見蘭蘭就感到心悶，她好像總顯得趾高氣揚。我跟她說話總感覺不怎麼投機，常覺得耳朵裡充滿她對我的譏笑、嘲諷……」

她終於說出了自己這樣做的原因——忌妒心理。

「芳芳，你知道嗎？你這是一種忌妒心理。」說著，廉老師找出有關忌妒心理與行為透視的資料讓她自己閱讀，讓她對照分析自己忌妒的表現和造成的危害。

芳芳看得很認真，她邊看邊深有感觸地引用書中的話說：「忌妒是為自己準備的屠刀；忌妒是一條啃嚙心靈的毒蛇。要不是老師及時指出，我真不知會發展到何種地步。」

在芳芳閱讀了廉老師為她提供的一些資料和自我反思後，對忌妒的危害有了很深的認識。於是，廉老師又和她一起探討了一些自我修養的方法，比如，透過讀書提高認識水平，實現以理智駕馭情緒；自覺以周圍一些善良、樂觀、人緣好的同學為榜樣；積極參加有益於身心健康的文體活動，透過這些活動培養積極向上、活潑開朗、與人為善的性格。

在各種方法中，芳芳確定了需經常訓練的內醒調節法：先是蒐集或自編一些防治忌妒的警句用做練習毛筆字的內容，在自己的生活場所寫一些警句作為座右銘。

在此基礎上，當自己因與他人比較感覺榮譽、地位等不如別人、受到威脅而不舒服、嫉恨別人時，要求自己冷靜頭腦、醒察自己的內部心理狀態，嘴裡默默地提醒自己：「我不能讓妒火在胸中燃燒，我應將損人害己的忌妒心理轉化為催促自己前進的羨慕心理，我應取人之長、補己之短。」這樣，逐步擺脫忌妒的羈絆。

此外，為了幫助芳芳擺脫忌妒心理，廉老師還在班裡努力營造「團結拚搏、友好競爭」的班級氛圍，比如，舉辦各種刻苦訓練、「比學趕幫超」的活動，使學生在多種活動中提高能力、開闊視野、增強心理適應力；在班級中建立班委競選制與值日班長制相結合的班群體管理制度，儘量讓每個同學都有展現自己特長和鍛鍊自己活動能力的機會。

大約過了兩個星期，廉老師再次約芳芳到辦公室。這次芳芳沒有了上次那種低垂著頭、目光游離、負罪感似的神情，而是微笑著向老師打招呼，廉老師看出她的心態已有了很大的轉變。

還沒落座，芳芳就已經將自己準備好的「作業」攤開給廉老師看。廉老師將她寫的毛筆字作品瀏覽了一遍，精神立刻為之一振。作品內容大多是出自芳芳自己之手的警句，每一句都有很深的含義，從中可以看出芳芳對於自己的忌妒心態已進行了很深刻的反省，她對問題有非常深刻的感悟能力。

欣賞這些語句之時，廉老師仍存有一絲疑惑：芳芳是否已真正化解了自己的忌妒心理呢？於是，她又和芳芳進行了一次想法上的交流：

「芳芳，你已經找到了消除忌妒心態的好方法了嗎？」

芳芳似乎早有所備，不假思索地說道：「是的，肯定平衡法！」

「肯定平衡法？是不是說要多看到自己的長處，以求得一種心態平衡？」

「不全是。是要這樣想『你好，我也好』。」

20. 思想引導，樹立其客觀認知能力——糾正忌妒心理過強學生的教導藝術

「哦，給老師講講。」

「就是既肯定別人的長處，也肯定自己的長處。別人有長處，我也有長處，各有所長。」

「為什麼要這樣想呢？」廉老師引導她。

「我故意貶低蘭蘭，可能是因為我對自己肯定不夠，覺得她的存在威脅到了我的存在。其實不然，她學習成績好，我學習也不差，我應該加倍努力趕上去才對；她做班長有威信，我做宿舍室長也可以有所作為；她唱歌、彈琴比我好，我繪畫、寫字在班上名列前茅……當我肯定別人的長處時，就會由衷地去欣賞別人的優點，也就不會用自己的長處去比別人的短處而夜郎自大、自鳴得意，有意無意地去貶抑別人，抬高自己。」

「芳芳，你說得很好！肯定別人，是為了取長補短；肯定自己，是為了揚長避短。這樣，自己就會總是保持樂觀向上、積極進取的精神面貌，對嗎？」

「對，就是這樣！」芳芳高興地點著頭。

此後，芳芳一邊努力學習，一邊鍛鍊發揮自己的特長。在擔任值日班長時，她向大家展示了由她自己主編的《同心橋》小報，向大家宣傳珍惜友情、克服忌妒等方面的心理知識。她還擔任了黑板海報編輯組的小組長，平時還主動對同學們的書法練習進行指導。作為女生宿舍室長，她與班長蘭蘭在工作上相互協商合作，有時還相互邀請去家裡做客，兩人已經冰釋前嫌了。

忌妒是一種有害的情感，無論是對忌妒者來說，還是對被忌妒者來說，對雙方都會造成一定的身體或心理傷害。它對學生的健康成長有百害而無一益，具體來說如下：

（1）危害身心健康，惡化同學關係。

忌妒心理會使學生經常處於緊張焦慮的狀態，不僅影響學業進步，影響身體健康，更會影響健康人格的形成。忌妒還會使學生的心胸狹窄，目光短淺，時間久了，會惡化與同學間的關係。

(2) 不利於同學間的正常交往。

忌妒的惡劣表現就是中傷他人，損害他人的自尊心，打擊他人的進步，不利於同學間的正常交往。忌妒心理在特定的條件下可以透過各種消極的情緒、情感和有害的行為表現出來，並外化為種種邪惡的力量，造成一些無可挽回和令人痛心的危害。

(3) 忌妒不僅危害別人，也危害自己。

忌妒會潛移默化地磨滅學生奮發向上的銳氣，倘若一名學生長期處在忌妒的心境中，那麼他就會在內心深處產生一種壓抑感，給自己造成莫大的痛苦。

正如法國大文豪巴爾扎克所說的那樣，忌妒者所受的痛苦比任何人遭受的痛苦都大，因為自己的不幸和別人的幸福都會使他痛苦萬分；因為經常忌妒別人的學生，會把大好的時光都花在對別人優勢的貶低上，將自己的苦惱繫在別人的成績上，結果將自己原有的靈氣也賠掉了，換回的只是無窮的煩惱和痛苦。

因此，忌妒心理不利於學生人格的完善和心智的發展，老師必須及時予以矯正，正確引導，具體方法如下：

(1) 幫助學生樹立遠大理想，克服盲目的爭強好勝的心態。

著名文學家高爾基認為，一個人追求的目標越高，他的才能就發展得越快，對社會就越有益。這裡說的「目標」不是個人的「出人頭地」，而是將自己的才華與智慧奉獻於改造社會的事業之中。

老師要讓學生了解到，作為跨世紀的一代應該努力學習，共同擔負起為社會求進步的使命。老師要在培養學生與人為善的心理，拓展他們包容萬物的博大胸懷上下工夫。

(2) 要講清忌妒心理的危害。

老師要對學生講清忌妒心理的危害，比如，忌妒者本人也會出現一些生理或心理上的疾病，如頭痛、胃口不好或情緒不佳等。忌妒心理對他人對社

會也有危害，一個群體裡若充滿忌妒，就會產生內耗：相互排斥，相互詆毀，相互戒備，很難有群體的合力和凝聚力。

（3）要創造公平的競爭機制。

老師要創造公平的競爭機制，讓學生在同一起跑線上競爭，並對結果給予及時、公正的評價。具體方法有二：一是要營造平等競爭，將班上的學生按成績好差分組，讓不同層次的學生在同等的條件下競爭，使大家都有可能成為「勝利者」；二是獎勵要傾斜，即對後段學生進步的獎勵要明顯大於、多於優等生。

（4）要一分為二地對待忌妒心理，正視其積極因素。

作為老師，對有忌妒心理的學生不能反感或嘲諷訓斥，應耐心細膩地調整他們的想法，充分肯定他們內心深處的不甘落後、想為人先的強烈願望，並正確引導他們透過努力去勝過他人。

對有忌妒心理學生的教育策略要點

有的學生很容易產生忌妒心理，如虛榮心強、占有心理強等，對不同原因引起的忌妒心理，老師要採用不同的教育策略。

（1）對因虛榮心強而產生忌妒心理的學生。

這類學生愛表現自己，過分關心別人對自己的評價，當別人取代自己的位置成為大家關注的中心時，就會產生忌妒心理。

對於這類學生，老師要幫助他們正確剖析忌妒心理產生的根源，化忌妒心理為競爭意識。

一般來說，忌妒心許多人都有，它是人類的一種普遍情緒。有的心理學家稱它源於人的一種本能，即競爭，其本身具有一定的生物學意義。文學家韓愈說過：「怠者不能修，而忌者畏人修。」對賢者能不服氣，不認輸，並非壞事，不甘拜下風，正是趕上和超越的前提。

因此，學生有一定程度的忌妒心理也是很正常的。這就需要老師引導學生正確看待忌妒心理，並舉例說明其危害性，比如，歷史上因忌妒而殘害孫臏終遭滅亡的龐涓，忌妒諸葛亮自己反而被氣死的周瑜。從而引導學生正確地看待別人的進步，把強手視為對手，見賢思齊，正確估計自己的優缺點，把忌妒心理變成一種行為的驅動力，來推動自己產生更大的進取心。

（2）對因獨占欲強而產生忌妒心理的學生。

這類學生恨不得將所有的好事（榮譽、成績、表揚等）都攬在自己身上，一旦他人得到一點好事，自己內心就不舒服。

對於這類學生，老師要教育他們面對現實，樹立克服忌妒心理的信心和決心。

而克服和預防忌妒心理產生的最理想方法，就是要使學生清醒地認識到在各個方面都超過別人是不可取的。金無足赤，人無完人。一個人由於主客觀條件的限制，不可能萬事都如意，一切都順利，事事都領先。要正確分析自己的具體情況，確定適當的目標。

另外，當學生在學習、生活等方面取得些許成績時，老師要及時給予肯定、鼓勵、讚揚。這樣，才能使他們重新點燃自尊的火種，獲得克服缺點、發奮進取的勇氣和自信，促使他們走向成功。美國現代著名的心理學家亞伯拉罕·馬斯洛認為，及時地發現充分地肯定一個人所取得的成績，就能使他產生「最佳情緒體驗」，即感到強烈的喜悅、欣慰、幸福，平日裡諸多的疑慮、恐懼、軟弱、侷促不安都消失了，此時，他會比平時更有決斷力，更堅強，更專心致志，更能經受得住別人的反對，對自己更有把握。

（3）對因耽於幻想而產生忌妒心理的學生。

這類學生發現別人比自己強時，不是努力去趕上別人，而是在想像中安慰自己，當現實無情地擊破他們的幻想時，便會產生忌妒心理。

對於這類學生，老師應當告訴他們要擺正自身的位置，希望自己比別人強是一種良好的願望，但更重要的是自身的努力，如果自己不努力，只在一邊乾瞪眼忌妒別人的成績和進步，則只能讓自己處於落後狀態，永遠無法超

20. 思想引導，樹立其客觀認知能力——糾正忌妒心理過強學生的教導藝術

越別人，所以老師一定要激發起這類學生的行動力，讓他們真正參與到競爭中來，用快樂的心境積極面對。

（4）對因幼稚、不成熟而產生忌妒心理的學生。

這類學生的「心理年齡」仍處於「兒童期」，他們不能全面地看問題，經常走極端，又不能從失敗中吸取教訓，當他們的願望不能實現時，就會產生忌妒心理。

對於這類學生，老師要教會他們全面地看待問題，讓學生學會自我安慰，永不言敗。伊索寓言曾說，有一隻狐狸吃不到葡萄，便對自己說，那些葡萄都是酸的，我才不想吃呢！說完徑直走開了，於是便不感到苦惱憂愁。心理學家借用這則寓言，把以某種「合理化」的理由來解釋事實，變惡性刺激為良性刺激，以求自我安慰的現象稱為「酸葡萄」心理。魯迅在《阿Q正傳》中寫到的阿Q的精神勝利法，也有異曲同工之理。

因此，老師應從各方面加強學生的修養，讓他們學會以平靜客觀的態度審視事態的發展，既不可因有一技之長而狂妄自大，也不可因他人勝過自己而滋生妒心；對於別人的成績、長處要心存讚許，不要總想著貶低比自己強的人；要想到別人的成功大多是靠自己的努力得來的，自己要取得那樣的成功，也必須付出艱辛的勞動；蓄意貶損別人，只能敗壞自己的心情和聲譽，於己於人毫無益處。

總之，老師要讓學生學會欣賞他人的成功，分享他人的快樂。

此外，對於這類學生，老師要及時發現其失敗的原因，以尋找合適的方法，幫助他們實現自己的願望。

忌妒心魔的力量是可怕的，忌妒心理的克服不是一朝一夕可以做到的，有待於每一位老師和學生共同努力去摒棄它。

作為老師要多關注學生的心理和情緒，當發現他們有了一定的心理壓力時，應及時幫助他們進行心理疏導，必要時要求助於心理醫生。

只有讓學生的負面情緒得到及時有效的宣洩，才會讓心理的重壓與痛苦遠離他們。我們應當以理解、尊重為基礎，以愛心為出發點，幫助學生擺脫忌妒心理的束縛，讓他們滿懷信心地去迎接美好的明天。

21. 敞開心扉、耐心疏導——糾正情感困惑學生的教導藝術

21. 敞開心扉、耐心疏導——糾正情感困惑學生的教導藝術

▎有情感困惑學生的個性特點

有情感困惑的學生也就是成人所指的「早戀」學生。這類學生通常性格軟弱，虛榮心強，學習成績不太好，缺少家庭溫暖，處於惡劣的生活環境中。但也有少數學生成績很不錯，是班裡的優等生。

「早戀」的一般表現為對異性的嚮往而導致男女學生產生朦朧的情感，早戀後會對學生產生不利影響，如學習成績突然下降，經常曠課，遲到早退，上課走神，逃學，情緒起伏大，時而春風得意，時而烏雲滿天，坐立不安，心神不定，上課思緒不集中；對老師、家長們反感，從而迴避他們；喜歡打扮，講究髮型、衣著、愛看言情小說；在異性面前表現失常等。

學生早戀是令每個老師都感到頭疼的問題，國中語文科朱碧芳老師根據自己二十多年擔任班導師的切身經驗總結出：作為一名教育工作者，面對情感困惑的學生，要及時給予疏導，絕對不能憑一時氣憤，用強硬的辦法來處理。

有一年，朱老師剛接了一個國三畢業班不久，就有同學向她反映說小倩和小超的關係比較好，很親密。

這兩個學生可都是老師眼中的好學生啊，如果他們出了問題可就麻煩了。

朱老師一聽有些著急，但沒有確鑿的證據，她只能暫時冷處理，不便做太多的過問。不過她開始密切地關注兩個學生的舉動。

經過一段時間的觀察，朱老師沒有發現他們之間有太大的問題，尤其是小倩，她對任何人都相當熱情，而小超也是以學習為重的十分優秀的學生。他們兩個的學習成績都很好，個子又相當，座位比較近，經常在一起討論問題，但沒有發現任何超友誼的行為。

21. 敞開心扉、耐心疏導——糾正情感困惑學生的教導藝術

不過過了一段時間，小超變得沉默起來，上課精力也不集中，有次考試成績竟然下滑很多，這是從來沒有的事情。看來要出問題！於是朱老師把小超找來談話。

進辦公室後，小超的眼光總是飄忽游離，躲避朱老師的目光，不敢和她對視。

「小超，我看你最近一段時間神情有些恍惚，成績也下降了，是不是遇到什麼困難了？有什麼問題可以告訴老師，老師一定會盡力幫你的。」朱老師親切地詢問。

「沒什麼，嗯，嗯，只不過這段時間爸爸媽媽都比較忙，我又沒管住自己，老師，我沒事的。」小超支支吾吾，看得出來並不想實話實說。

「沒事就好。」朱老師也沒有再勉強，只是繼續密切地關注著小超的動向，以便再尋找適當的時機。

突然有一天，小超在週記本上給朱老師寫了很長的一封信。「老師，請相信我們。我和小倩以前真的沒有什麼，都是同學們瞎起鬨，說我和她很要好。可是，現在換座位了，我們的座位離得很遠，沒法討論問題。而我也不知道怎麼了，上課總是往她那兒看，看到她和其他的男生有說有笑的，我就不高興……」他把整個事情的實情以及現在的狀況敘述了下來，說現在他很矛盾，不知道該怎麼處理，向朱老師尋求幫助。在信中，小超一再讓朱老師相信他，並要她不要告訴其他老師。

從小超給朱老師的信中可以看出，一開始他與小倩純粹是友誼關係，沒有產生過其他想法，而是其他同學瞎起鬨。但當班群體換座位後，兩人的座位離遠了，小超一下子不適應，因此不由自主地開始密切關注小倩的舉動。當看到小倩和其他男同學有說有笑時，心裡就感覺不舒服。應該說此時，小超已有了「早戀」的跡象。

像小超這個年齡段的學生，無論是在性生理還是在性心理上都已經開始發育了，但這只是一種朦朧的意識，還不具備真正意義上的戀愛成分。

但我們也不可否認，現在的學生早戀或具有早戀傾向的越來越多。早戀之所以發生，大部分的原因是學生缺乏足夠的情感關注，或缺乏與父母在心理和感情上的溝通。

有心理專家指出，如果學生從家長那裡得到足夠的愛，他們一定會處理好與異性交往的關係，早戀現象更不會發生。還有一部分學生早戀是因為身邊的環境改變了，比如轉學，而覺得內心孤獨、空虛引起的。總結來說，引起學生早戀現象的原因主要有以下幾方面：

（1）內因。

進入青春期的學生，隨著生理發育的逐步成熟，特別是性開始成熟以後，他們從心理和生理上產生了愛慕異性的願望。

一方面現代的學生性意識發展較早，學生隨著性生理的成熟和社會環境的影響在心理上會萌發一種性意識，也就是說他們開始意識到自己的性別，認識異性的性別，以及兩性的差別和聯繫，開始考慮自己如何扮演一個男人和女人的角色，如何與異性進行交往。這樣就可能會產生愛慕異性的心理。

但這種意識一般都是從性意識的覺醒開始的，從半懂不懂，兩性開始疏遠而進入朦朧期；隨著嚮往異性心理的不斷發展，開始進入迷戀期，進而開始結交異性朋友；在與異性交往的過程中，對特定對象產生鍾情，產生愛慕之心。

這個過程，是愛情產生發展的特定過程，是一種高級的社會感情、特定的人際關係。剛進入青春期的少男少女雖然性意識成熟較早，但他們的心理狀態和社會性格都不成熟，他們處理不了這種高級的感情，於是就會產生早戀。

（2）外因。

①家庭因素。

隨著離婚率的不斷增長，單親家庭和隔代撫養的孩子越來越多。在這種家庭下成長起來的學生，由於缺乏完整的父愛和母愛，於是想從異性同學那

裡尋找慰藉。而異性間在交往與接觸中會產生一種愉快的心理，這是他們在家裡很少能體會到的，這種愉悅會促使他們更加頻繁地與異性接觸與交往，從而產生了早戀情結。

還有些學生，儘管父母沒有離異，但由於其父母沒有嚴謹的生活作風，社會交往過於複雜，而直接影響了學生，使他們有效仿的動機，也容易產生早戀。

還有一些家庭，父母均在，父母生活作風也嚴謹，但由於父母的家長作風太濃，不善於與自己的子女溝通感情，交流思想，動不動就是說教，甚至喝斥，子女在家中沒有發言權，以致產生一種孤僻心理，於是很可能去找和自己平時比較要好的異性去傾訴心中的苦悶與委屈。而隨著時間的推移，就有可能進一步發展成為早戀。

②學校因素。

在情感教育的問題上，德育體制上可說是一段「空白」，沒有明確的要求和規定怎樣對學生進行「情感教育」。

儘管學校在管理上規定了學生不允許早戀，但是沒有從根本上讓學生明白早戀的危害性，所以始終杜絕不了。

另外，學校沒有配備專職的情感教育老師，甚至連兼職的輔導老師也沒有，而是由班導師充當了這個角色。但由於班導師還有許多其他的工作要做，再加上在情感教育的問題上，沒有相應的教學大綱來參考，於是這項工作就顯得有點無序和被動。主要表現在老師沒有重視事前的引導，等到發現問題後才開始注意，所做的工作也只是對事情的調查及處理，這無疑是本末倒置的。

③社會因素。

社會生活中關於性方面的刺激越來越多。首先，電視劇、廣告片、電影、雜誌中關於情愛的問題出現得相當多；其次，在生活當中，成年人特別是現代的一些青年人的生活方式、一些與傳統大不相同的情愛觀，都嚴重地影響

著進入青春期的學生，使他們感到迷茫，感到好奇，進而開始模仿成人的行為。

收到小超的信後，朱老師感到小超在友情和感情之間可能出現了迷茫，自己不知道該怎麼處理這件事情，所以向老師尋求幫助。這是學生對老師的信任，自己一定要想方設法地幫助他解決這個問題，使他重新找到生活的正確方向。

根據小超不願意讓其他的老師和同學知道這事的情況，同時朱老師也考慮到對小超的教育要講求策略，因此朱老師沒有直接找小超面對面地交談，因為她覺得那樣會使得小超很尷尬。因此，朱老師採用了用筆交流的方式。

首先，朱老師給小超分析了造成早戀的種種原因，比如：

（1）相當數量的學生早戀的直接原因是社交範圍狹窄。家長對孩子們的限制比較多，不願意讓孩子們離開自己的視線，走出家門尋找夥伴，以致造成孩子們的孤獨感較重。

（2）家庭往往只看到孩子們的物質需要，卻忽視了孩子們對愛的渴求、對性的好奇。

（3）學生覺得有些事不適合向父母、老師訴說，只好找異性傾訴，慢慢就變成了男女朋友。

（4）相互吸引。由於男生具有心胸豁達、剛健的一面，因此許多女生之間不願講的話就會和一些男生談心；而女性具有溫柔體貼的一面，男生在遇到一些情況時也希望得到女生的安慰，長此以往，也可能引起學生早戀。

其次，幫助小超分析他屬於哪種情況。小超分析後覺得自己屬於第四種情況，因此根據所了解的知識，朱老師以真誠的態度和小超在信中交流。

朱老師在信中談道：「學生的成長過程中難免會出現心理波動，許多事情的發生不是可以事先預知的。但是，我們都知道初戀是人生中最純潔的感情之花，不論它開在什麼時候都是應該珍惜的。另外異性間的接近是以傾慕為基礎的，要想讓對方注意自己，就必須讓自己變得更出色。我們應該以一

21. 敞開心扉、耐心疏導——糾正情感困惑學生的教導藝術

種更為純潔的心理去對待第一份感情，也要學著讓自己變得更出色，成為自己成長中的一種動力。但是，我也知道想解決心理的問題單靠這一方面是遠遠不夠的，你應該全身心地投入到學習和群體生活去中，用意志力克服自己與異性交往的感情需要，樹立高尚的人生目標，做有遠大抱負的青年人，『戰勝自己，超越自己』是成人、成才的關鍵。再者，人一生要做的事很多，但一定要分清主次，輕重緩急。因為人的時間和精力是有限的，在每個年齡階段都有要做的重要事情，什麼時期最適宜做什麼事，若把握了這一黃金時間就最有成效。一旦讓機會溜走，失之交臂，就難以彌補，有的甚至是終生不能彌補的。我們現在最重要的任務就是學習，青少年時期精力旺盛，記憶力好，思維敏捷，易於接受新事物，且基本無衣食住行之憂，是學習的大好年華，是積累知識、開闊視野、培養能力、拓展才華的最佳年代。如果把人生比作一班車，早戀則是路邊的一道風景，在這快速行駛的車上，大家一路同行，你若經不住誘惑，下車去欣賞途中風光，等你醒悟過來，已是車不待人，當你趕上時已經遲了，甚至再也沒有下一班車。請別忘記這是一個競爭時代，由不得你慢慢來……」

透過幾天的書信交談，小超不斷地向朱老師表示他逐漸明白應該怎麼做了。而他們之間的交流用了整整一個本子。雖然耗時很多，但方法很有效，從小超的語言行動中，朱老師看得出，他正在慢慢地發生著變化。

看到小超在慢慢地改變，朱老師從心底裡感到高興，她知道小超已經從迷茫中慢慢找到了自我，找到了自信。因此，朱老師感到與小超正面交流的時機到了。一天放學後，所有學生都離校了，朱老師將小超單獨留下，和他交談，「小超，最近有什麼想法嗎？」

小超說：「老師，我明白了，也想通了，很感謝您用這種方法來處理這件事。其實，這一段時間我每天都盼著您的回覆。老師，相信我，我會把握好的。」

「嗯，老師相信你！」看著小超在慢慢地恢復狀態，朱老師發自內心的感到高興。

在這個案例中，當發現小超異常的表現後，朱老師並沒有對他進行嚴厲地訓斥或強硬地「拆散」他們，而是耐心地疏導，最後成功將早戀事件化解。

但有一些老師卻並不是像朱老師這樣做的，而是選擇強硬的方式。比如，網路上曾登載過這樣一則消息：一個高中女學生跳下懸崖，身受重傷。

據稱，女學生跳崖的原因是被老師懷疑其談戀愛，並不許其上課。結果學校師生和社會輿論一片譁然。

早戀是異性交往的一種不恰當的方式，也是現在社會和學校都極力反對的一種現象。有些學校對早戀是嚴厲禁止的，採取各種高壓手段，希望能夠扼制住早戀之風。

但是對於早戀與異性交往這二者，學校卻沒有一個明顯的界限區別，老師的心目中也沒有一個科學的劃分，因此有些正常的異性交往也被列入禁止之列。有少數老師甚至小題大做，對男女學生的交往大驚小怪，對學生進行教育時，多用譏諷、訓斥的語氣，嚴重地傷害了學生的自尊心，使學生出現逆反心理。有些學生甚至就玩真的，乾脆真的早戀。所以有些早戀現象的發生發展也與老師有一定的關係。

比如，在某普通高中二年級，有一個女生，長得很秀氣，誠實穩重，給人的感覺很好。她曾經對班級的一個男生非常欣賞，可是她從來沒有說過，也沒有表現出來，只是將這份欣賞寫到了日記中。

後來父母偷看了她的日記，找到了學校。於是，這個女生的老師不分青紅皂白地對其進行了一頓批評，這次批評使同學們都知道了這件事。而那個男同學剛好也喜歡她，於是不該有的結果，也是那個女生沒有想到的結果發生了，她真的早戀了。

後來她在給朋友的信中寫道：「其實我們也具有約束能力，我就是不明白，為什麼大人們總是喜歡對一些事情大驚小怪，只要看到男女同學在一起，關係較好，就會懷疑是早戀了，好像所有的學生都不值得信任。」

21. 敞開心扉、耐心疏導——糾正情感困惑學生的教導藝術

學生進入青春期以後，隨著生理上的發育日益成熟，性意識開始萌芽，異性間出現好感是一種無法改變的事實。因此當一個女生或一個男生在外表、學業和氣質等方面十分出眾時，異性對其產生好感是正常的。

此外，生理發育的日趨成熟並不意味著學生完全成熟了，因此老師要給予他們適當的引導。

早戀問題的存在是不爭的事實。據調查表明，13～17歲中學生中，大約有30%的人承認有關係密切的異性朋友，其中7%～8%的學生承認自己有早戀行為。

與成年人的愛情相比，早戀難以持久，缺乏理智，是不成熟的選擇，同時充滿了幻想和衝動，在遇到波折時，易產生偏激行為，比如，殉情、惡性報復、離家出走、患憂鬱症，甚至自暴自棄、自殺等。也有可能在一時的性衝動之下發生性關係，造成懷孕、墮胎等嚴重後果。

那麼，該如何對待學生的早戀現象呢？老師一要正視，不要把它視若洪水猛獸，要認識到這是學生在走向成熟的過程中出現的正常的心理現象；二是要慎重處理，巧妙引導，讓他們自然地渡過愛河，切忌不明智的簡單處理。具體方法如下：

（1）要善於發現。

學生的早戀常常帶有很強的隱蔽性和羞澀感，一般不會向人公開自己的內心世界，就算自己的好友和父母也是如此，但即使再祕密的事情也總會有所表現，關鍵是老師要善於發現。

首先，學生的精神面貌會發生變化。有人說，初戀是神祕的使者，它能調動人的內在力量。初戀能讓女生特別害羞，也能使平素沉默寡言的男生變得興高采烈起來。其次，是衣著、語言、行為的變化，老師只要細心，就會發現線索。

（2）正確引導，不要聲張，更不能搞得滿城風雨。

老師要尊重學生的人格，尊重學生純潔的感情。要曉以利弊，動之以情，引導學生解脫，或透過有趣的活動，巧妙地引導學生度過情感困惑期。

(3) 理解。

要懂得學生身心發展的規律，要設身處地地從學生的角度去看待他們所產生的各種言行和情感。

德國詩人歌德說：天下哪個倜儻少男不善鍾情？天下哪個妙齡少女不善懷春？因此，不要輕易地把一切涉及性的問題都看成是道德問題，更不要將其看作比其他任何道德問題都不可饒恕。

某個學生早戀了，或者向某個同學表示了愛戀之情，這實在與上課交頭接耳、做小動作等一樣，並無值得老師深惡痛絕之處。老師應該懂得，並且也應該使學生理解：他們之所以要對早戀的學生進行教育，絕非由於視早戀為罪惡，而是出於對學生的關心。

老師要平等地與學生進行推心置腹的交談，讓學生體會老師是理解他們、關心他們、愛護他們的，是為他們未來的生活和幸福著想的。

老師要向學生指點什麼情感和需要是可以理解和允許的；什麼是可以或應該提倡的；什麼是錯誤和必須反對的。要針對學生的思想熱點或難言之隱進行教育，使老師的期望和心願內化為他們自身的需要。

(4) 尊重。

要尊重學生的人格、情感和隱私。對於學生出現的情愛方面的種種問題，切忌不問情由地一味指責；不能動輒訓斥謾罵，嚇唬威脅；更忌當眾點名批評。

由於心理活動是一個人心靈最深沉、最神祕的一角，遇上矛盾往往鬥爭激烈，有時一瞬間的想法變化會影響終生。在這種情況下，自尊心是一個人重要的心理平衡力量。

因此，老師要真誠地尊重學生，要啟發和保護學生的自尊、自愛和自重，不搞擴大化和「屈打成招」；不任意挑明朦朧的感情；對於學生個人生活中

不宜公開或不願為他人所知的個人隱私，即使得知了也不外洩和傳播。這是尊重學生人格的需要，也是取得學生信賴、有利於引導和教育的重要條件。

（5）指導。

指導工作的出發點不是出於自己所處的教育者的地位，而是以經歷過類似的問題、體驗過類似困難的長者的身分，幫助學生解除困擾和恢復常態。

指導老師的態度必須真誠。因為只有真誠，才能使自己的心理世界與學生的心理世界進行雙向交流。在具體的指導策略上，老師要注意以下三點：

一是「跳出來」。

如上所述，既然早戀無異於飲鴆止渴，那麼，就應該使學生學會用理智戰勝情感，主動跳出戀愛的漩渦。為此，老師要幫助學生樹立遠大的理想和培養強烈的進取心。因為學生如果有遠大的理想，就會有崇高的生活目標，就會受它的鼓舞而不斷進取；而強烈的進取心，同樣是使學生不致沉湎於安逸思淫和追求性刺激的重要心理支柱。

要做到這一點，老師可要求學生經常以英雄模範、頂尖人物的先進思維和境界對照自己，也可以透過抄寫一些偉人、名人的警句，或自編的精闢之句來鞭策自己。

二是「凍起來」。

這是指要求早戀的學生雙方在理智的情況下談明態度，把早戀的情感冷凍起來，把精力集中在學習上。這種快刀斬情絲的方法，可稱為急速冷凍法；還有一種是慢速冷凍法，即透過逐步降溫的方法進行冷凍。

任小艾老師就是這樣做的。她在對某早戀女生進行教育後，提出要求：一是允許她和那個男生通信，保持感情，但內容必須是健康的，要鼓勵對方努力學習、進步；二是通信次數不宜過頻。這位女生嚴格執行任老師的要求，並主動告訴老師自己與對方往來的情況，請老師幫助。

任老師認為，學生也是人，不可能沒有情，只是這個情來得早了一些。作為班導師，要引導男女雙方將感情先冷凍起來，不在中學階段發展，同時，

提倡男女間正常交往，珍惜純真友好的感情。實踐證明，任老師的做法是成功的。如有的學生在畢業後告訴任老師說：那是因為一時的好感和好奇，被對方的某一點迷住，便不顧一切地喜歡上了。後來，覺得對方和自己在很多方面存在著不少差異，並不是理想中的意中人，就分手了。

三是「隔開來」。

為了達到隔開來的目的，老師要使早戀的學生儘量避免和另一方單獨接觸，注意和其他同學多交往。為此，老師可引導他們多參加一些團體活動和自己喜愛的文化、體育、科技活動，用多層次、多角度的同學友誼來沖淡業已濃縮起來的戀愛關係。

（6）態度寬容。

如果發現有性失誤的學生，老師應採取寬容的態度。應該看到，學生正在學走路的階段，因而難免在人生的道路上跌跤。儘管他們由於一時沒能控制自己的生理、心理衝動而犯了錯誤，但其動機往往具有孩子氣，且其錯誤的行為往往與道德觀念、法制觀念淡薄和自控能力缺乏有關，這與成年人有著根本的不同。

因此，對他們的錯誤的處理，老師應採取寬容的態度。當然，寬容不是說可以原諒學生的一切錯誤。當他們的行為侵犯了他人的利益，違反了社會道德準則時，則不能姑息養奸，應嚴加管教。

（7）疏導適度。

在對學生的早戀問題進行疏導時，還需注意適度。所謂適度，即把握好教育分寸，適可而止。比如，在追究學生的錯誤事實時，要留有餘地。只要能把握住問題的實質即可，不要過於追究具體細節，以免造成對學生隱私的侵害和自尊的挫傷。基於同樣的考量，對學生的早戀問題，老師要盡可能地為他們保密。

21. 敞開心扉、耐心疏導——糾正情感困惑學生的教導藝術

▌對早戀現象的預防要點

蘇霍姆林斯基說：重要的是早在青年小夥子對女孩產生愛慕之情以前，就應該教育這些未來的男人正確對待女孩的美，也就是把這種美作為人的美來讚賞，對這種美充滿尊重的感情，而女孩也應該從多方面來豐富自己的精神世界，使自己的興趣、志向和情感的境界更高、更美、更富有創造性。

這一番話就提示我們為了防止學生早戀，必須主動採取措施。

為此，老師應主動教育學生正確對待異性，要自尊、自重、自愛；要給學生以生活底蘊的啟蒙和人生責任的啟示，使他們懂得兩性關係上應有的道德標準，在心靈深處用道德力量駕馭自己的感情。

這樣不僅可防止和減少早戀問題的產生，即使出現早戀也不至於就發展為越軌行為。那麼，老師具體應該如何預防學生的早戀呢？

（1）開展好對學生的青春期教育。

對學生進行青春期教育，要注意做到不渲染、不描述、不庸俗，使學生了解青春期生理變化的必要知識、消除神祕感，並認識早戀的危害。

（2）加強青春、理想、前途教育，「五自」教育和法制教育。

在進行青春期知識教育的同時，老師應根據學生頭腦興奮性強，記憶力好，容易接受新鮮事物，精力充沛等特點，對他們進行青春、理想、前途教育，「五自」教育（自學、自理、自護、自強、自律）和法制教育。使他們認識到：人生最要緊的只有幾步，特別是年輕的時候。學生應利用青春期這一有利時機，刻苦學習，努力掌握科學文化知識，為人生未來打好基礎，做好準備。

（3）引導學生培養健康、高尚的情操。

利用班會、團組活動，組織學生開展第二課堂活動，將學生充沛的精力引導到正當高尚的志趣和對各種知識的探求上。要形成一種健康的環境和正確的輿論，要使學生各種朦朧的感情得到約束和自制，這對抵制社會上的一些不良影響，如不健康的小報、書畫、影像等，也有很好的作用。

掃除一切阻礙青少年成長的阻礙，除了對他們進行一般的人生觀、青春期性教育外，有兩點是老師必須予以重視的：一是開展學生應該怎樣正常交往的教育；二是開展高尚情操教育，讓學生專心、勤奮地學習和經常參加健康的、豐富多彩的團體活動，轉移他們自然產生的性興奮，增強他們的理智水平和自制能力。

（4）努力建設一個團結友愛、積極向上的班群體。

正如人的健康一樣，要想加強抵抗力，首先需要有良好的身體基礎，其次還需接種疫苗，提高免疫力。對於學生來說，良好的機體莫過於有一個充滿朝氣，團結友愛的班群體，生活在這樣的團體裡面，他們會感到充實，感到有意義，處處感到溫暖。全班應努力形成一個團結友愛的局面，提倡在男女同學間發展一種兄弟姐妹般的純真友誼，這樣有利於學生良好性格和個性的形成。

（5）建立良好的師生關係。

建立良好的師長關係，老師做學生的知心朋友，和學生心貼心。這一點很重要，是開展工作的基礎和關鍵。試想一下：如果一個老師，學生有困難不找你，有問題不找你，有心事不告訴你，那麼你的班級工作能做得好嗎？

因此，充當學生的良師益友，能夠讓老師及時了解情況，讓事件在萌芽狀態時就能得到及時處理；能夠使班幹部、同學們以老師為核心，全班有較強的凝聚力，同學之間能團結協作。

（6）恰當地運用「異性效應」。

老師可以經常地、有意識地組織異性學生間互助互補；在編排座位時注意男女生的搭配；在安排班幹部時考慮男女生的比例和配合；在開展學校、班級團體活動時注意男女生配合，增加男女同學接近的機會。

這些做法有利於消除學生進入青春期後產生的煩惱和對異性的神祕感，使男女同學間保持和發展正常的同學友誼。

此外，老師還可以經常地開展異性同學間的互幫互助活動，並使之成為一種風氣，這有利於形成良好的班風、校風。

　　恰當地運用「異性效應」，不僅能成為預防和克服學生早戀的有效手段，還會給班級管理帶來意想不到的良好效果。

　　總之，在日常教學中，老師要善於把握學生的思想動態，及時避免學生情感問題的出現。當然，如果遇到這種問題，老師一定要耐心地引導，絕對不能強硬地「拆散」，否則只能產生反效果。

22. 適當宣洩，轉化障礙——糾正有交往障礙學生的教導藝術

▍有交往障礙學生的個性特點

何謂人際交往障礙？人際交往障礙通常是指在人們的社會交往活動中，影響個體正常行為和活動效能，阻礙人際關係建立的各種因素。這些因素主要來自三個方面：首先是文化因素，例如，語言、文字、意義符號等訊息在交往過程中出現的問題、民族情感和傾向、教育程度的差別，等等。其次是社會因素，社會的地位與角色、空間距離、溝通網路等問題解決得不好，也會形成人際交往障礙。再次是個體心理因素，包括個體的需求、動機、態度、價值觀、人生觀等方面的差異以及個性品質特徵的某些不良表現。

而學生的人際交往障礙主要表現為有自卑心理，沉默寡言，**鬱鬱寡歡**，缺少克服困難的勇氣，不願和別人交往，人際關係淡漠，甚至緊張；經不住挫折，他們容不得甚至忌妒別人超過自己，造成人際關係緊張現象；有的學生表現出自我封閉心理，不敢與人交往。

這類學生對他人存有戒心，不願與同齡人、老師接觸、交往，並在人際交往中，對他人的言行過分敏感，對家長們的依賴性大；還有的學生心胸狹窄，無容人之心，唯我獨尊，缺少自責和責任感。

在安國棟老師的眼裡沒有所謂的「不良學生」，不管學生是因為自卑或是自傲引起的人際交往障礙，安老師都會用自己的真情打動他們的心，讓他們走出人際交往障礙的陰影。

小雪是一個長相清秀但比較內向的女孩，升入高中已經兩個多月了，她似乎一直都沒有融入到班群體中來。平時寡言少語，總是一個人默默地坐在位子上，低頭鎖眉，看上去憂心忡忡，而且她也從來不和其他同學一起玩。每天下午放學她都要求早走，安老師問其原因，她說家遠，自己害怕天黑。但安老師卻感覺到她是在故意躲避老師和同學們。

22. 適當宣洩，轉化障礙——糾正有交往障礙學生的教導藝術

除此之外，在上課的時候，小雪的注意力也不集中，並且伴有焦慮症狀，特別害怕老師的提問。有一次，安老師讓她站起來回答問題，不知她當時在想些什麼，連叫了三次，她才回過神來，然後慌慌張張地站了起來。

「別緊張，會就答，不會也沒關係。」看她如此緊張，安老師急忙安慰道。

「我，我……」小雪低著頭，雙手揉搓著衣角。等了幾秒鐘，她終於開口說話了，但卻是答非所問，很明顯剛才沒有認真聽課。

安老師並沒有批評她，而是又安慰了她幾句，讓她坐下了。在坐下的那一剎那，安老師觀察到小雪迅速地用眼角瞄了一眼全班同學，看大家有沒有在關注自己，有沒有表現出嘲笑、諷刺的表情。

安老師暗自想這個學生到底發生了什麼事情，讓她如此緊張不安、害怕在大家面前展示呢？看來要找時間和她好好聊一聊了。

不願和同學們、老師交往，上課害怕回答問題、害怕同學嘲笑……這都是人際交往障礙的表現。

透過詢問，安老師了解到，小雪的父母已經離異，她隨父親生活，但父親卻很少管她，而是把她扔給了住在城郊的爺爺奶奶。但爺爺奶奶對她也不好，一點都不疼愛她，經常讓她做重活，有時甚至拿她當出氣筒。

長期在這種嚴重缺少家庭關愛的環境下生活，讓她逐漸產生嚴重的自卑情結，在學校不敢透露自己的家事，處處設防，把自己包裹得嚴嚴實實。

時間一長，小雪變得越來越敏感、多疑，自我封閉，從而陷入深深的苦惱而無法自拔之中，學習成績直線下降，人際關係也越來越差。

據有關機構調查，在六萬多名被調查的學生當中，像小雪這樣有人際關係交往障礙的學生占42%，這是一個很驚人的數字。這說明在當今校園裡，有相當一部分學生生活在不被群體包容的感覺中，他們過分內向、依賴性強，屬於「人際交往障礙學生」。而形成這一現象的原因是多因素的，主要可以從以下幾個方面來分析：

(1) 自身因素。

隨著年齡的增長，學生的自我意識也逐漸增強。他們越來越發現自我與其他同齡人之間的心理差異，逐漸意識到自己會有與眾不同的感受，並產生了了解別人內心世界的願望和需要。

同時他們還特別關心自己在別人心目中的地位和形象，非常重視別人對自己的評價。他們覺得自己心中有很多祕密，不願意告訴別人，有一種封閉心理。而且由於他們對自我的評價過低，產生自卑心理，而對別人看自己的眼光又過於關注，時刻擔心自己的形象受損，這自然也就會影響到與他人的交往。

此外，學生自我意識的發展與外界要求的不一致及個性結構發展的不完整也會影響他們的人際交往。

（2）家庭環境因素。

①家長嚴苛的要求。

有些家長有著嚴重的望子成龍思想，他們不顧孩子們的具體情況給他們制定過高的標準，而一旦達不到標準就打罵孩子們，而且有些話罵得非常難聽。

父母希望透過打罵顯示自己的權威，對孩子們進行徹底的控制，以致孩子們在家中感受不到親情和溫暖，覺得生活的顏色是灰暗的。在缺乏溫暖、經常被打罵的家庭中成長的學生會對自己失去信心，產生人際交往障礙。

②家長過分限制自由。

有的家長對孩子們管教得過於嚴格，不允許他們隨便出去，整天讓他們待在家裡學習，從而使這些孩子缺乏必要的社交活動。進入學校後，他們因為不會與人相處而變得離群索居，長期處於孤獨環境中，變得沉默寡言。

③家長過於寵溺。

現在很多學生都是獨生子女，因此家長都比較嬌寵，過於溺愛、遷就孩子。在這種生活環境下成長起來的學生缺少與同齡人的交往，很容易形成「我

22. 適當宣洩，轉化障礙——糾正有交往障礙學生的教導藝術

是老大，誰都得聽我的」的心理定勢，導致他們養成固執、自私、蠻橫、霸道、唯我獨尊的性格，經常表現出忌妒心理。

④家庭關係不和。

少數學生的家庭關係不和，父母離異，造成家庭氣氛緊張，使學生在成長的過程中受到刺激，產生人際交往的不安全心理，形成不健全的人格，比如，產生膽怯、冷漠、乖僻等不良心理。

(3) 學校環境因素。

學生的心理發育尚不成熟，老師的一句「你真笨，怎麼教都不會」、「這個同學的智商有問題」等，都會給學生帶來無形的精神壓力，使他們認為自己做什麼都不行，從而產生羞怯、自卑的心理，造成人際交往的障礙。

還有些老師總是用成人的觀點來看待學生，以致忽略了他們天真、好表現自己的一面，既不能捕捉他們的亮點，又不能為他們創造表現的機會。天長日久，就使學生形成了自我封閉的不良心理，造成人際關係的淡漠。

另外，中小學的心理健康教育基本還處於空白狀態，不少老師對學生進行心理健康教育的意識還十分淡薄，學生的心理問題不能得到完善、科學的輔導和治療，以致產生人際交往障礙。

學生的不良心理狀況會直接影響他們的學習和身心健康，因此，老師必須透過各種途徑和方法幫助他們走出誤區，使他們形成良好的心理品質。

安老師了解到小雪是因為家庭原因才造成自卑、內向、不合群的性格，因此他向有關心理老師進行了諮詢，終於明白小雪的各種表現在心理學上稱之為人際交往障礙。他根據心理老師的指導，對小雪實行了以下矯正措施：

(1) 進行心與心的交流，讓小雪主動傾吐心事。

一天放學後，安老師把小雪單獨留下，和她在校園邊走邊聊。「小雪，你是不是有什麼心事？能告訴老師嗎？」

「沒有。」小雪一直低著頭，有些膽怯地回答。

「那為什麼你總是害怕老師的提問呢？而且還不愛和同學們在一起？」

小雪沉默了一會兒，輕聲說道：「因為老師在課上提問我，我不會，他們都會嘲笑我。」

「也許他們的笑聲並無惡意，只是你太多心了吧？」

「不是！」小雪情緒有些激動，「他們上課、下課都湊在一塊兒談論，故意不理我、冷落我，所以，我也懶得搭理他們。」

「會有這種事？你得罪他們了嗎？」

「絕對沒有。」

「我想，這應該是有原因的，如果他們無緣無故這麼做，就是他們不對了。我若是你，也會傷心的。」

小雪感覺到老師的同情之心，於是委屈地哭了起來。

「告訴老師，你生活中還有沒有其他人對你不好？」

小雪哭得更加傷心。

「別哭了，你已經是大人了，知道嗎？有什麼委屈跟老師說，我會盡我所能來幫助你的。」安老師拍著小雪的肩撫慰她。

「老師，我跟您說，您別告訴其他老師和同學，行嗎？」

「好，老師保證！」安老師真誠地看著她，寬慰地笑道。

「爺爺、奶奶、姑姑、爸爸全對我不好。」

「那你媽媽呢？」

小雪沉默了一下，「爸、媽離婚了，媽媽走了，據說到別的縣去了，我應該由我爸爸撫養，但他一點兒也不關心我，現在他又有了一個新家，那個女人還給他生了一個兒子，他把我扔給爺爺、奶奶管。爺爺、奶奶經常讓我做重活，從來不問我的學習，他們住得離學校遠，我中午回不去，就讓我在

姑姑家吃午飯。我爸爸不給姑姑我的生活費，姑姑總看我不順眼，還經常說要再不給錢就讓我自己找地方吃飯……」小雪帶著哭腔說。

「哦，原來是這樣。以後有什麼事可以來找老師，不要憋在心裡，好嗎？」

「嗯，謝謝老師！」

後來，安老師又多次與小雪交談，以緩解她的心理壓力。

（2）幫她樹立自信心，主動戰勝困難。

小雪之所以有人際交往障礙，是因為她缺乏自信心。因此安老師告訴她：她和所有人一樣，是自由的、平等的，生在什麼樣的家庭並不是自己的過錯。自卑、痛苦就等於在用別人的過錯來懲罰自己，強者就應該挺起胸膛做人，只有那些能克服困難、戰勝困難的人才能超越自我，獲得真正的快樂。

安老師還向她介紹了歷史上在挫折中奮勇前進的賢人志士的故事，如周文王被拘禁而作《周易》，屈原被放逐而賦《離騷》，司馬遷遭宮刑寫了《史記》……以幫助小雪認識到：生活本身就是一條曲折的道路，只要自己奮力去爭取，前途就是光明的。

除了幫助小雪樹立自信心，主動去戰勝困難外，安老師還指導她認識人際關係的雙向性，要想改善與他人的關係，首先自己得主動接納他人，這樣他人才能積極地接納自己。如果自己把心扉關得緊緊的，不讓別人了解自己，又怎麼談得上真正的交往呢？

（3）幫小雪消除當眾發言緊張的毛病和自我封閉的現狀。

安老師幫助小雪設想老師提問的場景，讓她感覺到緊張後又慢慢放鬆自己，最後達到輕鬆的狀態。透過這樣的反覆練習，讓她達到最後能很好地放鬆自己的程度。

安老師還請其他科任老師配合，讓她在正確的回答中體驗成功的快慰，以逐步改變她心理緊張不安的狀態。

另外，安老師還要求小雪每天必須主動找兩個人交談，時間在 5 分鐘以上，以後慢慢增加人次和時間。

這樣，經過半年多的努力，小雪的人際交往障礙有了很大的改善，上課回答問題時不再緊張得說不出話；能積極主動地參與課堂討論，發表自己的意見，並和其他同學一起商討問題；下午放學不再早走，能和同學們一起回家；有時甚至會主動找老師談心，談論班裡的人和事，並積極地獻計獻策；成績有了很大的提升。

學生一旦有人際交往障礙就會給他們的學習、生活、情緒、健康等方面帶來一系列不良影響，還會給他人造成困擾。

因此，老師要幫助、指導學生消除交往障礙，減少人際關係的矛盾，提高他們的人際交往水平和能力，提高他們對生活的滿意度，改善他們的人際關係。主要方法如下：

（1）教育學生要端正交往的態度。

①樹立平等交往的態度。

平等是交往的基礎，也是正常交往的必要條件。老師在幫助學生解決困惑的過程中要平等相待，要成為學生傾訴的對象，對他們的困惑和處境表示理解，不能忽視或看輕他們的內心感受，還可以說出自己在成長中曾有過的類似苦惱，以減輕他們的心理負擔。

如果造成學生心理困惑的原因屬於老師的工作失誤，那麼，老師要勇於向學生認錯並道歉，這樣既可以讓學生感到平等，容易接受老師的指導，也可以以老師為榜樣進行學習和效仿。

②樹立真誠待人的態度。

古人云：「以誠感人者，人亦誠而言。」真誠表現在對人的理解和信任上，表現在對人的坦率和尊重上，表現在對人的誠實守信上。

詩人白居易說：「動人心者莫先乎情。」因此，老師可以告訴學生，要改善與同學們的緊張關係，就不能虛情假意、口是心非。應當以真摯的情感，

誠實的態度去撥動對方的心弦，讓對方從內心相信和理解你的友好願望，接納你的行動。

③樹立自信、自強的觀念。

自信、自強是主動交往的一大前提。老師一定要幫學生樹立自信，讓他們相信：自己有能力與別人正常交往，而且能隨機應變於各種人物。交際也是一種能力，可透過訓練獲得，不要因為自己不善交際而自暴自棄，喪失信心。

另外，老師還要讓學生學會自強：憑藉自身優勢在別人面前樹立一個「強者」的形象。但要注意不能自大，要正確認識自己，擴大交際範圍。

④樹立主動交往的觀念。

學生產生人際交往障礙的原因是多方面的：錯誤思想觀點的影響，對人際交往缺乏正確的認識，缺乏人際交往經驗。這就要求老師要讓學生主動了解同齡人的性格、愛好，多與同學們談心，互相交流資訊、思想及感情，取得相互了解與信任，密切同學間的來往，做一個真正受他人歡迎的人。

⑤樹立學而得之的觀念。

人並非生而知之，交往也需要學習，老師應該教學生多讀一些有關方面的書籍，掌握待人接物、談話、交往、表達意見、當眾演說的技巧，提高自己的學識素養。

當然，最重要的是要學生樹立正確的世界觀，培養他們高尚的道德品質，加強他們的個性修養，真正提高他們的社交能力，從而正確地處理好各種人際關係。

⑥樹立「以交往促發展」的觀念。

人際交往是個人社會化的主要途徑，學生在與同伴們交往的過程中，會有意無意地調整自己的行為，逐步學到社會生活中所必須的知識、技能、態度、倫理道德規範，等等，逐步擺脫以自我為中心的傾向，意識到自我在社會中的地位和責任，學會與人平等相處和競爭，養成遵守法律和道德規範的

習慣，從而為自立於社會，取得社會認可，成為一個成熟的社會化的人打下堅實的基礎。

所以老師應該告訴學生要端正交往態度，以交往為契機促進自身的全面發展。

(2) 幫助學生學習交往藝術。

①學會跟心胸狹窄的人交往。

心胸狹窄的人一是容不得人，二是容不得事，對比自己強的人忌妒，對不如自己的人看不起。老師應該教給學生：跟這種人相處，一要大度，做到能諒解，能忘懷；二要忍讓，退一步海闊天空，但這裡所說的忍讓，不是要放棄原則，遷就其錯誤，而是要讓自己的心胸開闊。

②學會跟生性多疑的人交往。

老師可告訴學生，與這種人相處時，當對方有了疑心，要冷靜分析其產生猜疑的原因，並採取相應的措施，以消除對方的猜疑；當暫時不能消除對方的猜疑時，可採用冷處理的方法，並坦然相處。

③學會跟性格孤僻的人交往。

有些性格內向的人，性情孤僻，不愛多說話，不願向別人吐露自己的真情實感，有的往往喜歡抓住談話中的細枝末節，進行聯想，胡亂猜疑。

老師要告訴學生，在跟這種人交往時，一要採取積極主動的態度，注意選擇適當的話題，一般說來，應選擇容易切入他們興奮點的話題，使他們在不知不覺中與你交流。二要善於捕捉對方的情感變化，認真考慮措辭、詞語，篩去那些容易引起歧義的詞語，以防引起他們不正確的聯想。

④學會跟任性的人交往。

在現實生活中，有些人想說什麼就說什麼，想做什麼就做什麼，我行我素，不管人家怎麼說，他總是照他本人的一套去做。

22. 適當宣洩，轉化障礙——糾正有交往障礙學生的教導藝術

老師可告訴學生，同這種人相處時，首先要體諒對方，求大同存小異，要謙讓一下，不要固執己見，遇到彼此的想法不一致時，要體諒對方，不要過分強調自己的想法，要學會遷就別人。其次，老師要幫助任性的學生克服自以為是的不良作風，讓他們學會認真考慮別人的意見，勇於放棄自己錯誤的或不全面的看法，虛心地接受別人的正確意見。

（3）幫助學生學習交往技能。

①學習微笑技能。

微笑是人際交往中一份永恆的介紹信。笑容是善意的象徵，它可以使自己和對方明朗活躍起來，對對方產生很大的吸引力。反之，臉色憂鬱，刻板陰沉，別人就會退避三舍。因而，在交往過程中，面帶微笑，態度和藹，語氣緩和是十分重要的技能。

②學習傾聽技能。

學會做個能耐心且善於傾聽別人訴說的聽眾，對交往來說是很重要的。在交往中，有些同學往往不注意「傾聽」，對對方的話不耐心聽，從頭到尾只說自己的事情，隨意打斷並插入自己的意見，誇誇其談，自我陶醉。很明顯，這樣的學生是難以贏得良好的人際關係的。

③學習讚美技能。

任何人都希望得到他人的認同和讚賞，從而證明自身存在的價值。讚美的話語最能激起別人的自尊心，這也是每個人都追求的。因而老師要讓學生在與他人的交往中，多注意發現別人的長處和優勢，給予真誠的稱讚與肯定，從而激發對方與你交往的熱情，獲得別人的好感。當然，讚美也要注意方式方法，以免弄巧成拙，特別要防止虛偽的諂媚之辭。

④學習自控技能。

在處理人際關係時，老師應幫助學生學會自我調節，運用已知的心理學知識，對交往中出現的心理問題進行自我認識、自我矯正，或讓他們求助於心理諮詢機構和老師。

此外，老師要讓學生經常保持愉快、滿意、開朗的心境，當消極情緒出現時能合情合理地宣洩、排解、轉移、昇華。

值得一提的是，人際關係中最有價值、最重要的一個特徵就是真誠，所以老師一定要讓學生懂得「你要別人怎樣待你，你就得怎樣待人」，懂得「得到朋友的最好辦法是使自己主動成為別人的朋友」。

對有人際交往障礙學生的教育策略要點

有人際交往障礙的學生一般是由自卑、害羞、恐懼等引起的，當然還有其他一些原因。因此，老師在教育這類學生時，要尋根問源，抓住本質進行矯治。具體方法如下：

（1）對因自卑、恐懼而有交往障礙的學生。

①自卑交往障礙表現。

在交往活動中，自卑表現為缺乏自信、自慚形穢，想像成功的體驗少，想像失敗的體驗多，自卑的淺層感受是別人看不起自己，而深層的體驗是自己看不起自己。當出現深層體驗時，便覺得自己什麼都不行，似乎所有的人都比自己強得多。因而，學生在交往中常感到不安，將社交圈子限制在狹小範圍內。

②恐懼交往障礙的表現。

有些學生有交往的慾望，但卻沒有交往的勇氣。常常表現為與人交往時，尤其是在大眾場合下，會不由自主地感到緊張、害怕以致手足無措、語無倫次，嚴重的甚至害怕見人。尤其害怕與比自己水平高、能力強及有所成就的人進行交往，怕他人會瞧不起自己。有的學生一到人群中就覺得緊張不安，在課堂上、教室裡、圖書館時，都會覺得別人在注意自己、挑剔自己，輕視或敵視自己，以致無法安下心來聽課、看書、做作業。

在有人際交往障礙的學生當中，大部分是由自卑或恐懼引起的。這類學生主要是缺乏自信心，害怕失敗。

22. 適當宣洩，轉化障礙——糾正有交往障礙學生的教導藝術

所以對於這樣的學生，老師一定要高度重視，首先要給他們創設機會，滿足他們的自我表現欲。自我表現是青少年時期最主要的慾望之一。當自我表現欲受到壓抑時，學生就會產生自卑。

因此，老師要盡可能地創設機會，讓學生在自己特有的優勢方面，如體育、運動、團體勞動等，充分地滿足自我的表現欲。對於那些有自卑感的學生，無論是課上、課下，老師都要多給他們一些關注，隨時捕捉機會，讓他們展示自己。也可開展「我為大家露一手」、「我進步了」、「我幫同學做了一件事」等活動，在活動中，讓學生認識自我，認識到自己的優勢，讓他們的表現欲得到充分的滿足，從而讓自卑感逐漸減弱。

其次，要用老師的熱情，激起學生的信任。

老師只有以滿腔熱情去愛學生，關心學生，才能贏得學生的信任。因此，在工作中，老師要注重用真情實感引燃學生心靈的火焰，比如，學生生了病，給他們端杯熱水，遞過藥；學生的生活上有了困難，老師要伸出熱情的雙手，助他們一臂之力，令他們體會到老師的一腔熱情；當學生感到羞怯時，老師要送去鼓勵信任的目光，讓他們走出自我封閉的圈子。

隨著時間的推移，那些有自卑感、心胸狹窄、自我封閉的學生就會慢慢地接近老師，向老師吐露內心的想法，並誠懇地請老師幫幫自己。

「親其師，信其道」。感情的交流是雙向的，當學生體驗到老師的一顆愛心，一腔誠意時，也會潛移默化地接受他們的教育，樂意與他們交往。

再者，要捕捉學生的亮點，增強他們的自信心。

老師要幫助學生增強自信心，就要善於捕捉每個學生身上的亮點。對於自卑、膽怯的學生，老師要經常把學生的現在與過去比，此事與彼事比，這樣才能及時捕捉到他們的亮點，並不失時機地表揚、肯定他們的進步，滿足學生的心理需要。

當老師抓住學生的長處，哪怕每一個細小的進步去讚美他們時，他們都會感到一種滿足，會對自己增強信心，會認為自己也有優點，會全面地審視自己，從而增強與人交往的自信心。

（2）對因忌妒而有交往障礙的學生。

忌妒是指在意識到自己對某人、某事、某物品的占有意識受到現實的或潛在的威脅時產主的情感。表現為對他人的長處、成績等心懷不滿。這類學生心理承受能力較差，經不住挫折，容不得甚至反對別人超過自己。對勝過自己的同學輕則蔑視，重則仇視，有的甚至不擇手段地攻擊、報復對方。忌妒的種類很多，有的因容貌、家庭條件等因素而產主忌妒；有的因智力、能力、交往等因素產生忌妒，從而引起交往障礙。

對於這類學生，老師要培養他們承受挫折的能力，同時還要讓他們看到自己的長處，不要拿自己的短處和別人的長處去比，要懂得欣賞別人和自己的長處。

（3）對因自傲而有交往障礙的學生。

自傲與自卑的性質相反，表現為不切實際地高估自己，在他人面前盛氣凌人，自以為是，過於相信自己而不相信他人，總是把交往的對方當做缺乏頭腦的笨蛋，常指責、輕視、攻擊別人，使交往對方感到難堪、緊張、窘迫，因而影響彼此的交往。

對於這樣的學生，老師要讓他們看到自己不足的地方，並告訴他們「金無足赤，人無完人」，每個人都有自己發光的地方，一定要看到別人的長處，不能只一味地盯著別人的短處不放，過於高估自己只會讓自己處於尷尬的境地。

人的交往能力不是與生俱來的，它是在後天的教育和實踐中慢慢形成和發展起來的。所以老師一定要善於觀察、洞悉學生心裡的細微變化，及時發現、分析學生的不良表現，付出真情，給予正確的幫助和引導，幫助他們樹立信心，克服人際交往障礙，建立健全的人格。

23. 家校聯合，用愛挽救迷途的「心」——糾正偷竊行為學生的教導藝術

23. 家校聯合，用愛挽救迷途的「心」──糾正偷竊行為學生的教導藝術

有偷竊行為學生的個性特點

有些學生常會偷偷拿別人的物品或錢財，也就是說有偷竊行為。產生這類行為的原因多種多樣，有享樂心理、刺激心理、報復心理等。這類學生一般來說，成績比較差，性格比較內向、孤僻，不愛說話，是老師和同學不怎麼關注的對象。當然，其中也不乏成績優秀的學生，有些是因為家庭條件差，但也有很多是家庭富裕的孩子。學生產生偷竊不是理性的行為，通常是一時衝動或某種心理作怪，不能把學生的偷竊行為和社會上的偷竊行為等同對待。

丁榕老師認為，「愛」是做好班導師工作的情感基礎，特別是對有偷竊行為的學生，老師更要用愛挽回他們那顆迷途的心。

「老師，我新買的手錶不見了！」學生小紅急匆匆地跑進辦公室，向丁老師報告。

「坐下說，別著急，你什麼時候發現不見的？」丁老師安撫著小紅。

「就在課間操回來以後。走之前我把手錶放在了書包裡，回來以後怎麼也找不到了。」小紅的眼裡湧出了淚花。

「這樣，你先回去，老師調查一下，好嗎？」

小紅點了點頭，擦了擦眼淚，走出了辦公室。望著小紅遠去的背影，丁老師不禁陷入沉思之中。最近一段時間，不知怎麼回事，班裡接連發生丟失錢物的事情，搞得班裡人心惶惶。到底是誰做的呢？丁老師決定暗地裡觀察每個同學的表現。

23. 家校聯合，用愛挽救迷途的「心」——糾正偷竊行為學生的教導藝術

經過一個星期的觀察了解，丁老師發現曉舟同學放學後經常到福利社買零食吃，有時還邀請其他同學一起吃，出手很大方。沒錢花的時候，他就向同學借，可借了以後常常不還，他還總是向同學們誇耀自己家裡有錢。

在丁老師的心目中，曉舟是個性格比較內向的學生，不愛跟別人說話。他上課很沉默，當老師叫他起來發言時，他的聲音很小，說話含糊，吐字不清。

雖然他的學習興趣不高，但在班裡並沒有表現出什麼不良的現象，嗯，看來自己平時對這個學生的關注太少了，從今以後要多加注意了。丁老師暗自想道。

有一天，丁老師從辦公室裡出來，突然發現有一個人鬼鬼祟祟地走進教室。這是誰啊？這時班裡的學生都應該到音樂教室上音樂課去了，班裡怎麼會有人呢？丁老師不由得心生疑惑，慢慢地跟了過去。

透過玻璃窗，她看到曉舟正在翻同桌的書包，並從裡面掏出一把錢塞到了自己的口袋裡，然後又把書包整理好。就在曉舟走向教室門口的時候，丁老師邁步進了教室。

「啊，丁老師！」曉舟顯然被丁老師的突然出現嚇了一跳。

「曉舟，你不在音樂教室，怎麼跑回教室來了？」丁老師裝作若無其事地問道。

「哦，我……我來拿點東西。」曉舟眼裡閃過一絲驚慌，支支吾吾地回答。

「哦，你拿什麼東西？」丁老師仍然沒有點破他。

「是，是……一支筆。」

「拿筆怎麼到同桌的書包裡拿啊？你自己沒有嗎？能不能拿出來讓老師看看？」

曉舟低著頭，沉默了一會兒，從口袋裡掏出了同桌的錢。丁老師並沒有接，而是讓他把錢重新放到同桌的書包裡。

放回去後，曉舟低頭站著，準備聽丁老師的教訓。但丁老師並沒有訓斥他，而是讓他先回音樂教室去上課，等放學後到辦公室來找自己。

放學後，曉舟來到辦公室。一進辦公室，他就向丁老師哀求道：「老師，你能不能不把這件事告訴我爸爸？」

「是不是害怕爸爸打你？」丁老師關切地詢問。

「嗯，是的。」曉舟沮喪地點了點頭。

「這件事我必須要告訴你父母，因為這是為了你好。但老師不會讓你爸爸打你的，相信老師！」丁老師親切地摸了摸曉舟的頭。

看著丁老師和藹的面容，曉舟輕輕點了點頭。

接下來，兩人開始了交談。透過談話，丁老師了解到，班裡最近一段時間丟失的東西都是曉舟拿的。他不僅拿班裡同學的東西，還經常偷家裡的錢，少則十幾塊，多則一兩百塊。當父母發現後，對他的管教方法不是惡罵，就是毒打，這讓曉舟產生了逆反心理，更加重了偷竊行為。

利用上音樂課的時間回教室偷拿同學的錢物，這很明顯是偷竊行為。

透過家訪及分析了解，丁老師找到了曉舟有偷竊行為的原因：

（1）家庭環境的影響。

①長輩們花錢大手大腳，不注意自己在子女面前的形象。

曉舟的父親是一家私營企業的老闆，經常在外應酬，常常請朋友們吃飯、娛樂，出手大方。這些言行舉止，曉舟耳濡目染，在一定程度上潛移默化地影響了他的行為。

②長輩們的教育方法不當，對子女的正確引導不夠。

由於曉舟的父母沒有正常的作息時間，忙的時候常常對曉舟的生活學習不聞不問，對他缺乏教育和溝通，忽視了對他良好成長環境的構建，忽視了對他健康人格形成的教育，從而導致孩子的道德失範。

（2）同學們的影響。

23. 家校聯合，用愛挽救迷途的「心」——糾正偷竊行為學生的教導藝術

曉舟在班中一向默默無聞，同學們很少注意到他。所以，曉舟在一定程度上是為了得到同學們的認同和崇拜而去偷竊的。

（3）英雄感的驅使。

透過與曉舟交流，丁老師發現他為自己能偷到錢而自豪，這說明他想透過偷竊來證明自己的膽魄和能力。

（4）物質上的引誘。

社會生活的富足，商品經濟的發達使得曉舟總是被身邊花花綠綠的、好看的玩具和學習用品所吸引，但是家長又不願意給錢，為了滿足物質上的需要，曉舟就選擇了偷竊。

現今，有極少數的學生像曉舟一樣有偷竊行為，那麼是什麼心理驅使他們做出偷竊行為的呢？

（1）不在乎的心理。

他們認為偷書或偷自行車都不是偷，覺得這不過是自己用書用自行車時方便一些而已，自己又沒有將它變賣為錢財，怎麼能稱之為偷呢？

（2）享樂的心理。

有些學生並不是因為需要財物而去偷竊，他們只是覺得好玩才去偷，他們樂於享受那種偷竊得手時的快感，當別人因為丟失財物焦急地到處尋找時，他們也會感到無比快樂。因而偷竊成為他們捉弄同學們、朋友們，並尋找快樂的途徑。

（3）追求刺激的心理。

學生都有爭強好勝的心理，他們希望自己在同輩間受到肯定，於是為了享受那種前所未有的刺激感，以及滿足個人自尊及能力方面的需要而走上偷竊道路。

（4）逆反的心理。

學生自我表現意識較強，當他們感到自己不被老師和同學們重視時，或經常受到批評或不恰當的責罵時，便容易產生這樣的心理：你要我這樣，我偏要那樣。

在這種思想的支配下，他們明知偷竊是不對的，卻依然我行我素，輕視社會法規及他人的權益，誤以為這樣可以讓自己的控制感及安全感得到滿足。

（5）妒忌炫耀的心理。

有些學生看到別的同學在學習上高人一等，或別的同學常有好看的物品，便十分妒忌。為了使自己也有讓別人羨慕的地方，有些學生就開始偷竊，將偷來的錢物作為向別人炫耀的資本。

（6）補償心理。

有些學生的家庭條件不是很好，自己想要的學習用品或一些好看、好玩的物品等，父母都無法買給他們。

當這些學生看到同學擁有這些東西時，就會產生偷竊心理，將同學的東西據為己有，以補償自己得不到這些東西的缺憾。也有些學生常到網咖、KTV等高消費場所玩，因為缺錢而走上犯罪道路；更有一些同學在丟了東西後認為，別人拿了我的東西，那我也拿別人的東西來補償。

針對曉舟的具體情況，丁老師認為一定要從「愛」字上下手，因此她實施了以下教育方案：

（1）與曉舟的家長聯繫，引導他們對曉舟進行家庭教育。

丁老師告訴曉舟的父母，作為家長，如果發現孩子有偷竊行為時，應儘量控制自己的負面情緒，避免過度震驚、憤怒或絕望，不要把孩子的偷竊行為看做自己個人的失敗。

家長可明確地向孩子表示對偷竊行為的不認同，但要避免將事件誇大，例如，把孩子視為罪犯處理、又打又罵等。如果家長的反應過於強烈，會令孩子覺得他所犯的事是無法補救的，這樣可能導致他極度的內疚或逆反心理，並嚴重破壞家長與孩子的關係。

23. 家校聯合，用愛挽救迷途的「心」——糾正偷竊行為學生的教導藝術

因此，為了幫助曉舟改掉偷竊行為，丁老師要求曉舟的父母做到以下幾點：

①以身作則不隨便亂花錢。

家長首先要以身作則，切忌不要在孩子面前大手大腳地亂花錢，可以將家裡的正常開支簡單地告知孩子，讓他建立一種家庭責任意識。

②與孩子建立良好的關係。

家長如能與孩子建立良好的關係，孩子會更樂意聽從家長的教導及認同他們的價值觀。

③培養孩子正確的道德觀念。

家長平時要多強調誠實行為的重要性，讓孩子擁有正確的道德觀念。

④教導孩子尊重別人的財物。

家長應強調尊重別人財物的重要性，並教給孩子應如何交還不屬於自己的東西。

⑤給孩子適量的零用錢。

家長應給予孩子適量的零用錢，以滿足他日常生活的需要。家長可與孩子一起商議零用錢的數目與用途。此外，家長還應讓孩子知道，當他有額外的物質需要時，可與家長商量。

⑥不要給孩子犯錯誤的機會。

家長不要隨意放置零錢和錢包，以免孩子會一時忍不住而犯錯誤。

⑦多與孩子交流。

家長不能為了工作而忽略與孩子的溝通。家長要多關心、愛護孩子，讓他們時刻感到家長對自己的愛。

（2）多關心曉舟，使其感受到老師的愛。

①幫助曉舟與同學們建立良好的關係，使其獲得溫暖和信任。

針對曉舟性格內向不愛說話的個性特點，丁老師一有時間就找他談心。透過談心，她發現曉舟的動手能力特別強，因此鼓勵他參加航空模型組，還推薦他參加航空模型比賽，以便樹立他在同學心目中的地位。另一方面，丁老師還鼓勵班中的同學們多與曉舟交朋友，並創造一切機會讓他和同學們一起活動、遊戲，讓他感受到群體的溫暖。

②向曉舟講解法律常識，告訴他偷竊的後果。

丁老師告訴曉舟要學會對自己的各種行為負責，並向他講解法律知識，說明偷竊可能產生的嚴重後果。

③讓曉舟換位思考。

即讓曉舟設身處地想像失竊者的可能遭遇與感受。

經過一段時間的教育輔導，在家校的共同努力下，曉舟不但沒有了偷竊的行為，而且還改掉了亂花錢的壞習慣，逐漸地把注意力轉到了學習上——課堂上專心聽講了，作業按時交了，學習成績也進步了。

此外，曉舟也不像以前那麼內向、不愛說話了，而是變得開朗、快樂了，丁老師經常能看到他和同學們一起開心地大笑。

學生產生偷盜的行為一般來說無外乎兩大因素：一是個人因素；二是環境因素。

(1) 個人因素。

①生理因素。

生理因素包括自動神經系統不平衡、內分泌的失調以及體型上的畸形。這些生理因素影響著學生的情緒發展或自我概念，進而產生適應困難的現象，有些學生因此走上偷竊道路。

②心理因素。

A. 占有欲的需求。

23. 家校聯合，用愛挽救迷途的「心」——糾正偷竊行為學生的教導藝術

當有些學生不能擁有同輩人或其他人所擁有的東西時，就會使用「不告而取」的方式，設法取得想擁有的東西。

B. 愛的需求。

當有些學生得不到父母、師長們的愛，或經常遭到別人的拒絕時，就會進行偷竊，企圖以此補償因得不到愛而受到的傷害。

C. 被承認的需求。

有些學生為了得到同輩人的承認，會以偷竊的方式取得財物與同輩人分享。

D. 好逸惡勞。

有些學生的行為受享樂原則的支配，凡事都想不勞而獲，容易受到物質的引誘，再加上存有僥倖的心理，他們就會採取偷竊的方式，以供自己享樂。

E. 不正常的情緒發洩。

有些學生的偷竊不是因為個人所需，也非表達憤怒或報復，而是一種強迫性行為，是為了從偷竊中獲得快感。

（2）環境因素。

①家庭因素。

例如：父母過於放任，縱容子女的偷竊行為，使子女逐漸養成對偷竊無所謂的態度；父母過於嚴苛，過度管制子女的零用錢，使子女無法滿足物質慾望而起盜心，或者子女遺失財物時，為了免受父母的責罰，而去偷竊他人的財物頂替；極少數的父母本身即從事偷竊等不正當的行業，子女從小耳濡目染，根本不覺得偷竊是不正當的行為。

②學校因素。

例如，有些學校的道德教育偏重給學生灌輸教條，而忽視實踐行為；課程設計不當，學生在學業上缺乏成就感，以致對課業適應不良；忽略對學生

進行法律常識教育；沒有足夠的活動空間和器材，或沒有足以吸引學生的活動，使學生的精力無法宣洩。

③社會因素。

有些學生受了社會上一些不良風氣的影響，沒有建立起正確的道德價值觀；有些學生誤入一些不正當的娛樂場所，或認識了一些不良的社會青年，受到他們的熏染，從而養成偷竊的習慣，走上偷竊的道路。

透過分析原因，我們知道，沒有人與生俱來就喜歡偷別人的東西，任何一個有偷竊行為的學生都是因為後天因素才走上這條違法道路的。因此，老師要向學生灌輸良好的道德觀念，使他們養成良好的道德行為習慣，具體方法如下：

（1）加強學校教育。

①堅持正面教育，營造良好的學校環境。

對於有偷竊行為的學生，老師必須客觀地對待他們，不能主觀地將學生打上「小偷」的標籤。在發現學生有偷竊的行為時，老師要單獨與學生進行交談，以了解他偷竊的動機，消除誘因，讓他知道偷竊是恥辱的，被別人知道了會不再信任他。

另外，老師的言談舉止對學生的影響是很大的，所以老師要為人師表，言行一致，以高尚的師德，良好的個性品質去感染學生，為他們樹立立身做人的榜樣。老師只有做到以德感人，以德服人，以德育人，才能促使學生提高覺悟，改正缺點，做一個堂堂正正的人。

②開展豐富多彩的團體活動。

豐富多彩的團體活動可以讓學生培養自己的興趣愛好，比如，爬山、野外求生等，這些刺激緊張的經歷不但可以讓學生找到生活的樂趣，從中證明自己的能力，同時還可以培養他們的群體意識，讓他們能多為別人著想，不再以自我為中心。

③深入學生的心理世界，開展心理訓練。

23. 家校聯合，用愛挽救迷途的「心」——糾正偷竊行為學生的教導藝術

無論什麼樣的問題學生，老師都不能厭惡他們，而應該走進他們的內心世界，了解他們的想法。比如，對於有偷竊行為的學生，老師應細心地了解學生為什麼會偷這些東西，以便從中尋找解決的對策。

另外，老師還可以在班隊活動課或興趣課上開展一些有意義的心理訓練。

（2）規範家庭教育。

老師可以透過家長學校、家長會、家委會等各種形式與家長們互通訊息、交流經驗，不斷地提高家長們的自身素質和教育子女的能力。老師應該引導家長們逐步形成正確的家庭觀念，採取健康的生活方式，以便幫助孩子改掉不良的習慣。

（3）加強社會教育。

老師可在學校的組織下定時地與公、檢、法等部門聯繫，充分發掘各部門的力量，扎扎實實地在學生中開展法制教育，強化學生的法制觀念，把不良行為杜絕在萌芽狀態。也可以組織學生學習刑法和社會治安管理條例等基本法律法規，可以聘請當地派出所的警員來演講，講述青少年的犯罪情況和犯罪根源。

▌對有偷竊行為學生的教育策略要點

學生發生偷竊行為有各種各樣的原因，因此，老師要深入地了解情況，具體問題具體對待，才能有效地解決問題。

（1）對因拉攏朋友而偷竊的學生。

有些學生有很強的虛榮心，但由於家庭條件差或學習不好等各種原因，他們在同學們當中沒有地位，為了在同學們當中有地位、有面子，他們就選擇了偷竊。

這類學生為了討好夥伴或同學們，常將一些小東西送給他們。剛開始時，只是送自己的東西，後來就逐漸發展到把家裡的東西拿出來送人，父母發現

後，自然少不了一番訓斥或打罵，這樣學生就只好將手伸到家庭之外，逐漸發展為偷竊。

還有些學生因學習成績不好、身體上有缺陷或是家庭貧困，而常被同學們瞧不起。因此，他們常以送東西來討好別人。當他們自己沒有東西可送時，就只能偷別人的東西來送。

此外，還有一些學生為了能選上班幹部或為了能抄襲同學的作業，因而偷東西去「賄賂」同學。

對於這類學生的偷竊行為，老師沒有必要過多地追究他們偷竊行為的本身，而應當首先調查他們在同學中所處的地位，根據具體情況，針對不同情況對他們進行教育。

教育的重點要放在如何幫助他們擺脫因自卑而留下的心理陰影，讓他們滿懷熱情地融入群體生活中去。

此外，老師應幫助學生樹立正確的榮辱觀，克服自卑感，樹立自信心。例如，不能因為學生的成績差，而故意當著全班同學的面，拿他和成績優秀的學生進行比較；也不能因為學生身體有缺陷而輕視他們，甚至容忍其他學生對他們的譏諷嘲弄。

另外，老師還應經常注意發現他們的優點，及時給予他們肯定和鼓勵。

（2）對因報復別人而偷竊的學生。

當學生受到挫折後，如果不將變化的思想、情感釋放出來，長期壓抑在心中，就會轉為一種潛意識，有時會使他們產生報復行為。因此，為了釋放被壓抑的能量，表現自己，獲得心理上的輕鬆，有些學生就選擇了偷竊來報復別人。

這類學生偷竊的動機和目的往往是出自對長輩的報復。在家中，他們的父母常擺出「老子」的架子，要求他們唯命是從，稍有反抗便大打出手，使他們飽受皮肉之苦。

23. 家校聯合，用愛挽救迷途的「心」——糾正偷竊行為學生的教導藝術

由於這類學生在家庭中沒有地位，處處感到壓抑，所以他們就以偷竊的形式來發洩心中的不滿，藉以表現自我存在的價值。同時由於心理的扭曲，他們不僅把偷竊行為作為對父母的一種報復，而且也作為暫時尋求自己心理平衡的一種方法。

在學校，這類學生也不受老師喜歡。出於對老師的不滿，他們就專門偷竊受老師喜歡和器重的同學的東西。他們往往見一樣偷一樣，即便是那些一錢不值的東西，他們也不放過，他們所需要的就是看到別人失竊後難受的表情，以此達到所謂的報復。

要改變這類學生的偷竊行為，老師首先需要協助家長改變做法，讓他們放下「老子」的架子，多給孩子們一些關心和溫暖。如果父母對孩子們的態度有所轉變，孩子們的不滿情緒就會消失。在父母的態度轉變後，孩子們就會感受到愛和溫暖，感到自己也是家庭中重要的一員，他們的偷竊行為便會隨之減少或者完全消失。

在學校，老師除了應對他們的偷竊行為本身進行批評教育外，還應努力使他們明白：什麼樣的學生才是老師所喜歡、所器重的。鼓勵他們，只要樹立正確的競爭意識，下決心改正缺點，創造條件，做一個好學生，那麼老師同樣也會喜歡他、器重他的。

老師還可以讓學生所親近、所信任的人出面，耐心地給他們講解為什麼不可以偷東西，以及偷竊的危害性，讓他們從思想上認識到偷竊是一種非常可恥的行為。

（3）對因缺乏「所有權」觀念而偷竊的學生。

所謂「所有權」，即在現今社會中，一切財物都存在一個占有或使用權利歸屬的問題，或歸國有，或歸群體及個人所有。這就是「所有權」的含義，而有些學生對此卻並不了解。

這類學生對「所有權」的觀念比較模糊，分不清什麼是別人的東西，什麼是自己的東西，只要自己感興趣的東西就拿過來，即使有的東西對他們來說毫無使用價值也仍然照拿不誤。

這類學生的家庭往往收入豐厚，條件優裕。他們從小無論想要什麼東西都能很快得到滿足，一看到自己喜歡的東西，總要想方設法拿回家去，缺乏自控能力。當他們向父母要錢的時候，父母總是說：「衣袋裡有，自己去拿吧。」於是他們坦然地從父母的包裡或錢夾裡掏錢，久而久之便習以為常，有時到鄰居家玩耍也開始做出「順手牽羊」的事來。

這類學生在家中可謂要風得風，要雨得雨。他們安然享受著可以隨意使用家中一切的權力，其中也包括父母錢財的使用權。久而久之，他們在頭腦中便形成了「一切都是我的」的潛意識，因此他們會從「順手牽羊」地拿同學的文具、玩具，或拿鄰居的東西，並逐漸發展到隨意偷竊的行為，而他們本身並未意識到這是一種不光彩的行為。

對於這類學生，老師一旦發現他們有偷竊的行為，應及時請家長到學校來，陪孩子一起去當事人那裡賠禮道歉，將東西歸還原主，保證今後不再犯類似的錯誤。這樣做對培養孩子們的自尊、自強和自愛都有很大的好處。

（4）對因喜歡收集某種物品而偷竊的學生。

在每個人的內心深處都有自私的慾望，這是人的一種本能。當人一味地想滿足自己的私慾時，就會產生強烈的占有慾。有些學生就是這種情況，當他們在行竊時並沒有意識到自己在幹一件壞事。相反，他們在侵占了他人的利益時往往心安理得，產生一種成功的滿足感。

這類學生往往喜歡收集物品，收集的品種各有不同，他們對於自己沒有的東西，總要想方設法弄到手，因此常常不經別人的同意，就將別人的東西隨意拿走。

因此，當發現學生有收集的興趣時，老師應該經常與他們交談，以了解他們的要求和收集情況。對學生收集東西的熱情，老師既要給予支持和引導，同時也要向他們講解正確的收集方法，以及哪些事可以做，哪些事不應當做的道理。

23. 家校聯合，用愛挽救迷途的「心」——糾正偷竊行為學生的教導藝術

偷竊行為是讓人痛恨的行為，而學生的偷竊行為卻讓我們痛心。所以，對這樣的學生，老師一定要付出更多的愛心，對他們出現的偷竊行為，要認真分析，找出病根，對症下藥。

此外，對於這些學生以前的行為，老師不要過多地追究，而要熱情地愛護和關心他們，讓他們知道老師仍然相信他們，仍然愛他們，要用愛心喚回他們那顆迷途的「心」。

24. 告訴學生「你做得到」——糾正自卑學生的教導藝術

▍自卑學生的個性特點

　　自卑，就是自己輕視自己，自己瞧不起自己。有自卑感的學生，總感覺自己的能力、才智不如別人，什麼都比別人差，做什麼事情都缺乏信心，總是擔心做不好，怕被同學們和老師恥笑。

　　由於自卑，他們常採取迴避的方式與別人交往，游離於班級、集體之外，獨來獨往，以避免別人看出自己的缺陷和不足，從而逃避別人的評價與批評；在學習上，他們不積極進取，以致才能得不到充分的發揮；生活中，他們思前顧後，縮手縮腳，缺乏應有的膽量和氣魄；在公共場合，他們很拘謹，不善於自我表現，從而壓抑自己，產生悲觀、失望的不良情緒。

　　小學老師卜驥，他認為自卑的學生，最主要的就是極度缺乏自信心，所以要想消除學生的自卑心理，必須激起他們潛在的動力，樹立他們的自信心，讓他們真正發自內心地喊出「我做得到」。

　　曉軒是卜老師任教班的一名學生，長得眉清目秀，但是他的成績不太好，處於後段程度，而且身為一個男孩子，他過於靦腆，說話聲音細細的，再加上不好動，文文靜靜的，怎麼看都像個女孩子。

　　因此，同學們給他起了個綽號，叫「假女生」。而這也讓曉軒更加自卑，他乾脆不再說話，每天只是一個人靜靜地坐在座位上，不和任何人交流。

　　有一次上課，卜老師讓曉軒回答問題，他扭捏了半天才站起來，低著頭小聲說道：「老師，我不會。」他的聲音小得就像蚊子的「嗡嗡」聲，卜老師連問兩次都沒聽清楚他的回答，最後只好讓他坐下了。

　　下課後，一些調皮的男同學跑到曉軒跟前，故意用細細的聲音學他說話，「老師，我不會。」說著還擺出一副害羞的樣子，惹得周圍的同學哈哈大笑。

24. 告訴學生「你做得到」——糾正自卑學生的教導藝術

這時，曉軒的小臉漲得通紅，頭垂得低低的，眼裡泛著淚花，但即便是如此生氣，他也沒有進行任何反抗。

而這一幕恰好被卜老師看見，他走上前，板起面孔，生氣地訓斥那些學生，「以後我再聽見哪位同學學曉軒說話，小心我不客氣！」幾個調皮的男生見老師生氣了，淘氣地吐了吐舌頭，到外邊玩去了。

卜老師坐到曉軒身邊，親切地問道：「曉軒，你怎麼不和同學們去玩呢？」曉軒低著頭不吱聲。

「是學業上有什麼困難嗎？如果有，告訴老師，老師可以幫助你。」靜默了幾秒鐘，曉軒搖了搖頭。

看著孤獨地坐在自己面前的曉軒，有著多年班導師經驗的卜老師知道，他有著嚴重的自卑心理。那麼自己應該如何幫助他克服自卑心理，樹立起自信心呢？

「不願開口」、「不願參加活動」、「孤獨」、「對別人懷有抗拒心理」，這些行為看起來似乎是在對抗不友善的行為，實則是在刻意地把自己「包」起來，「藏」起來，讓個性不再外露，而這些，均表明曉軒有著嚴重的自卑心理。

是什麼原因讓曉軒如此自卑呢？透過觀察和了解，卜老師找到了答案：

（1）個人心理因素。

曉軒的學習成績比較差，其實並不是因為他笨，也不是他不用功，而是他長期被自卑、羞怯、焦慮和恐懼等負面因素所影響。過重的心理負擔使他不能正確地評價自己的能力，一直懷疑自己的優點，即使在成功面前他也難以感受到喜悅，從而陷入失敗的惡性循環中。這樣就嚴重地影響了他的身心健康發展，只有解除心理枷鎖，讓他抬起頭，才是轉化他的關鍵之舉。

（2）家庭因素。

曉軒來自父母離異的家庭，跟母親生活在一起。他的母親對他很關心，對他的學習要求也很嚴。而曉軒的個性比較內向，講話聲音很小，一講話臉就紅，他很害怕成績考不好，以致遭到母親的責怪。

此外，母親常忙於公司的生意，再加上曉軒不善言辭，因此母子間很少深入地溝通。長此以往，曉軒變得在與別人相處時，總是小心翼翼，不敢說話。從他的臉上很少看到快樂的笑容。

(3) 學習誘發原因。

在學習上，曉軒屬於不愛學習，害怕學習的學生。他的父母還沒有離異的時候，他的成績還算可以，但進入五年級的時候，成績已下降到班級的後幾名了。雖說當時老師也付出了很多努力，但收效不大。

進入六年級，來到卜老師的班裡後，卜老師會同他的家長和他以前的任課老師進行了剖析，發現曉軒學習上懶散的主要原因是：沒有家長的經常鼓勵，老師的教育缺乏計劃性，班級的同學們沒有發揮良好的輿論作用。因此，曉軒非但沒有嘗到學習的甜頭，反而老是遭到別人的責罵和白眼，到後來，家長和老師都有點放任自流了。所以，他才越來越懶，容易的知識就學點，難的知識就放棄。

這樣一來，他的成績越來越差，慢慢地形成惡性循環，最後成為一名成績不佳的學生，也喪失了進取心。

(4) 主觀評價原因。

其實，曉軒形成後來的這種狀況，不能不說是家長、老師的教育缺陷，以及同學們的不正確輿論的「功勞」。比如，家長動不動就說「你真沒用」、「你真笨」、「你真不可救藥」、「我怎麼會有你這麼不爭氣的東西」之類話。試想，這樣不負責任又傷自尊的話怎能激起曉軒的上進心呢？這只會讓他對著幹：你越罵我笨，我就越笨，反正別人不會誇我的。

另外，同學們對他的嘲諷和瞧不起，令本就自卑的曉軒變得更加自卑。

以上種種原因，就造成了曉軒今天的情形。

24. 告訴學生「你做得到」——糾正自卑學生的教導藝術

隨著資訊社會的到來，大量的資訊從不同的渠道展現在學生面前，使他們更早地融入到社會中。而經驗的不足和心理承受力相對較差，使他們在現實面前往往會更多地出現心理上的困惑和自卑現象。使學生產生自卑心理的原因主要有以下幾方面：

（1）自身條件的缺陷。

對自己身體方面的素質不滿意，比如，與別人比較時，覺得自己在身高、長相、體態、膚色等方面不如別人而導致自卑。

（2）因貧困而自卑。

在市場經濟環境下，拜金主義、享樂主義等思想不可避免地侵入校園。從學生上學的交通工具、穿戴、零用錢、學習用具的不同到父母的就業、住房好壞的差別都反映到學生的學習和生活中。

生活富裕的學生做什麼事都比較順利，很容易產生滿足感；而貧困生相比來說就比較窘迫和艱辛，再加上學生之間容易進行盲目的物質攀比，往往使貧困生形成自卑的心理。

（3）因遭受挫折而自卑。

學生因為生理、心理上的相對不成熟，而容易在學習和生活中遭受挫折，這本是他們成長的必經歷程。但有一部分學生在挫折面前沒有很好的自我調適能力，也缺乏面對挫折的勇氣，再加之沒有引起老師的重視，沒有幫助他們度過挫折期，因而他們有意地迴避一些必須面臨的現實問題，逐漸地產生了自卑感。

（4）自尊心得不到應有的滿足。

自尊心是鼓勵學生奮發向上的動力，是使學生自愛、自信、自立、自強不息的源泉。如果學生的自尊心得不到應有的尊重，就極容易走向反面，導致自卑。比如，如果一位學生因為某一方面的原因經常受到老師的批評、家長的斥責、同學們的冷淡，就極容易覺得別人瞧不起自己，因而責怪自己無能，變得膽小、拘謹、自卑。

(5) 家庭教育不當而引發的自卑。

①過多的批評指責。

有的父母當孩子稍有失誤時，就指責孩子「這不對」、「那也不行」，缺乏正確的引導與評價，久而久之就會造成孩子對自己的能力產生懷疑，形成自卑心理。

②和別人攀比。

有些家長經常拿別人孩子的長處去比自己孩子的短處，例如，一個五年級的小學生說：「我爸爸媽媽總說我不好，動不動就拿我和他們同事的孩子比，人家某某考一百分，你怎麼就考八十來分？你要是能趕上某某一半我就知足了。」

諸如此類，使孩子產生了己不如人的感覺，極易導致孩子自信心的喪失和崩潰，產生自卑心理。

③過高的要求。

有的父母望子成龍心切，經常對孩子提出過高的要求，如考試必須得一百分，在班級要占前三名，等等。由於孩子的心理年齡和各方面能力所限，常常難以達到父母的高要求，因而時常受到父母的否定。

當標準過高，孩子達不到，屢遭失敗時，他們就會產生連續失敗的挫折感，長此以往，容易積累「我不行」的消極情感體驗，它不僅使孩子得不到積極自信心形成所必需的成功體驗，反而時常經歷失敗，使孩子由經常的自我懷疑走向自卑。

④包辦代替。

有些父母對孩子過於溺愛，這也包辦，那也包辦，使孩子體驗不到成功帶來的自豪感，缺乏表現自己的機會，因而造成自卑。

總之，造成學生自卑的原因有很多，老師需要查找原因，對症下藥。

找出曉軒自卑的原因後，卜老師制定了以下的矯正措施：

方法總比問題多：名師轉變棘手學生的施教藝術

24.告訴學生「你做得到」——糾正自卑學生的教導藝術

（1）放開「韁繩」，為他鬆綁。

學習成績影響著別人的看法，一優遮百醜，反之一醜也遮百優。分數就像魔棒一樣左右著人們的思維。當學生常遭到別人白眼的時候，他們自然會不自在，甚至產生對抗情緒和逆反心理，曉軒就屬此類。卜老師認為，只有先治好他的「心病」，才是去除自卑的最佳方法。

那麼，這「心病」要如何治呢？卜老師先不去注重他的成績，而是更多地關注他的思想傾向和他的行為動機，讓他排除成績差這個誘發因素。卜老師對他曉之以理，動之以情，一步一步地促使他感知到別人的期待，別人的接納，從而從心裡產生要奮發向上的念頭。

這就像「牽著牛鼻子」幹活的故事中所講的一樣，你拉得越緊牠越往後賴；你給牠一點空間和自由，牠反而比較賣勁，教育人也是這個道理。比如教育曉軒，如果老師的眼睛只盯著他的成績看，自然少不了訓責，時間一長，所有的努力就會變成泡影。

所以，卜老師一開始就不去談論他的成績，讓他盡情地玩耍，盡可能多地讓他與同伴一起活動。這樣會讓曉軒的心情變好，變得喜歡講話。這樣就為轉化他創設了良好的外部環境。

（2）自我檢討，找最佳切入口。

在與曉軒談心的過程中，卜老師發現以往老師和家長「責、罰、罵」等不良教育的影子在他身上還有體現。於是他透過各種形式，各種機會與這些人接觸，徵得他們的支持。在接觸的過程中，卜老師與他們一起總結和反思，尋求最佳的轉化方案。大家一致認為：應當讓曉軒多參加團體活動，讓他搞好和同伴的關係、和老師的關係，以及和家長的關係，以「先讓孩子開心起來」為突破口。

（3）樹立信心，激起「我做得到」之情。

記得有一次學校舉行舞蹈比賽，膽小的曉軒也被卜老師選上了。參與團體活動，尤其是到舞臺上亮相，需要有較高的激情和較強的信心。於是，卜老師就發動曉軒的好朋友們，動員曉軒上臺，並讓他們和曉軒一起上。

開始時曉軒並不願意去，最後在家長和音樂老師的鼓勵下，他還是上了，而且表現得還不錯。卜老師和其他老師都在自己所任的課上以他為典型進行了表揚。曉軒第一次在同學們面前有了開心的笑容。

從此，他變了很多，對好多科目也有了一定的興趣。經過這樣的鼓勵和鞏固，曉軒的自卑心理逐漸有所改善。

有一天他問卜老師，「老師，我的成績能變好嗎？我能行嗎？」卜老師鼓勵地對他說：「你這麼棒，當然行。你連舞蹈都跳得這麼好，還有什麼不能上去的呢？我相信經過你的努力，你的成績一定會上去的，我們一起努力好嗎？」

曉軒聽了後，激動地不住點頭。從此，他真的非常努力，成績有了很大的進步。

透過卜老師與家長以及其他老師齊心協力地耐心疏導、啟發，並透過曉軒自身的努力，他逐步消除了自卑心理，真正樹立起了「我做得到」的良好心態。

到了六年級的考試時，曉軒的成績已經躍居班級的前十五名了，而且他也喜歡和同學們一起做遊戲了。看到他笑得那麼開心和天真，卜老師不由得也笑了。

自卑是壓抑自我的一種沉重的負擔，過於自卑無異於自毀。自卑心理對學生的成長是極其有害的，因此，在矯治學生的自卑心理時，老師應當做到：

（1）深入了解，加強交流。

產生自卑心理的學生通常帶有一個明顯的特點，那就是很在乎別人對自己的評價（儘管他們表面上常予以否定）。因此，在教育實踐中，老師要經常和這些學生保持接觸、交流，最大限度地去滿足他們的心理需求，投其所好。當然，這絕不是過分地遷就和溺愛，而是以此作為基礎與突破口，增強他們的自信心。

24. 告訴學生「你做得到」——糾正自卑學生的教導藝術

比如，可以讓他們組織、參加一些他們感興趣的活動，使他們也有自我表現的機會；讓他們對班級管理提出自己的看法和建議等，以激發、增強他們的群體責任感和榮譽感，同時也能為班級創造一個寬鬆和諧、民主團結的環境，並充分發揮群體教育的作用，使他們的不安、煩惱、孤獨等情感得到淡化或抑制，讓他們生活在希望之中，變自責為自信，變自卑為自尊，變自我否定為自我肯定，培養他們積極進取的樂觀態度。

（2）激發自強，培養意志。

由於時代的不斷進步，物質生活日益豐富，如今的學生，大多是在優越的環境中長大的。他們很少經歷什麼磨難，這便使得相當一部分學生承受挫折的能力差，一遭遇挫折就心灰意冷，很容易走向自卑。

所以加強對學生意志品質的培養，提高他們承受挫折的意志力，是矯治他們自卑心理的根本。老師要有意識地根據自卑學生的不同情況，不失時機地培養他們意志品質的果斷性、自制力和頑強性，激發他們產生一種百折不撓的克服困難和挫折的勇氣、力量，讓學生懂得「風在停留時積聚力量，人在艱難時磨練意志」的道理。可以透過主題班會，課外活動，講古今中外名人自強不息的事例，激發學生們進行意志力鍛鍊的強烈願望，有計劃、有目的地消除束縛學生成長的自卑心理。

（3）愛字當頭，保護自尊，消除戒備性的心理障礙。

隨著年齡的增長，學生的自尊心也與日俱增。他們，尤其是自卑的學生，最怕人格受到傷害。因此，老師在日常的教育活動中，必須堅持以愛為原則，特別是對自卑的學生更要關心和愛護，使他們感受到自己存在的價值，感受到來自老師實實在在的溫暖，從而鼓起學習、生活的勇氣。

此外，在批評自卑的學生時，老師要注重方式、方法，堅持動之以情、曉之以理、導之以行、持之以恆的原則。恰當的教育方式，有助於學生個性和人格的健康發展，也有助於清除以至填平他們與老師之間的鴻溝，矯治他們戒備性的心理障礙。

（4）捕捉「亮點」，創造體驗成功的機會，消除逆反心理障礙。

自卑的學生並不像他們自己認為的那樣：自己全無優點。相反，他們身上也有很多「亮點」。例如，一些自卑的學生有體育天賦，舞蹈天賦，等等。

　　老師要善於發現和捕捉他們的「亮點」，並利用這些「亮點」，讓他們積極參加相關的集體活動，讓他們體驗到成功的喜悅，增強他們的自信心。

　　也許，自卑的學生很難在一夜間發生徹底的轉變，但如果老師能在他們的消極因素背後，捕捉到他們的「亮點」，肯定和表揚他們的每一點進步，順水推舟，因勢利導，點燃他們心靈中的星星之火，讓他們體會到進步的喜悅，並努力為他們創造體驗成功的機會，他們一定會樹立起學習和生活的信心，揚起學習和生活的風帆，進而使他們的自卑心理得到根本的轉化和矯治。

對自卑學生的教育策略要點

　　造成學生自卑的原因千差萬別，比如因容貌、外形、家庭等，因此，在教育自卑的學生時，老師要根據不同的原因，對他們實行不同的教育策略。

　　（1）對因外形條件有缺陷而自卑的學生。

　　如果學生是因自己長相或體形而自卑，老師首先要做的就是糾正他們的不良心態，告訴他們可愛的性格、淵博的知識都能讓一個人的氣質變得美起來。千萬不要過於吝嗇對他們的表揚，每當學生的行為舉止有進步時，不妨誇獎他們，「你這個樣子，是最漂亮的。」

　　在老師的讚揚中，讓學生逐漸敢於自我肯定。

　　（2）對因家庭貧困而自卑的學生。

　　對於這樣的學生，老師要多關心他們，多讓他們參加一些校園活動，多給他們機會表現自己，以此提高自信心；另外，還要鼓勵他們敞開自己的心靈，多交朋友，學會多關心別人，從中體會到同學們的友情。

　　一般來說，這類學生大多比較敏感，因此，老師在教育時就要注意他們的身心特點，不要用過於激烈的話來刺激他們，經常給予他們鼓勵是十分必要的。

24. 告訴學生「你做得到」——糾正自卑學生的教導藝術

（3）對因家庭教育不當造成的自卑學生。

這類學生自卑主要是因為家庭教育的方式失當而造成的，所以老師要從提高家長素質著手，幫助家長掌握子女的心理及正確教管子女的原則和方法，以及培養和提高子女學習興趣等方面的知識。同時要調整家長與子女的關係，消除家長帶給子女的自卑心態。

（4）對因學習成績差而自卑的學生。

對於這類學生，老師主抓的就是他們的成績。可以先讓他們做一些簡單的作業，如果他們做對了，要給予適當地鼓勵；做錯了也不要責罵，而要幫助他們找出原因。在課堂上老師要多給他們回答問題的機會，告訴他們「你做得到」，逐漸幫他們找回自信心。

俗話說：「一把鑰匙開一把鎖。」老師在對自卑的學生進行教育時，一定要透過問題的表面，尋找出主要原因，然後根據他們的個性特點，設計好教育方案「對症下藥」，這樣才能從根本上消除學生的自卑心理。

25. 耐心引導，培養社會意識——糾正自我意識太強學生的教導藝術

▌自我意識太強學生的個性特點

　　自我意識太強的學生，一般表現為凡事以自我為中心，很少理會周圍人的感受，有極強的自我保護意識和突出的自我意識，喜歡憑自己的喜好行事，甚至與人交往時，都喜歡「逼迫」他人聽從自己的意願，對人、對事，有自己固執的看法。

　　劉金英老師認為，自我意識太強是現代獨生子女的重要狀況之一，是一種不健康的心理，老師應對這類學生採取耐心引導和說服的方法進行教育。

　　在劉老師的班上有一位名叫小威的學生，學習成績很優秀，總喜歡在課堂上就老師的看法提出不同的意見，甚至進行質疑。

　　起初，劉老師以為這是小威有創意的體現，於是就盡可能地保護他，處處呵護著，生怕學生的創新幼芽夭折在自己手裡。

　　誰知道，時間一長，劉老師才醒悟到原來根本就不是那麼回事，小威的行為越來越誇張了，甚至可以說是一個問題學生了。

　　有一次，在期中考試後的週一班會上，劉老師向同學們做總結，「同學們，經過我們的努力，這次成績有所上升。但是，我想告訴大家的是，不管這次考試是進步還是退步了，它都只代表你們的過去，而我是不會以此作為對你們的評價標準的，我更看重的是你們在課堂上的聽課表現以及在家裡的預習結果。只要你們平時努力了，儘管這次考得不好，老師也不會在意的……」

　　「哎喲！老師嘴上這麼說，誰知道心裡怎麼想的啊？我還沒見過一個老師不看重考試分數的呢？我爸媽只要一看見我分數下降，不管三七二十一，就數落、指責我貪玩，不好好學習。」冷不防地，教室裡有人冒出這樣幾句話。

25. 耐心引導，培養社會意識——糾正自我意識太強學生的教導藝術

　　隨聲望去，劉老師一看，說話者正是小威。只見他斜靠在椅子上，右手轉著原子筆，一副不以為然的表情。

　　劉老師很驚訝小威怎麼會說出這樣的話來，因為她自信自己平時對待學生是一視同仁的，從來沒有因為考試成績的事情責罵或訓斥過學生，更沒有輕視過任何一個學習成績不好的學生。

　　但小威的一席話，也讓劉老師認識到這可能是絕大多數家長和少數老師的心理，同時也是很多學生的想法。

　　因此，為了打消學生的顧慮，劉老師認真地看了小威一眼，接著堅定地說道：「儘管小威的話是事實，但是我始終認為，只要我的學生平時努力了、學習了，即便他成績不好，也是我的好學生。因為，成績在我眼裡，絕對不是評價學生好壞的唯一標準！」

　　說最後一句話時，劉老師特意加重了語氣，並且是看著小威說的。而聽了劉老師的話，小威雖然沒有什麼明顯反應，但是臉色卻平緩了許多。

　　還有一次快放學時，劉老師抱著一堆作業來到教室，「同學們，對不起！占用大家一點時間。因為昨天的作業有幾道題有點難度，大家做得不太好，所以我耽誤大家幾分鐘時間講解一下。」

　　然而，剛講了幾分鐘，劉老師就在無意中看到了一張不耐煩的面孔，那就是小威。此時，小威好像座位上有釘子似的，眼裡滿是焦慮的表情。

　　劉老師想，難道小威在埋怨自己占用下課的時間嗎？於是她就看了看錶，只不過才放學4分鐘而已啊，也許是小威有什麼急事吧？

　　想到這兒，劉老師就說：「小威，如果有事，你就先走吧！」小威聽了後二話沒說，背起書包頭也不回地就走了。

　　望著小威的背影，劉老師不禁有點生氣——小威也太不把自己放在眼裡了，竟敢和老師耍性子！

　　這時，有位同學說話了：「老師，小威都這樣好幾次了。上次地理老師和物理老師留我們的時候，小威沒有得到老師的允許就自己走了。」

「沒錯！今天就因為您是班導，他才沒有走的。」

聽了同學們的話，劉老師猛然意識到：小威這是在公然挑戰老師的權威性。對於老師，他連一點起碼的禮貌和尊重都沒有，實在是太自我了。

小威的種種行為表現，不得不讓劉老師聯想到最近十分流行的詞語——自我意識太強。

現在的學生獨生子女居多，在家裡都是說一不二的人，因而難免會出現唯我獨尊、以自我為中心的現象，但是這種自我意識太強的性格，在人際交往的過程中，很容易出現一些不和諧的「音符」。

經過多方了解和分析，劉老師認為小威之所以如此以自我為中心，可能是以下原因造成的：

（1）老師對其過分寬容的態度。

這是事情的直接原因。心理學家勒溫說，行為是人與環境的函數。在學生成長所處的環境中，老師的態度往往是促使他們發生轉化的關鍵因素之一。

小威自上學以來，一直因為成績優秀而得到老師的偏愛。為了不扼殺他的思想自由、創意，劉老師多次容忍他的誇張行為，而沒有對他進行及時的引導教育。這種多次在全班同學面前給小威開綠燈的行為，使得小威自認為與其他同學相比，自己是獨特的，因此就造就了他自我、驕傲、張揚和不把別人放在眼裡的性格，助長了他的氣焰，使他時時都以自己為中心，讓他有了「與眾不同」的底氣。

（2）獨生子女特有的弊病。

經過家訪，劉老師知道小威的父母都是高知識分子，而且小威還是家族中唯一的男孩子，這樣自然就會受到家人的萬般寵愛。

雖然小威的父母對小威的要求很高，但明顯寵愛高於要求，這樣就造成他驕傲、張揚、無視別人感受的個性。這種自我、任性的性格，使得他不習慣體諒、尊重、理解他人，再加上他的情緒容易衝動，好走極端，發生問題時不是站在自己的立場考慮，就是選擇逃避。

25. 耐心引導，培養社會意識——糾正自我意識太強學生的教導藝術

（3）媒體的負面影響。

小威很喜歡上網。現在的學生處於媒體資訊的包圍中，難免會吸收一些灰色的、暴力的資訊。尤其是中小學生，他們的是非觀念很淡薄，不懂得如何去判斷什麼東西是好的、應該學的，什麼東西是壞的、不應該學的。這些不良的資訊都會助長他們的自我意識膨脹，使得他們養成目中無人的性格。

找到小威自我意識太強的原因後，劉老師決定盡快採取適當的措施，幫助他改正。

首先，她經常私下找小威聊天，並且在聊天中逐漸讓小威懂得他是個好學生，能力也非常突出，但是卻不能因為自己優秀，就不把任課老師和同學們放在眼裡，肆無忌憚地行事，認為自己高人一等，甚至逼迫他人依從自己的意願，而應該注意聽取其他同學的想法與意見。

在與小威的談話中，小威總會為自己辯解。對此，劉老師總是耐心地聽小威「申訴」，並且針對小威不恰當的想法，委婉地提出自己的建議，對其錯誤的思想進行適時的引導，使其向正確的方向發展。

有時，小威還會偶爾犯類似的錯誤，對於這樣的行為，劉老師都會耐心地教育、說服他，但從來沒有以強硬的態度強迫他改正。

劉老師說：「雖然小威的每一次錯誤行為都有點偏激，每一次錯誤情緒都有點衝動，但是，這不代表小威就是個不講理的學生。所以，我從來不對他進行強行的壓制與批評。因為那樣不僅會傷害他極強的自尊，還會激起他的抵抗情緒、對立情緒。所以，我都是耐心地和他講道理，用道理說服他，讓他自己去認識錯誤，自己主動去承擔責任。」

除此之外，劉老師還主動找到小威的父母，請他們配合自己，一起把小威教育好。她要求小威的父母在家裡不要過於溺愛小威，而要給他一點挫折教育，並且有意識地控制網路、電視等媒體上一些不健康、不利於青少年成長的暴力、血腥內容，以減少不良資訊對小威的影響。

這樣，在劉老師的不懈努力下，小威有了很大的轉變：他變得更自信了，同時還多了一份謙遜；他依舊很張揚，但卻懂得了對他人的尊重與寬容；他不再強迫他人按照自己的意志行事，而懂得了向他人諮詢意見。

人不可能沒有自我意識，否則，他無法在這個世界上獨立，但過強的自我意識，很容易使自己走向孤獨。

學生階段是人生中最重要的生長時期，在這個時期，學生的自我意識正在逐步發展。總體上說，絕大部分學生的自我意識是在健康發展的，但是也有個別學生會出現偏差，並且影響到他們正常的生活與學習。

那麼，學生自我意識太強的表現有哪些呢？老師又應該怎樣對這類學生進行心理調適呢？

（1）忌妒心過強。

有的學生強烈的自我意識具體表現為忌妒心強，遇到老師誇獎其他同學就冒火、不舒服，甚至情緒失控。對於這種情況，老師怎樣才能有效地幫學生防止和克服呢？

①教學生學會理性地分析和思考問題。

學生的心理還不成熟，思維的直覺性較強，因此在判斷和處理事情時，難免出現偏頗，總想著自己應該事事比別人強，時時刻刻都應該是超前的，而這卻是不可能的。因此，對於忌妒心強的學生，老師應該告訴他們這種想法是錯誤的，理性地幫他們分析錯誤的原因和危害，這樣學生就能學會心平氣和地對待他人的成績和進步了，而不會再產生忌妒心理。

②加強學生的自身修養。

老師應該經常教育學生：當發現他人比自己強時，不要怨恨甚至忌妒他們，而應該客觀地分析對方的優勢，並暗暗學習，以便運用於自己以後的學習中；必要時，還可以爭取對方的幫助，這樣才會獲得更大的進步，和更多的友誼。另外，還可以進行「角色互換」，把自己放到對方的位置上去思考問題。

25. 耐心引導，培養社會意識——糾正自我意識太強學生的教導藝術

忌妒心的產生，是因為私心太重，是只想自己、不想別人的結果。如果能將心比心，多想想別人，忌妒心就會煙消雲散。

③教給學生自我控制、自我調節方法，並進行必要的行為矯正。

老師可以教給學生控制忌妒心的方法，這樣一旦忌妒心產生時，學生就可以及時進行自我調節，控制自己的行為，進而可以減少消極的情緒和行為。

克服忌妒心這一自我異常心理，並不是一朝一夕的事情，它需要學生不斷地提高自身的心理素質，培養勇於戰勝自己的意志力。

（2）自尊水平過低。

有的學生自我意識強烈，可能是因為他的自尊水平過低。對於這種學生，臺灣心理學家張春興提出了四點解決建議：

①按照自己的條件評定自己的價值。

每個人都有自己的優點和缺點，如果總是為自己的缺點而自卑，那麼缺點就會永遠與你同在，甚至隨時欺負你。所以，為了避免這個問題，學生應該講究自尊，應該懂得愉快地接納自己，並且懂得揚長避短，在自己的優點上去努力、去發揮，這樣才能突出自己的價值。

②根據自己的體驗來判決成敗。

俗話說，不以成敗論英雄。在生活中，一個人難免會遭遇失敗，但是只要認為自己盡了全力，就應該坦然接受這個失敗的結果，而不應該文過飾非，或者愧疚、怨天尤人。

③把自己看成和別人一樣重要。

「天生我材必有用」，所以一個人不應該過分地苛求自己去做十全十美的人，沒有必要強迫自己事事勝過別人。

一個人只有覺得自己和別人一樣重要、一樣棒，才能不驕不傲、不亢不卑地做人。而事實上，也只有這樣，一個人才能愉快地接納自己，不去忌妒他人。

④欣賞但不希求別人的讚許。

事實上，每個人都希望別人能欣賞、誇獎自己。但如果為了得到他人的欣賞、讚許才去做事的話，那麼他不但沒有做事的信心，還會失去自己的獨立性。因此，想成為一個成熟的學生，就應該按自己的主張行事，而不要去依賴別人的讚許。

只要盡力做好這四點要求，學生就會成長為一個有自尊的好學生。

(3) 自卑心理。

自我意識過強的另一種表現就是自卑。這種自卑心理不僅會使學生的心理失衡，甚至還可能構成性格上的重大缺陷，影響到他們以後人生的發展。因此，這種不良的心理狀態應該得到及時的疏導和克服，盡快恢復學生的自信。

那麼，老師應該如何克服學生的自卑心理呢？

①讓學生正確地評價自己。

自卑的學生往往有很強的自尊心和抱負，自我評價過高，但是在學習生活中，由於自己的方法不當，或者缺乏處世的能力而陷入困境時，就會降低對自我的評價，認為自己「什麼也做不好」、「一無是處」，於是從一個極度自信者變成完全沒有自信的人。

「金無足赤，人無完人」，每一個人都有自己的弱點與優點，學生應該在坦然接受優點的同時，也同樣不要忌諱自己的缺點。只有這樣，才能正確地與他人比較，在看到自己技不如人時，也看到自己的過人之處。

②讓學生正確地表現自己。

人的自卑感，往往是在表現自我的過程中，因為受到挫折，才懷疑自己的能力的。因此，有這種心理的同學們，不妨多做一些自己有較大把握的事，這樣一舉成功後，就會非常自信，而每一次成功都是對自信心的強化。而恢復自信正好是克服自卑的關鍵，但是，自信心的恢復需要有個過程，不可操之過急。

25. 耐心引導，培養社會意識——糾正自我意識太強學生的教導藝術

另外，老師應該告訴學生，在表現自己時，期望值不要過高，要循序漸進地鍛鍊自己的能力，逐步用自信心取代自卑感。

③讓學生正確地補償自己。

有的學生自卑是因為身體、生理上有缺陷，對於這種學生，老師應讓他們透過努力奮鬥，以某方面的成就來補償自身的缺陷。

中國數學家華羅庚說過：「勤能補拙是良訓，一分辛苦一分才。」只要下足工夫，即便有缺陷，也能追上他人，建立屬於自己的功業。

老師應告知學生：每個人都有自己的長處和短處，要學會揚長補短。很多偉人，比如，荷馬、貝多芬，他們都有自己的缺陷，但是卻並沒有因此而自卑，反而能看到自己的長處並立志取得成就，而且經過不斷努力，他們也確實成功了。

所以說，人的某些缺陷和不足，不是絕對不能改變的，只要找到正確的補償方法和目標，就能克服自身缺陷或者從其他方面成功。

對自我意識太強學生的教育策略要點

自我意識太強其實就是以自我為中心，因此在教育這類學生時，老師應注意以下的策略要點：

（1）消除自我意識太強學生的心理障礙。

作為老師，應該多關注這類學生的心理變化，平時在教學中，應該儘量深入他們的內心，採取鼓勵為主、懲治為輔的教育方式，儘量做到以理服人。即便某些學生的行為不當，但只要不是原則性問題，老師最好不要強硬地處置，否則只會適得其反，激起他們的對立情緒。

（2）對自我意識太強的學生要進行一些必要的「挫折教育」。

學生自我意識太強的重要表現之一，就是以為自己是「天下第一」、沒有人能超越自己。對於這類學生，老師應該給他們設置點挫折，讓他們明白自己並不是萬能的，要學會尊重他人，還要讓他們懂得自己的某些行為是行

不通的，因為個人是隸屬於群體、附屬於社會的。離開群體，即便他們有孫悟空的七十二變，也難以戰勝「群魔」。

（3）讓自我意識太強的學生學會團結友愛，明辨是非。

在平時的學習、生活中，老師應該隨時隨地地教育自我意識太強的學生，要懂得團結友愛、是非分明，並且用自己的實際行動，給學生做出表率。

同時，老師可鼓勵這類學生積極參加學校組織的集體活動、公益勞動，積極利用班會、校刊等形式向他們進行愛心教育，讓他們學會感恩，懂得回報。

（4）教育自我意識太強的學生時，注意「冷」與「熱」的結合。

對於自我意識太強的學生，比如羅威這種習慣了自我、自傲的學生，老師不能總是一味地表揚他們、鼓勵他們，而應當在他們出現錯誤時，適當地給他們潑點冷水，但是要注意尺度，不能小題大做、借題發揮，狠狠地打擊，甚至孤立、冷落他，因為這樣做，可能會使學生從一個極端走向另一個極端。

另外，老師也要注意反思自己。因為學生成長為自我意識極度膨脹的人，不能完全怪他們自己，也有老師或者家長的責任，可能是老師、家長的縱容或者教育方法失當造成的。所以，作為教育者，老師不能在發現學生有問題時，就把責任一股腦地推卸給他們，而應該靜下心來想一想，怎樣做才能恰當地解決學生的問題，並且不會留下其他後遺症。

而自我意識太強的學生，他們的自尊心也都比較強，而且思想比較頑固，要想改變他們的想法非常困難，所以老師應該進行耐心地教育和引導，使他們有一個逐漸轉變的過程。

26. 循序漸進，培養自控力──糾正注意力不集中學生的教導藝術

26. 循序漸進，培養自控力──糾正注意力不集中學生的教導藝術

▎注意力不集中的學生的個性特點

　　注意力不集中的學生一般來說性格比較外向、活潑好動、聰明機靈，但也有一些是內向的。日常表現為：首先，這類學生在學習、做事或玩的時候很難保持注意力集中，很容易因外界刺激而分心；上課幾分鐘後，就開始動、說話、走神，不知上課講的是什麼，不知道所留的作業；做作業時，不能集中精力做完，三心二意，邊做邊玩，效率極低，一有聲響就分心，沒有家長陪就做不完；寫完的作業常有掉字、錯字、錯符號、抄錯數字的現象；讀書時，錯字、丟字很多；考試中，看錯題、丟題的現象很多。

　　其次，這類學生不注意聽別人講話；經常不願意做那些需要持續用腦的事情，比如，做家庭作業或聽課；經常弄丟學習、生活用品，比如，玩具、鉛筆、書本或其他學習用具；經常忘事，比如，上學時丟三落四、忘記老師分配的任務；遊戲、做事、學習時不注意細節，常犯粗心大意的錯誤；在完成任務或做功課時常常虎頭蛇尾，不能按要求將事情做到底。

　　小學生由於年齡小，自控能力差，上課時最容易注意力不集中，對於這樣的學生，小學數學教師符小紅老師認為，最根本的辦法就是培養他們的自控能力、自我約束的意識，因為他控只能管理學生一時的行為，而自控才能管理他們一生的行為。

　　「鈴鈴鈴……」隨著上課鈴響，符老師精神奕奕地步入教室，開始新學期的第一課。

　　「同學們好！」符老師滿面笑容地向大家問候。

　　「老師好──」學生拉長聲音響亮地回答。

　　「好，接下來我們開始上課！」

26. 循序漸進，培養自控力──糾正注意力不集中學生的教導藝術

課程大約進行了十分鐘時，符老師不經意地回頭，發現班上一個名叫小明的同學正在擺弄原子筆，顯然他沒有認真聽課，「小明，你來回答一下平行四邊形的面積公式。」符老師點名讓小明回答問題。

「啊，什麼？平行四邊形的面積公式？」猝不及防的小明倉促地站了起來，雙手開始慌亂地翻找課本。事實上，黑板上就寫著這個公式，符老師剛才講的就是這些內容。

「好了，你先坐下吧。上課要注意聽講，知道嗎？」符老師沒有再為難小明。

「哦。」小明滿臉通紅地坐下了。

然而沒多久，小明又開始搞小動作。整節課下來，他認真聽講的時間加起來還不到二十分鐘，總是分心，不是東張西望，就是惹前後桌的同學，注意力非常不集中。

這引起了符老師的注意，她開始認真觀察小明。透過一週的觀察，她發現小明性格開朗，活潑好動，反應很快，腦子比較靈活，但就是貪玩淘氣，不愛學習。

經過分析，符老師認為小明之所以學習成績差，就在於他上課時注意力不集中。都上四年級了，一節課認真聽講的時間卻不超過二十分鐘，大約 2/3 的時間都在東張西望，左顧右盼，心不在焉；而平時他寫作業時，十分鐘的作業他可以寫上一個多小時，總是邊寫邊玩。

學習是從注意開始的，只有全神貫注，積極動腦，新資訊才能被理解、記憶和保存。一個漫不經心、注意力渙散、經常分心的學生，到了小學高年級，隨著教學內容的增多與加深，學習成績就會慢慢下降，不良的習慣將會影響他的終身學習和發展。所以一定要把小明這個上課注意力不集中的壞毛病給糾正過來，符老師暗自想道。

上課東張西望、搞小動作，做作業邊寫邊玩，回答問題不知所以然⋯⋯這都是注意力不集中的典型表現，但小明能專心地玩原子筆，這說明他不是過動症兒童，因為過動症兒童無論做什麼都不會安靜一分鐘。

透過和小明以前的老師及其家長溝通，符老師找到了他注意力不集中的原因：

(1) 自身性格的原因。

小明的性格外向、活潑好動，雖然他的頭腦比較聰明，但這種性格的學生很容易分散注意力，上課精神不集中。貪玩好動是小學生的天性，但是一味地玩耍嬉戲，自我放任，不會自我調控，只是憑興趣做事，就不能形成自覺學習的好習慣，以至影響他們的成績，成為班級的成績不良學生。

(2) 老師與家長們的原因。

造成學生學習不好的因素有很多，如果把學習不好都歸於學生貪玩、淘氣、懶惰和不願意學習，這樣只能產生師長們責怪、抱怨以及懲罰的行為，從而導致學生產生逆反心理。小明的家長和以前教過他的老師都抱怨他貪玩、淘氣、不願意學習，由於沒有找到他學習落後的真正癥結，沒有及時地給予引導和幫助，沒有從小培養他的注意力，所以導致到了四年級，小明還沒有養成認真聽講的好習慣。

這就是小明注意力不集中的原因。

而有些學生之所以不能集中注意力上課或做事，是有更多原因的，歸納起來主要有以下幾方面：

(1) 家庭因素。

①家庭對獨生子女呵護過度。

現在大多數家庭都是只有一個孩子，因此一家人難免特別疼愛他們，任何事情都幫他們代勞。久而久之，就會使他們產生嚴重的依賴心理，什麼事也不用自己去做，也不想自己做，逐漸變為一個懶惰的人。而懶惰的人是最沒有意志力的，沒有意志力，就很難集中精力做事情。

②家長忽視對孩子的體育運動和精細動作的訓練。

現在的學生很多都缺乏體育鍛鍊，其實運動是最有利於培養學生的各項能力的。因為在運動中，學生的各部肌肉、神經和感官都要相互配合，才能

26. 循序漸進，培養自控力——糾正注意力不集中學生的教導藝術

完成想要做的動作，也就是協調能力和平衡能力要好。比如，學生跳繩時，眼要看，手要搖繩，腳要準備什麼時候跳起來，這些配合都要經過大腦的指揮才行。而精細動作，比如，在摺紙時，學生的眼睛和手都要配合起來，才能摺好紙，這就叫「感覺統合」。

感覺統合協調的人，大腦的指揮能力很強，控制各部肌肉、神經的能力也就比較強。這樣的學生不論在運動時，還是在長時間靜止時，都有較強的自控力。

而感覺統合失調的學生，他們大腦的指揮能力和控制能力就很差。除了做事和運動時顯得笨手笨腳外，就是在坐著時，也難於長時間地堅持，他們會感覺到腰酸背疼，全身難受，只有動來動去才覺得能夠舒服一些。

而在這個過程中，他們的精神有很大一部分只去注意自己的難受，而不能去參與到該做的事情當中，也就是注意力不集中。

③學生看電視過多。

對於注意力來說，電視是殺手。因為電視節目的特點就是畫面生動活潑，當學生習慣了看電視熱鬧的感覺，到了學校就不習慣靜靜地聽老師的話。

電視雖然也能增進學生的知識，但是對於他們來說完全是被動地學習，沒有對答，沒有互動，不利於創造性思維的培養，語言也容易發展遲滯。美國的科學家經過研究，發現小時候看電視越多的孩子到了上學時，注意力不集中的比例越大，所以，看電視太多也會影響學生的注意力。

④家長們忽視對孩子「靜」的訓練。

家長們都以為孩子們喜歡熱鬧的氣氛，於是就儘量讓家裡熱鬧，認為這樣孩子們就會快樂。其實，從小給孩子們營造一個安靜祥和的家庭氛圍更加重要，這樣，孩子們就能夠在該靜的時候靜得下來。

⑤給孩子們過多的玩具和書籍。

一般的家長都以為玩具多、書籍多，孩子們就會很開心，會增長很多知識。當然，如果有家長在一起陪伴和指導，孩子們就會有一定的收穫，但如

果家長們只是把玩具和書扔給孩子們，讓他們自己去玩，就很容易讓他們形成浮躁和注意力渙散的毛病。因為孩子們一般都會很快地厭倦，並不斷地換玩具，一本本書地亂翻。久而久之，注意力不集中的習慣就形成了。

（2）老師的因素。

有一些老師授課的方法過於傳統，學生聽得枯燥無味，而且有些老師常將坐不住、愛講話、容易分神的學生貼上調皮搗蛋、頑劣的標籤，使學生受到委屈。師生間的互動不良，就容易使學生失去對學習的興趣，而沒有了興趣自然也就無法產生專注力了。

（3）學生自身的因素。

就像前面案例中的小明一樣，有些學生自身性格就比較外向、活潑好動，這種性格的學生天生注意力就比較差。

總而言之，造成學生注意力不集中的原因有很多，老師一定要透過觀察和分析找到主要原因，對症下藥才能解決問題。

當發現小明之所以學習成績差，主要是因為注意力持久性差所造成的，符老師認為自己應該先培養他的自我約束能力。於是，她把小明叫到辦公室談話，「小明，老師想交給你一項任務，你願不願意做？」

一聽老師要交給自己任務，小明很興奮，急忙問：「什麼任務？只要我能做到，保證做好！」

「呵呵，老師相信這件事你一定能做到。是這樣的，小濤被評為市裡的學習模範生，學校讓我總結一下他的優良事蹟，我想讓你觀察小濤下一週上課的表現，然後向我報告情況。」

「行，沒問題。」因為是替老師做事，小明很高興地答應了。

一週過去了，小明來向符老師報告情況，符老師讓他把小濤上課的表現分成條目列舉出來。他很認真地邊寫邊修改，在符老師的指導下，最後列出了以下幾條優點：

（1）上課認真聽講；

26. 循序漸進，培養自控力──糾正注意力不集中學生的教導藝術

（2）積極回答老師的提問；

（3）同學們回答問題時他能認真傾聽；

（4）一邊聽講一邊記筆記。

符老師表揚小明觀察小濤上課的表現很認真，概括得也相當全面，感謝他幫自己完成了第一項任務。接著，符老師又設定了第二項任務：讓小明下週每天都要向小濤借課堂筆記，看一看小濤究竟記了些什麼內容；並且要考一考小明，看他對筆記中的內容是否能背下來，下週再來報告，同時符老師還特別囑咐他，這是他與老師之間的祕密，千萬不要告訴其他同學。

又過了一週，小明拿著本子來向符老師報告。符老師接過他手中的筆記本，原來這是小濤的課堂筆記，小明怕老師讓他把看到的內容寫下來，所以提前做了準備，借來了小濤的筆記本。

符老師翻到筆記的最後一頁，讓小明讀一讀，並說一說小濤選擇了哪些內容記錄，為什麼要記筆記。

小明看完後說：「課堂上學什麼記什麼。可是這太麻煩了！」

「是有些麻煩。可是明知道麻煩，小濤為什麼還要這麼做？」符老師假裝疑惑地看著小明，然後話鋒一轉，「因為只有不怕麻煩才能學習好。」

見小明點了點頭，符老師接著又跟小明商量，「我想做一個實驗，看一看記筆記的學習效果好還是不記筆記的學習效果好，你能幫我做這個實驗嗎？」

小明點頭答應了。

於是，符老師和小明研究了實驗的具體做法：下週有5節數學課，讓小明兩節課記筆記，三節課不記筆記，看哪種方法比較好，下週進行測試。

一週很快就過去了，小明來到符老師的辦公室。符老師先檢查了他記的筆記，看完筆記後，符老師開始測試。

結果記了筆記的內容，小明說得很清楚，也比較有條理，而不記筆記的學習內容他則說得模棱兩可，含混不清。

符老師就趁勢幫他分析原因，總結記筆記的好處：一是透過記筆記，能培養注意聽講的好習慣；二是透過整理筆記，可以把學到的知識分類記錄，條理清楚，容易記憶；三是複習時看一看筆記，就知道每節課學習的重點是什麼。

正因為有這些好處，小濤才堅持記筆記，這也是他學習好的原因。

小明接受了符老師的建議，為了改掉自己上課注意力不集中的不良習慣，他同意每天上課記筆記，符老師又教給了他具體的記筆記的方法。

後來，符老師又把一位心理專家關於集中注意力的自我訓練方法教給了小明，讓他進行自我訓練。

（1）回憶法。

上課前提前2分鐘坐在座位上，認真地回憶這門課程上一次講到什麼地方了？主要內容是什麼？自己已經掌握了多少？這樣思考會不知不覺地引導學生的思路，使他們進入這堂課的軌道。

此外，學生在晚上做作業和複習功課時，如果心理狀態不安靜，也可以用回憶法，回憶課堂上老師講課的內容。這樣既複習了功課，又能使心情平靜下來，專心致志地做作業或複習功課。

（2）聆聽法。

即聚精會神，仔細傾聽某一種聲音，而對周圍其他的聲音則聽而不聞。被傾聽的這種聲音愈輕微，注意力也就會愈易集中。如此反覆訓練，注意力就能集中。

符老師讓小明放學回家後，每天練習聽時鐘的滴答聲。第一天聽10下，第二天聽15下，第三天聽20下，逐漸增多。

半個月後，小明的專注能力大大提高，能夠排除外來的干擾，專心致志的學習了。

26. 循序漸進，培養自控力──糾正注意力不集中學生的教導藝術

（3）自我獎勵法。

學生很容易產生想像或聯想，在進行學習或工作的時候，他們總會想到學習後去做點什麼，比如，「下課後去玩球」或「星期天去哪裡郊遊」等。

一想到這些有興趣的事，他們的大腦就會興奮，就會分散注意力。但若運用得當，他們會把這些想法當做自我獎勵的內容，要求自己聚精會神地學習，很好地完成任務，達到學習目標後，有計劃、盡情地去玩。

當他們有這樣的想法時，就會把「可以盡情地玩」當做對自己專心學習的獎勵，從而鼓勵自己完成學習任務。

如此做法有益於對學生注意力的訓練。

（4）自我提示法。

老師可讓學生製作一些小卡片，在上面分別寫上「專心聽講」、「不要走神」、「少壯不努力，老大徒傷悲」等句子，然後把它們放到平時容易看到的地方，比如，鉛筆盒裡、書桌上或課本裡。這樣一來，無論他們是在上課還是在寫作業，只要看到這些紙條，就會提醒自己：別走神！

（5）情境想像法。

老師可以讓學生在每次做作業時，都想像自己是在參加學校舉辦的期末考試或競賽，要在規定的時間內做完，這樣可以使自己真正緊張起來，注意力就自然集中了。這正如著名的數學家楊樂所說的：「平時做作業時像考試一樣認真，考試時就能像做作業一樣輕鬆。」

經過一段時間的糾正，小明注意力不集中的情況有了明顯的轉變。雖然他偶爾還有分心的時候，但自己已經可以控制了。再加上時時有老師和同學們的暗示和提醒，他很快就能調整自己的狀態，學習成績也有了快速的提升，摘掉了成績不良學生的帽子。

目前有一部分學生在上課時注意力不能持久集中，這在某種程度上不是「不想」，而是「不能」。這些學生注意力不集中的原因，大多是由於性格

因素、家庭教育方式、師長們的期望值和態度、所處的社會環境等多方面因素造成的。

在現實生活中，傳統教育體制的指向性和衡量標準以及學校、家庭對學生的期望值過高、相互攀比的心理，是造成很多學生注意力下降的重要原因。另外，學校分類、班級等次、名次排列等做法，進一步加重了學生的壓力。

許多家長或老師關注學生的成績超過了關注學生本身，很多社會性的因素，諸如，影視劇劇情、網路聊天、網路遊戲、複雜的人際關係等，都對學生的思想、性格、行為產生了不可忽視甚至是很重要的影響。

但有些老師對此卻認識不夠，處理方法不得當，雖然心情焦灼，但只是單純地在學習上對學生施加壓力。而有些學生總是被老師認為學習能力差、不用功、笨、不爭氣，等等，諸如此類的不良評價經常作用於學生，使他們處在悲觀、失望、壓抑之中，正向的心理能量被壓至極低，從而導致他們產生錯誤的認知，認為自己是無能的，一無是處，處處抬不起頭來。

當他們有這樣的想法時，就會把更多的心理能量釋放到維護自尊上，即使在學習的時候，由於負性情緒的自動思維作用，他們也會不自覺地去關注自己失落的情緒和自身的尊嚴。

而他們思維的閘門一旦打開就胡思亂想，甚至透過幻想以求得心理的平衡，形成注意力根本無法提高和集中，想學習又學不進去的局面。再加上他們內心苦悶、壓抑，會更加導致他們的注意力不能集中，自信心降到了零點，久而久之會形成惡性循環。

此外，有的注意力不集中的學生長期在痛苦中掙扎，甚至會自暴自棄，危及到社會安全或自身生命。

那麼，老師應該如何對待這些注意力不集中的學生呢？

（1）多與學生溝通。

老師與學生首先應該進行情感上的溝通，在了解情況時不能直截了當，要順水推舟，因勢利導，讓學生打開心理防線，說出心裡話。

26. 循序漸進，培養自控力──糾正注意力不集中學生的教導藝術

如果老師單刀直入，對他們注意力不集中的現象給予批評和指責，則很難聽到學生的心裡話。

另外，在平時不要總說學生「笨」。事實上，在一般情況下，學生的智力水平差別不大，學生之所以成績差與智商沒有必然的聯繫。如果老師總說學生「笨」，學生也會認為自己不聰明，從而放棄思考，為自己找到了不愛學、學不會的理由。

（2）多付出關愛，多給予賞識和誇讚。

有些激進的教育家曾說過，有時候老師對待學生，要「昧著良心說好話」。也許初聽這句話時，我們覺得有些偏激，但仔細一想，如果老師出於關愛，有意識地誇讚一個學生，有時確有奇效。

例如，有一名小學三年級的學生非常活潑淘氣，上課的時候能做到集中20分鐘的注意力就不錯了。特別是作文課時，這個學生常常東張西望，不是找這個同學說話，就是自己搞小動作，每次留的作文作業都完成不了。這讓老師很是頭疼。

於是，在課餘聊天的時候，語文老師特意誇讚這名學生的作文是「童趣之最」，還要其他的同學學習他。在同學們的一片驚嘆聲中，這名學生的臉紅了，眼睛亮了，露出了調皮的笑容。

當老師再一次安排作文作業時，這名學生按時把作業交了上去，而且寫得還不錯，字跡端正，行文流暢，只是篇幅短了一點。因此，在語文課時，語文老師興奮地對同學們說：「今天是個值得紀念的日子，我們班的一位同學在作文上終於有了重大的突破……」當老師宣布了那個學生的名字時，那個學生的眼神中流露出驚喜的表情，而那一節課，他聽得也特別認真。

從此以後，那個學生雖然還是「大錯不犯，小錯不斷」，但他上課專心聽講的時間長了，寫作業的速度快了，而且布置的作業總是很及時地做，總想趕在第一時間去完成。

所以，老師要多給予這些注意力不集中的學生一些關愛，多發現他們的亮點，多給予他們激勵和讚美，千萬不要動不動就給這些學生戴上「壞學生」

的帽子，對他們棄之不理。要知道，老師的一句話可能就會改變一個學生的一生。

（3）教給學生自控的方法。

學生改變行為主要靠自我反省、自我調控、自我約束。他控只能管一時，自控可以管終生。因此，老師要培養學生自我約束的意識，教給學生自我調控的方法，比如，自我提示法、情境想像法、思維阻斷法、自我獎勵法等，讓他們學會自我約束，自我提醒，從而養成專心聽課、認真做事的好習慣。

▎對注意力不集中學生的教育策略要點

學生的注意力不集中，有些是自身的原因，有些則是想控制，卻又無法控制。所以，老師要針對不同的學生實行不同的教育策略，具體方法如下：

（1）對因身體和學習狀態差而注意力不集中的學生。

這些學生的身體和學習狀態比較差，例如，上課和學習時身體痠軟、犯睏、大腦很不清晰等，想專心也無法專心。

老師可根據分析、觀察，查找具體原因，可以透過減少每天的學習時間、嚴格作息時間，或者進行體育鍛鍊、高強度運動等方法來提高學生的注意力。

（2）對因學習較差而注意力不集中的學生。

這類學生，對老師講課的一些內容聽不明白，體會不出知識的精妙細微之處，因此很難長時間地專心聽講。

對於這類學生，老師可以讓他們提前預習，如果預習也不行，則需要老師抽出時間給他們講授入門課程，以提高他們的理解能力，彌補知識的空缺。當他們能夠理解老師所講的內容，能與老師進行溝通了，注意力自然也就集中了。

（3）對因老師的授課方式有問題而注意力不集中的學生。

26. 循序漸進，培養自控力——糾正注意力不集中學生的教導藝術

如果一個學生對某門功課毫無興趣，那就很難要求他集中注意力，而如果一個學生對所學習的內容興致勃勃，根本不用誰督促就能全神貫注。因此，興趣是最好的老師，是獲取成功的重要條件。

所以，老師必須讓自己的課堂生動活潑起來。比如，當在課堂上發現學生分心的時候，老師可以故意小聲地講一個有趣的小故事或笑話，認真聽講的學生會因故事或笑話發出歡快的笑聲，這樣，分心的學生也會受到感染，想知道大家為何笑，那麼他們自然就會集中精神聽講。

總之，造成學生注意力不集中的原因很多，但無論是哪種原因，最重要的還是培養他們自我約束的意識和能力，因為只有這樣，才能從根本上解決他們注意力不集中的行為問題。

27. 找到根源，情理突破——糾正有暴力傾向學生的教導藝術

▎有暴力傾向學生的個性特點

　　有暴力傾向的學生一般脾氣都比較火暴，常與其他同學發生衝突，輕則出口傷人，重則拳腳相加，習慣以武力和粗話來發洩自己的情緒。

　　這類學生在學校常以「老大」自居，自以為很「俠義」地為他人出頭「擺平」事件，有著嚴重的「兄弟義氣」和「小團體主義」思想，愛拉幫結派，也因此而成為學校裡的「小霸王」。

　　他們蠻橫不講理，對老師的批評從來不放在心上，「左耳朵進，右耳朵出」，想做什麼就做什麼，毫不考慮他人的感受。

　　小學校長王崧舟，在如何對待有暴力傾向的學生這一問題上，有著自己獨特的見解。他認為，對有暴力傾向的學生，不能簡單地講道理或處罰，而要從根源處尋找突破口。

　　小雷在小學是出了名的「霸王」學生，他不但上學遲到，上課睡覺，而且總是仗著自己身強體壯，欺負其他同學。如果有人敢頂撞他，他揮拳就打人，直到打得這個人服從為止，以至在學校得了個「黑老大」的稱號。

　　老師曾多次找他談話，甚至對他提出嚴重警告，但他卻只是撇撇嘴，充耳不聞，如果他被說急了，還會頂撞老師。

　　很多班導師對他都束手無策，久而久之誰都不願意讓他待在自己的班級裡了。

　　王老師知道後，特意把這個學生調到了自己的班級裡。頭幾天，小雷還比較老實，因為畢竟是在校長的班級裡，但沒過多久，他就露出了本來「面目」。

27. 找到根源，情理突破——糾正有暴力傾向學生的教導藝術

一天上課，小雷趴在課桌上睡覺，前排的一名女生在拿文具時不小心碰到了他，小雷「噌」地一下站了起來，怒吼道：「你膽子不小啊？竟敢打擾我睡覺！」

說著還用手捶了這名女生兩拳，這名女生被嚇得「嗚嗚」直哭。老師上前勸阻，小雷竟然把老師推到了一邊。在眾目睽睽之下，他悠然地趴在桌子上繼續睡大覺，就好像什麼事都沒發生一樣。

還有一次，在學校晨會上，主任正在對學生進行安全教育，這時隊伍旁邊有一位學生講話，小雷跑過去就踢了這名學生一腳。被打學生的班導師發現後，走上前批評了小雷幾句。小雷不服氣，說這名學生講話就應該被踢，還激動地威脅說，他要告訴校長開除這名老師，因為這名老師不應該當著學生的面訓斥他。

小雷的種種劣跡，傷透了各科老師的心，他們紛紛向校長王崧舟反映，希望學校能想辦法治治這個「害群之馬」。

小雷的種種行為，都表明他有著極強的暴力傾向性：自我評價過高，總覺得天下「唯我獨尊」，對父母、老師和同學們蠻橫無理，自我控制能力很差，常以武力攻擊他人來發洩情緒或解決問題。

所謂「冰凍三尺，非一日之寒」。縱觀小雷的多種行為表現，可以確定他形成這種性格必然有其原因。因此，王老師聽到各科老師的「投訴」後，並沒有做簡單的處理，而是打算「糾正」小雷的行為，將其拉回「正軌」。

要解決問題，就必須找出根源，於是，王老師決定從小雷的家庭入手。

透過調查，他了解到小雷的父母都是高知識分子，在科學研究單位做行政工作，而且還是部門的主管。剛上學時，父母對小雷寄予了很高的期望，因此要求非常嚴格，以至過分關注他的學習成績，而忽視了對他的身心健康教育。

小雷的學習成績只要稍不理想，父親就棍棒相迎，母親則苦口婆心地規勸。隨著時間的推移，小雷漸漸地產生了叛逆情緒。

後來，父母發現小雷的成績毫無長進，再加上他在學校的種種不良行為，就對他喪失了信心，聽之任之，放任自流，唯一的期望就是他不要到社會上做違法犯罪的事。

父母的放任，使小雷對自己產生了自暴自棄的情緒，再加上父親暴力的影響，小雷逐漸產生了冷酷、有暴力傾向的思想和行為。尤其在缺乏家庭教育和關懷下，他更難以控制自己攻擊性的衝動行為，導致了心理扭曲和人格變異。

由小雷的事例可以看出，當發現學生有暴力傾向時，作為老師，首先要做的就是尋找暴力後面所隱藏的真正根源。

世界上任何事物的產生，都有其必然性，有暴力傾向的學生之所以易衝動、好惹事且不計後果，大致是由下幾個原因造成：

(1) 失敗的家庭教育。

有暴力傾向的學生，他們的家庭環境儘管千差萬別，但是卻有一個共同點：父母對孩子的壞毛病生氣、苦惱，但是卻無可奈何。

這類學生要麼生長在過於寵溺的環境中，要麼生長在疏於管教的環境中，有些甚至是在父母的暴力中長大的。因此，不和諧、不健康的家庭氛圍就造成了他們偏執的性格、扭曲的人格和不良的品行。

小雷就屬於這種情況。

(2) 社會環境的影響。

色情網站、黃色書刊、暴力影視等正日益侵蝕著學生的心靈，當學生在無意中接觸到這些東西時，時間久了就很容易產生晦暗心理，形成桀驁不馴、狂妄不羈的個性，認為「暴力才是解決衝突的唯一手段」，並付之於行動。

(3) 學校教育的乏力。

學生有暴力傾向，和學校不當的教育是分不開的。現在的應試教育中，這些所謂的「問題生」一直處於最底層，得不到鼓勵和關愛，而更多時候處

27. 找到根源，情理突破——糾正有暴力傾向學生的教導藝術

於心情壓抑、被指責的狀態。於是，這些不討人喜歡的「另類」就乾脆壞到底了，最終發展成暴力學生。

找到了根源，就可以「對症下藥」了。在了解了小雷的家庭狀況後，王老師明白，造成小雷有暴力傾向的主要原因就來自於他的家庭。

因此，他一方面和小雷的父母聯繫，對他們進行家庭教育理論和教育技巧的輔導，提醒他們要主動與兒子溝通，隨時發現他進步的方面，適時地給予鼓勵和表揚；另一方面，他自己經常與小雷面對面地進行交流。

由於小雷的性格暴躁，且時有反覆，說變就變，一有不順心就罵人，甚至出手打人。為此，王老師經常找他談心，了解他的想法動向，弄清他打人的原因，及時疏導。

此外，王老師還在學習和生活上多給予小雷關心，一旦他有什麼困難或需要，便及時伸出援助之手，培養師生感情，拉近距離。

比如，小雷愛好打籃球，想舉辦一場籃球賽，王老師立即與體育老師取得聯繫，讓小雷帶領球隊與外校的學生打了一場籃球賽，以此滿足他的願望。

又如，有時小雷在校內吃飯沒有帶錢，王老師就主動為他買來飯菜請他吃飯……透過這些方法，王老師讓小雷感受到老師對他的關愛，以減少他的敵對情緒。

王老師一邊對小雷進行心理輔導，一邊密切關注著他的日常行為表現。當他因兄弟義氣而產生打架的行為時，王老師並非一味地批評，而是用一分為二的觀點去分析，既對小雷的衝動表示理解，又否定他做得不對的地方。

同時，王老師盡可能地在公眾場合肯定他的優點，只要他有一點進步，便及時表揚他，讓他既看到自己的優點，又認識到自己的缺點和錯誤，讓他明白自己並非「一無是處」。

但對於小雷違反原則的行為，王老師卻從不姑息，他明確地告訴小雷，他的暴力行為對他人造成了很大的危害，並明確指出他要承擔相應的道德責

任、紀律責任甚至是法律責任。當小雷嚴重違紀時，王老師則堅決地按校規進行處罰，以便讓他知道作為學生應該嚴格地遵守學校的各項規章制度。

經過一個學期的心理輔導，小雷的行為有了明顯的轉變，他不再上學遲到、上課睡覺，成績也有所提高，而最可喜的是，他很少再有暴力行為。

有暴力傾向的學生多被稱為壞學生、不良學生，在家庭和學校都受盡了白眼。在大家「冷暴力」的抵制下，這些學生更容易惹是生非。

所以，對教育這些學生有著不可推卸責任的老師，尤其是班導師和其他老師一定要想辦法管教好這些學生，淡化他們的暴力傾向。具體辦法為：

（1）用「愛」打開「暴力」的枷鎖。

老師應配合學校利用班會、課堂對學生進行法制、公德、修養等常規的道德教育；與學生進行「一對一」的談話，用「愛」在師生間搭建心靈之橋。

一位老師曾經說過：「我以為，『心中有愛』，當是教師人格的至高點，只有登上這一至高點，教師才能做到『以愛育愛』。」

所以，對於有暴力傾向的學生，老師一定要首先學會關愛、尊重、真誠地對待他們，堅持做到不歧視、不當眾揭短、不粗暴訓斥、不嘲諷、不變相體罰，這樣才能打破他們的心理防線，讓他們體會到老師的真愛，從而感激、尊敬老師，把老師當成知心人。

此外，在關愛和尊重這類學生的同時，老師還要容忍他們的小錯誤。老師應明白，暴力傾向的轉化不是一朝一夕就能完成的，這是一個反覆來回的過程，因此要給學生時間，多與他們交流，在他們有進步時多給予鼓勵，在他們犯錯誤時要明確指出，但要講究方法、方式。

（2）及時交流和溝通。

學生有暴力傾向都有一個深層的原因，因此要想解決問題，老師最好與他們多作交流，以朋友的身分平等地與他們「對話」。

27. 找到根源，情理突破——糾正有暴力傾向學生的教導藝術

而與這些有暴力傾向的學生作交流時，老師應該是細膩、深入、持久的，需要付出真誠和耐心，並且在溝通中換位思考，去感受和分享他們的喜怒哀樂。

只有這樣，老師才能了解甚至發現引發他們暴力衝突的先兆，並且及時採取措施進行處理。

（3）適時予以鼓勵。

世界上沒有絕對的完人，也沒有絕對一無是處的人。然而，我們常常因為「偏心」，只看到暴力學生身上帶有的缺點，而忽略了他們心靈深處的優點。而無數事實證明，這些有暴力傾向的學生並非一無是處，他們一樣有自己神奇耀眼的亮點。

所以，每位老師都應該善於挖掘學生神奇的、無窮無盡的潛力，並在此基礎上進行適當的鼓勵。

事實上，學生有暴力行為，不管是什麼原因造成的，都屬於心理問題。因此，老師必須要跟有暴力傾向的學生進行有效的心理溝通。

只有多溝通，多交流，多關愛，才能有針對性地指出問題，才能讓學生心服口服。而與這些學生進行溝通時，老師一定要有耐心、有愛心，讓他們確實感覺到老師和同學們的關心，讓他們的心靈慢慢「溫暖」起來，讓他們感覺到自己也是一個有用的人，這樣才能從根本上改變暴力學生的暴力性傾向。

對有暴力傾向學生的教育策略

對有暴力傾向的學生，我們老師不能簡單採取責、罰、罵等粗暴的手段，而要深入到他們的內心，根據原因進行教育。

（1）對因自制力較弱而有暴力傾向的學生。

這些學生並非故意打架鬥毆，而是自制力比較弱，當遇到外界刺激時就容易引發其暴力的慾望。

一般來說，這類學生的思想都比較幼稚，一有事情就會控制不住自己。他們大都是校園內學業的失敗者，成績基本是在及格和不及格之間徘徊。他們不被校園文化所接納，而內心卻充滿出人頭地的衝動，此時若出現強化衝動的刺激，他們的行為便會不顧一切，頭腦一熱，暴力事件就會發生。

對於這類學生，如果他的行為沒有造成嚴重後果，就儘量不要給予處分，但是一定要讓他們向受害者道歉，甚至賠償損失。然後，老師可在私下找時間跟他們談心，告訴他們使用暴力帶來的後果，並要給他們更多的關注。

（2）對因兄弟義氣而有暴力傾向的學生。

有的學生受一些影視劇影響，愛講兄弟義氣，有著嚴重的「小團體主義」思想。當「死黨」有事求於他時，他會自以為很「義氣」的幫別人出頭，從而製造一些暴力事件。

老師在與這種學生溝通交談時，要把事情一分為二：一方面首先肯定講義氣是沒錯的，另一方面要告訴他們講義氣時應該具體事情具體對待，不能一概而論，讓他們明白靠「義氣」和「武力」來解決問題，只會增加問題的嚴重性。但老師要注意，在溝通時態度一定要親切，而且要有力度。

此外，老師還可以把班裡的一些體力類的工作分配給他們，以便讓他們發洩過剩的精力。當他們做得好時，要給予一定的鼓勵。

（3）對因家長過於寵溺而有暴力傾向的學生。

有些學生因為家裡寵溺過度，而養成了「小霸王」的習性。這種學生聽不得一個「不」字，如果有同學提出反對意見，他們就會很不高興，以武力相挾，久而久之，便成為暴力學生。

對於「小霸王」類的學生，老師首先要從家庭教育入手，對學生的家長進行適當地指導，讓他們不要太嬌寵孩子，否則只能害了孩子。

再有就是要給這些學生更多的關注，當他們犯錯時，不要大聲地斥責他們；而當他們有一點點進步時，就要給予表揚，這樣就會慢慢轉變他們的暴力習性。

27. 找到根源，情理突破──糾正有暴力傾向學生的教導藝術

（4）對因家長暴力管教而產生暴力傾向的學生。

有些學生的暴力行為也和家庭教育有關，他們長期生活在家長的暴力管教之下，因此產生了陰暗心理，脾氣暴躁，抵抗情緒很強，認為暴力是解決問題的唯一方法。

對這類學生，老師也要從家庭和其本人雙方面來教育。透過和家長聯繫，促使家長改變教育方式；對學生本人要多付出愛心，在生活和學習上要給予更多照顧，讓他們體會到老師和同學們的愛心，消除他們的牴觸心理。

當他們犯錯誤時，老師不能一味姑息，該批評時就要批評，並明確指出錯誤的嚴重後果。

總之，對於具有暴力傾向的學生，對他們進行心理調適是一個長期的教育過程。老師在教育中一定要講究技巧，切忌講一些空洞的大道理，更不能以暴制暴，以過激的方式來懲罰他們；而應就事論事，以消除他們的敵對情緒。

當他們的思想和行為出現反覆時，老師應該有耐心與恆心，透過多種途徑和形式達到教育轉化的目的。

對有暴力傾向學生的教育策略

國家圖書館出版品預行編目（CIP）資料

方法總比問題多：名師轉變棘手學生的施教藝術 / 楊志軍 主編.
-- 第一版 . -- 臺北市：崧燁文化，2019.06
　　　面；　公分
POD 版

ISBN 978-957-681-858-5(平裝)

1. 問題學生輔導 2. 教育心理學

527.47　　　　　　　　　　　　　　　　　　108009065

書　　名：方法總比問題多：名師轉變棘手學生的施教藝術
作　　者：楊志軍 主編
發 行 人：黃振庭
出 版 者：崧燁文化事業有限公司
發 行 者：崧燁文化事業有限公司
E - m a i l：sonbookservice@gmail.com
粉絲頁：　　　　　網址：
地　　址：台北市中正區重慶南路一段六十一號八樓 815 室
8F.-815, No.61, Sec. 1, Chongqing S. Rd., Zhongzheng
Dist., Taipei City 100, Taiwan (R.O.C.)
電　　話：(02)2370-3310　傳　真：(02) 2370-3210
總 經 銷：紅螞蟻圖書有限公司
地　　址：台北市內湖區舊宗路二段 121 巷 19 號
電　　話：02-2795-3656 傳真：02-2795-4100　網址：
印　　刷：京峯彩色印刷有限公司（京峰數位）

　　本書版權為西南師範大學出版社所有授權崧博出版事業股份有限公司獨家發行
電子書及繁體書繁體字版。若有其他相關權利及授權需求請與本公司聯繫。

定　　價：500 元
發行日期：2019 年 06 月第一版
◎ 本書以 POD 印製發行